新编现代管理理论与实践

◎ 吴友富

上海外语教育出版社
SHANGHAI FOREIGN LANGUAGE EDUCATION PRESS

图书在版编目(CIP)数据

新编现代管理理论与实践/吴友富著. —上海:上海外语教育出版社,2006
ISBN 7-5446-0207-9

Ⅰ. 新… Ⅱ. 吴… Ⅲ. 管理学—高等学校—教材
Ⅳ. C93

中国版本图书馆 CIP 数据核字(2006)第 100304 号

出版发行:上海外语教育出版社
（上海外国语大学内） 邮编:200083
电　　话:021-65425300（总机）
电子邮箱:bookinfo@sflep.com.cn
网　　址:http://www.sflep.com.cn　　http://www.sflep.com
责任编辑:徐国华

印　　刷:昆山市亭林彩印厂
经　　销:新华书店上海发行所
开　　本:850×1168　1/32　印张 11.625　字数 300 千字
版　　次:2006 年 11 月第 1 版　2006 年 11 月第 1 次印刷
印　　数:3 100 册

书　　号:ISBN 7-5446-0207-9 / G·0114
定　　价:20.00 元

前 言

《新编现代管理理论与实践》是一本现代管理基本原理与实践相结合的著作，它是在《新编现代管理与公共关系》一书的基础上修订、补充而成的。

《新编现代管理理论与实践》在结构上突破了原书的局限性，根据我国市场经济日益发展的现状、知识经济时代已经到来的客观现实，补充了《危机管理》、《营销管理》、《现代管理经典原则、格言和理论选编》等章节。这样，使本书更加贴近我国的经济发展、组织管理的实行。

本书修订的指导思想是理论与实际结合、经验与现实结合、过去与将来结合，坚持以我为主，兼收并蓄，紧密结合中国管理的实际，在坚持现代管理基本原理的前提下，突出实践性和应用性是本书的特点。本书既可作为高等院校管理专业、公共关系专业学生的教材、补充读物，也可供广大实际工作者学习参考。

本书在写作和修订过程中，参阅了国内外有关方面的论著、案例，在此，向这些论著的作者、案例的选编者表示感谢。如果本书在引用论点时有错误，由本书作者负责。本书中的某些论点，如“不同的管理阶段应采取不同的管理措施”、“目标管理在现代管理中的运用”、“管理创新，迎接新世纪挑战”等纯属作者的研究成果、学习体会。由于水平有限，难免有错，恳请读者指正。

作　者

2006. 6

目录

第五章 行为科学在现代管理中的运用

第六章 人才管理

第七章 现代管理中的谈判工作

第八章 危机管理

第一章 现代管理的发展

第一节　传统管理

传统管理始于18世纪后期直至19世纪末。这阶段经历了从资本主义工厂制度兴起到资本主义自由竞争结束的过程。前后一百多年里，资本主义工厂第一次将生产关系的三大要素即：劳动者、劳动工具、劳动对象集中在一起，共同进行商品生产。资本主义工厂制度以其特有的管理手段冲破了封闭性和半封闭性的封建管理方法，从而促进了社会生产力的发展，产业资本的拥有者——资本家，成了生产经营的组织者和管理者，直接指挥企业的生产。随着企业的扩大，管理日趋复杂，资本家个人越来越感到力不从心，于是，出现了若干专门从事管理的直线型管理机构。这些管理机构的人员一般由厂长、经理、监工、领班组成。管理人员从原先的作业第一线转移到了管理第一线，这样管理便成了专门的职能。

传统管理的基本特征是还没有完全摆脱小生产经营方式的影响，还带有封建管理的痕迹。管理者只依靠自己的经验进行管理，所以一个企业经营效益如何，在很大程度上取决于管理者本身的经验。传统管理虽然成为一种专门的职能，但它还未形成制度，还没有什么有据可依的规范，因此它带有很大的盲目性，往往出现自生自灭的现象。工人作业完全凭经验，由自己自由发挥，既没有量的体现，又没有统一的作业规程。由于经营管理、操作活动都是凭经验进行的，所以对管理人员、作业工人的培养也只能靠"手把手"的传授，缺乏统一的质量要求、操作要求和培训要求。由此可见，传统管理的出现虽然是管理史上的一次突破，但是它还存在着严重的缺陷，即：管理工作缺乏系统性、规范性和理论性。传统管理的基本内容是：

1）企业的拥有者是企业的组织者和管理者；

2）企业管理者凭自己的直觉和经验进行管理；

3）企业的规模一般比较小，管理的机构和层次比较简单；

4）企业的管理者只是从增加劳动时间、劳动强度、降低工人工资方面进行经营管理；

5）没有统一的作业标准，也没有统一的培训管理人员和操作人员的规范。

传统管理时期的管理理论代表人物是英国的亚当·斯密（Adam Smith）。亚当·斯密在研究了资本主义的工厂制度后，提出了劳动价值论和劳动分工论。他指出手工业分工后的经济效益主要靠技术的进步、操作时间的节约，以及对新机器和新工具的采用。亚当·斯密的经济学理论对加强资本主义的经营管理、提高社会生产率发挥过巨大的作用。

传统管理时期的另一位管理理论代表人物是大卫·李嘉图（D. Ricardo）。他研究了资本主义工厂的四大要素，即：资本、工资、利润、地租。通过研究，他指出，工人劳动创造的价值是工资、利润、地租的来源。因此工人的工资越低，利润就越高，相反，工资越高，利润就越低。大卫·李嘉图的经济管理学理论揭示了传统管理时期资本家经营管理的方法和目的。

第二节　科学管理

科学管理时期是从 19 世纪末到 20 世纪 40 年代。它大约经历了50年时间。科学管理是资本主义从自由竞争向垄断阶段过渡的产物。确切地说,它是在资本主义垄断阶段中形成,并且逐步发展和完善起来的。

人类社会进入20世纪后,社会生产力达到了空前的发展。生产力高度发展的主要特征是企业规模不断扩大、生产技术日趋复杂、新的科学发明广泛地运用于管理。交通运输从陆运、海运拓向空运,市场竞争从国内转向国际。在激烈的市场竞争中形成了若干庞大的企业集团。

这些客观因素的增长,使传统管理的理论和实践很难适应社会的发展。企业规模的扩大、社会生产力的提高迫切需要提高企业的管理水平,迫切需要将传统管理时期积累的管理经验系统化和标准化。科学管理就是在这种社会背景下应运而生的。在这个时期,为科学管理实践和理论作出杰出贡献的有美国的泰罗(Frederick W. Taylor)、法国的法约尔(Henri Fayol)、德国的韦伯(Max Weber)。

泰罗是美国的电气工程师。他在密德维尔钢铁公司当车工和领班的时候,曾经测定了各种作业所需要的时间,进行了动作与时间的研究。通过研究,他认为工人提高劳动生产率的潜力是很大的。泰罗升任总工程师后,对自己的研究进行了全面的科学试验,并在科学试验的基础上,制定了标准操作法,然后用标准操作法对工人进行培训,在培训的基础上制定劳动定额。为了刺激工人的劳动积极性,鼓励工人完成劳动定额,泰罗实行一种有差别的计件工资制和奖励工资制。在对工人的管理方面,泰罗认为工人应该个体化,当工人结伙成帮时,就会把许多时间消耗在对雇主的批评和怀疑上,这样就会降低工作效率。在泰罗的试验工厂里,不允许四个工人在一起干活。试验结果,使泰罗所在企业的规模扩大80%,而成本却降低30%,工人工资只增加20%。泰罗把以上的管理方法称为"科学管理"。科学管理推广到社会后,极大地提高了美国的社会生产力。当时,在机器和人数相同的情况下,美国工人的平均生产额比英国工人高出了三倍。1910 年，美国机械工程协会正式通过决议，使用"科学管理"一词。1911 年，泰罗发表了他的名著《科学管理原理》。由于泰罗开拓了新的管理领域，他的理论成了管理科学的基础，因而他被西方管理学家誉为"科学管理之父"。泰罗的科学管理的主要内容是：

1）作业标准化，选用最合适的劳动工具，集中先进的、合理的操作动作，制定出标准的操作法。

2）按照作业标准化的要求培训工人。

3）规定完成合理操作的标准时间。

4）实行刺激工人积极性的计件工资制。

5）实行计划职能与执行职能的分离。对管理人员和操作人员进行合理的分工，确定各自的责任。泰罗在实行"计划职能与执行职能分离"原则时，提出了"例外管理"的概念。它要求管理者不要大事小事都亲自去做，应把日常工作交给有关的工作人员去处理。管理者应把主要的精力放在处理经营方针和有关企业发展方面的事情。例外管理的结果，一方面使企业领导者从大量纷繁的事务堆中解脱出来，集中精力抓大事，另一方面也使下属各司其职，调动和发挥了下属的积极性。

法国的法约尔与泰罗差不多是同时代的人。他们俩都是工程师，但有着不同的经历。泰罗是作为普通工人进入工厂的，他主要从事工程技术工作。法约尔则以管理者的身份进入企业，而且一直担任企业的领导工作。不同的生活经历和工作机缘使他们在不同的管理领域里开展研究。长期的领导工作，使法约尔能对领导机构、企业组织有较深刻的认识。通过对企业组织、企业机构、企业管理活动的长期研究，他于 1916 年发表了代表作《工业管理与一般原理》。在这本书中，法约尔把企业的管理活动分为五大要素，即：计划、组织、指挥、协调、控制。

1）计划：计划就是通过调查研究，预测未来，确定本管理系统的工作目标和工作方针。计划的现实意义在于提出任务。

2）组织：组织就是将本管理系统中各个管理要素、管理活动，在时间和空间的联系上、上下左右的关系上，以及对内对外的往来上，合理地组织起来，形成一个有机的整体，为实现本系统的管理计划（目标）服务。

3）指挥：指挥就是对本管理系统的各级组织、各级人员进行领导或指导。

4）协调：调节本管理系统各部门、各级管理人员之间的关系，使他们在工作中能互相配合，尽量减少摩擦和矛盾。

5）控制：监督各项管理活动，把各个管理要素控制在计划的范围之内。

法约尔在提出管理活动五大要素之后，进而提出 14 条管理原则。这些原则是：

1）分工；

2）权力与责任；

3）纪律；

4）命令的统一性；

5）指挥的统一性；

6）个别利益服从整体利益；

7）报酬；

8）集中；

9）等级系列；

10）秩序；

11）公平；

12）人员稳定；

13）首创精神；

14）集体精神。

德国人韦伯的研究主要集中在组织理论方面。韦伯认为，为了实现一个组织的目标，要把组织中的全部活动划分为各种基本的作业，分配给组织中的每个成员。他主张应该把各种职位按照职权的等级原则组织起来，形成一个指挥体系。在这个体系中，每个职位有明确的权利和义务，并接受上一级的控制和监督。组织中的每一个成员都有职权范围,使全体人员在各自的岗位上正确行使职权、减少摩擦、降低内耗。韦伯的这一组织理论科学地阐明了一个管理系统内部各层次的责、权、利等关系,明确地指出下一级管理层次必须接受上一级管理层次的控制和监督。韦伯被西方管理学界称为"组织理论之父"。

为科学管理理论作出贡献的还有美国的古利克(Luter Gulick)。古利克将管理职能进一步系统化,提出了著名的POSDCORB概念,即管理的7种职能。这7种职能是:

1) 计划(planning);

2) 组织(organizing);

3) 人事(staffing);

4) 指挥(directing);

5) 协调(coordinating);

6) 报告(reporting);

7) 预算(budgeting)。

泰罗等人的科学管理理论在相当长的时间里指导和影响着西方的企业管理。人们运用科学管理理论促进企业组织、企业生产的进一步标准化和系统化。根据科学管理标准化和系统化的原理,美国的汽车大王福特(H. Ford)首先在其汽车制造工厂里创立了汽车工业的装配流水线。福特汽车公司成功的经营管理经验,使一些企业纷纷效仿。于是工厂中的作业流水线、作业传送带像雨后春笋般地涌现出来。流水线、传送带的使用给科学管理揭开了崭新的一页。

科学管理对当时的社会主义国家也有一定的影响。苏联的博戈莫洛夫操作法就是典型的一例。

博戈莫洛夫是列宁格勒印刷厂的铣工。他每天以超额两倍的指标进行操作。几十年中,没有一个机工能达到他的指标。他的主要经验是在机床上放一面镜子、一个时钟。在操作时,随时注意可节约的每一分钟。博戈莫洛夫还认为,东西应该放得井井有条,决不能为找东西而影响工作效率。工作十分紧张时,他干脆关机休息。博戈莫洛夫的科学操作法曾在我国的企业管理中产生过一定的影响。

第三节 现代管理

现代管理时期大体是从20世纪40年代开始直至现在。科学管理的运用和发展极大地提高了社会生产力。但是科学管理也存在明显的不足。它在强调操作时,忽视了人的行为作用和心理因素,在强调层次管理原则时,忽视了组织成员之间相互交往、感情沟通,在强调组织法规、组织规范时,忽视了组织应有的灵活性和机动性。科学管理的特征是重视生产技术过程的分析和组织控制研究。这个特征是对传统经验管理的一种突破,但在经济迅速发展的社会潮流中,它亦显得相形见绌了。

第二次世界大战后,世界各国经济的发展出现了许多新的变化。科学技术日新月异,企业规模进一步扩大,生产过程自动化、系统化程度空前提高,产品的生命周期大大缩短,市场竞争异常激烈。在20世纪40年代,随着资本主义社会经济的高度发展,资本主义工厂中的劳资矛盾日益加剧。这些客观的社会因素为企业从科学管理过渡到现代管理创造了必要的条件。

现代管理分为两大流派,即:管理科学和行为科学。管理科学是在第二次世界大战后迅速发展起来的。随着生产规模的扩大和科学技术的进步,现代管理学家感到仅仅从操作方法、组织制度方面提高生产率远远不够。企业生产的多元化、企业社会活动的复杂化,需要有一个正确的经营方针。企业的生存和发展,每时每刻都处于激烈的竞争之中。经营方针不正确,效率越高,失败越快。为此,他们将企业经营方针作为经营管理的关键。为了使企业的经营方针更趋向合理化、科学化,他们提出将企业的决策问题作为研究现代管理的核心。当代决策理论最著名的代表人物是美国的西蒙(H. A. Simon)。西蒙认为计划本身就是决策、组织和控制。决策不仅存在于最高管理层,而且也存在于其他各级管理层。决策过程就是管理过程，决策就是管理。西蒙首创的决策科学为管理科学增添了精彩的一笔。在管理方法上，管理科学的先驱们突破了科学管理那种僵化、保守的模式。他们将管理对象看作一个系统，用系统分析的方法进行统筹管理。他们还将现代自然科学和技术科学的最新成果广泛运用到管理中来。电子计算机被广泛运用于管理，这是现代管理史上的伟大革命。

如果说管理科学与科学管理还有“藕断丝连”的话，那么，行为科学则无论在形式上，还是在内容上都与科学管理完全不同。行为科学的最早代表人物是美国哈佛大学的教授梅奥(G. F. Mayo)。梅奥从 1927 年起负责指导芝加哥西方电气公司霍桑工厂的有关调查研究和试验。经过调查，他认为生产不仅受物理和生理方面的影响，而且受社会和心理方面的影响。梅奥提出了新的管理思想：

1) 人是社会的人，不能忽视人的社会和心理因素。金钱并不是刺激工人积极性的唯一动力。

2) 满足工人在社会、心理、生理方面的需求，是提高他们积极性的有效方法。

3) 企业组织中除了有正式组织外，还存在非正式组织，这种组织常常有自己独特的力量，并对其成员的行为起较大的影响。

4) 生产效率的提高不能只靠生产作业的安排和科学技术的应用，更重要的是激励士气，因此必须组织好企业内部机构之间的真诚合作，改善人与人之间的关系，实行上下级之间的意见交流……

美国的行为科学家马斯洛(A. H. Maslow)提出了人的五个方面的需要，并主张应该对不同需要层次的人实行不同的管理。这五个方面的需要是：

1) 生理需要：最基本的衣、食、住、行需要。

2) 安全需要：包括人身安全和社会安全。只有在这两方面都满足的情况下，才能享有已经获得的衣、食、住、行。

3）社交需要：包括能合群，能享受文化艺术，受各种教育。

4）心理需要：包括求知欲、地位欲和希望得到人们尊重的心理。

5）自我实现的需要：追求在没有任何压力下的工作满足。

美国的布莱克（R. Blake）和莫顿（J. F. Mowton）在领导行为方面提出了“管理方格图”理论。他们以图表的形式阐述了领导的类型和企业组织的状况。它们是：

1）贫乏管理（1.1 管理）；

2）任务管理（9.1 管理）；

3）俱乐部管理（1.9 管理）；

4）最佳管理（9.9 管理）；

5）中间式管理（5.5 管理）。

行为科学的兴起对缓和资本主义工厂劳资矛盾起着重要作用。行为科学的特征是从社会学、心理学的角度，就人的行为、动机、相互关系，以及社会环境等方面研究其对生产经营活动的影响。

现代管理与科学管理相比有以下几个特点：

1）现代管理将经营决策看作管理的核心。在科学管理时期，管理的核心放在劳动时间、劳动技巧、组织机构方面，而企业的经营决策还没有被放在适当的位置上。第二次世界大战后，企业经营管理的范围越来越大，出现了许多跨国公司。这些公司的生产原料来自世界各国，生产出来的产品销往世界各国。在这种国际化经济环境下，信息和决策是否正确、迅速，关系到企业的生存和发展。劳动时间的节约、劳动技术的提高、组织机构的合理化固然重要，但是经营决策正确与否比它们更为重要，因为决策关系到全局性的管理活动。倘若重大决策失误了，即使有第一流的管理组织、第一流的管理人才和第一流的管理技术也无济于事。因此，经营管理中有关战略目标和经营方针的决策问题比具体执行的问题更为重要。

2）现代管理重视人的积极因素，将人看成是管理的主体，实行“以人为中心”的管理，而科学管理只是把人看成是被动的客体。以行为科学理论为指导的现代管理鼓励雇员参与管理，实行管理民主化，对雇员进行智力开发投资，有的企业甚至对职工进行终身教育。日本企业的终身雇用制、年功序列制等家族型的管理模式成功地将雇员的利益与企业的利益捆在一起。

3）现代管理广泛运用现代科学技术的最新成果。电子计算机、卫星通讯等现代化工具的运用加速了现代管理的科学性和精确性，从而满足了现代生产高度自动化和高速化的需要，提高了管理的效率。

4）实行系统管理。在科学管理时期，各个管理要素尚未被看成有机的整体，因此，在管理上重视局部的作用。现代管理的系统管理理论打破了这种管理模式。系统管理将整个管理组织看成是一个开放的系统，它的外部受整个社会系统各个要素的制约，它的内部分为若干相互作用、相互依存的子系统。这些子系统有其特定的功能，但是与整个管理系统紧密相连，通过有规律的活动，形成管理组织的整体功能效益，因此，现代管理重视管理系统的作用。

第二章 现代管理的基本原理及运用

现代管理的基本原理是现代管理中具有普遍意义的基本规律。正确地认识和运用现代管理的基本原理，对提高管理系统的整体效益有十分重要的作用。现代管理的基本原理包括系统原理、整分合原理、封闭原理、弹性原理和反馈原理等。

第一节　系统原理

建立一个充满活力的现代管理系统，这是现代管理的基本任务。什么叫系统？系统就是指靠有规律的相互作用、相互依存复合而成的统一体。作为一个系统，它必须具备三个基本要素：

1）有统一的目的、统一的目标。

2）分散在系统中的各个要素具有各自的功能。

3）各种功能的相互作用、相互依存，统一成为具有复合功能的整体。

现代管理中的每一个管理要素都不是孤立的，它既有本身的活动范围，又与其他各个管理要素发生各种形式的联系。系统原理将这些要素放在系统的形式中加以考虑。它从系统的观点出发，着重研究管理整体与管理部分，管理整体与外部环境之间的相互联系、相互作用、相互制约的关系，综合地、精确地考察管理对象，谋求最佳的系统效益。有时管理局部效益良好，并不说明管理整体效益也良好。相反，各个管理要素如果都力争本身的最佳效益，结果往往会导致整个管理系统效益的降低。因此，系统原理要求各个管理局部能服从管理全局的利益，从管理的全局考虑，最大限度地发挥整个管理系统的功能效益。

在现代管理中，一个管理系统一般由四大子系统组成。它们是决策系统、指挥系统、执行系统和反馈监督系统。这四大系统都有各自的功能。但是，它们都必须在保证整体效益的前提下，进行各自的管理活动。倘若这四大系统不顾整体效益，而企图力争各自的最佳效益，那必然会造成整个管理系统混乱。例如，决策系统如果脱离本系统管理的实际水平，一味追求"尽善尽美"的理想方案，结果必然会使整个管理系统的活动严重脱离实际，徒然耗费宝贵的人力、物力、财力。在这种情况下，必然影响整体效益。类似这样的例子，在我国的政治、经济生活中并不少见。

现代管理者在运用系统原理时，必须遵循以下三条基本原则，并设法使本系统的管理人员都能自觉遵守。

一、一个系统只有一个目标原则

每一个管理系统都应该有明确的管理目标，如果没有明确的目标，其内部的各个子系统就会陷入无所适从的困境，进而造成管理系统的混乱。因此，目标不明确的管理，不可能使系统的内部形成凝聚力。没有凝聚力的管理，是松散的管理。松散管理的结果是各自为政、各行其是。没有明确的管理目标是现代管理之大忌。然而，管理的多目标同样也是现代管理之大忌。系统原理要求每一个管理系统在一个时期内只能有一个管理目标。管理的多目标，实际上是无目标。因为在一个管理系统内部，人、财、物、时间、信息是有限的，要让这些有限的因素在一个时间内，同时完成几个目标是不可能的。管理的多目标，必然会分散管理系统内部的力量，最终还是一事无成。

二、系统整体效益原则

系统整体效益原则是系统原理的核心。系统整体效益原则强调系统的整体性。管理系统，这是管理学上的一个概念。它可以指一个国家，也可以指一个企业或者一所学校。每个管理系统都由许多子系统（或称机构）组成。这些多元化的子系统构成了完整的管理系统。

一般地说，子系统的性能良好，管理系统的整体效益也会好的。但是，各个子系统如果过分地强调本身的效益，忽略系统效益，那么管理系统的整体效益肯定是差的。现代管理者应树立"全系统的功能大于部分之总和"的思想。"全系统的功能大于部分之总和"这一概念是古希腊哲学家亚里士多德提出的。为了达到全系统的功能能大于部分之总和，子系统的性能必须要转变为全系统的性能，子系统的目标必须要服从全系统的目标，子系统的活动必须纳入全系统的活动范围，防止现代管理中的本位主义、分散主义、自由主义。凡不符合系统性能的管理组织、管理结构必须用系统原理的思想和方法进行重新组合。当然，系统原理并不否认子系统本身特定的功能和目标。实践证明，大系统的目标若能与小系统的利益结合起来，并让人们从大系统的目标中看到共同利益，这样，就能使小系统自觉地服从大系统，从而鼓舞人们为大系统的目标而奋斗。

三、层次原则

随着现代社会的发展，现代企业的多元化逐步走向社会化，这是现代管理的必然趋势。"工厂社会化"、"学校社会化"、"机关社会化"，这是谁也阻挡不了的社会潮流。

为了适应这种社会化的潮流，一个管理系统的内部机构和内部人员都必须进行重新组合，形成一个合理的管理层次，然后依据现代管理的层次原则，强化组织内部机构与机构之间、人员与人员之间的层次领导意识，调动各管理机构、各层次管理人员的积极性，这样，在管理上才能做到"兵来将挡，水来土掩"、处变不惊、胸有成竹。

现代管理认为任何一个系统，无论它是多么复杂还是多么简单，都有一定的层次结构。这种层次结构表现在本系统内部各个管理要素的关系上。不同的系统均有自己的特定功能。管理运动能否有效，在很大程度上决定于内部层次结构是否合理。一个系统的组织机构、人员结构、管理目标都可以划分层次。

1. 组织机构的层次性

现代管理的层次原则将现代管理系统划为三大层次：高层、中层、基层。这三大层次各有特定的功能。高层的功能是决策，制定经营方针和政策。中层的功能是将决策目标、经营方针和政策分解为具体的行动计划。基层的功能是贯彻执行行动计划。基层对中层负责，中层对高层负责。这三个层次的功能不能互相替代。如果高层做中层的事，中层做基层的事，就会造成管理层次的混乱，严重挫伤下级的积极性、主动性和责任性，以致把一切矛盾统统上交。在我们的现实社会中所出现的局长做处长的事、处长做科长的事、科长做科员的事等种种奇怪的现象，一般都是由于管理层次功能混乱、管理者没有把握住层次原则所造成的，其结果是领导天天应付具体事务，失去了指挥者应有的作用。

根据现代管理系统原理的层次原则，现代管理系统在设置机构时应考虑以下几个层次：

1）经营层：负责决策和制定经营方针政策。

2）管理层：负责指挥和决策目标的分解，制定各个阶段的战略战术方针。

3）执行层：负责全面施行各个阶段的战略战术目标和方针。

这三大层次的机构应形成一个金字塔形的结构。现代管理称这种金字塔形的管理层次结构为稳定型结构。有些管理系统组织机构重叠，导致处长多于科长、科长多于科员、中层机构多于基层机构，这种组织结构属不稳定性结构。

2. 人员结构的层次性

层次原则除了适用于组织机构外，也适用于系统内部人员的结构。实践证明，一个系统如果都是由第一流的专业人才和第一流的指挥人才组成，它的管理效果不一定是第一流的，有时候甚至是差的。人们曾经做过这样的试验：有两个专题组同时去完成一个研究课题，A 专题组由十个教授组成；B 专题组由一个正教授、两个副教授、三个讲师、四个助教组成。从现象上看，A 专题组的人员无论是经验还是研究能力都比 B 专题组的强。但是，试验结果使人们大为吃惊。B 专题组用两年的时间完成了研究项目，而 A 专题组在两年的时间里却未能拿出一个十个教授都能接受的研究方案来。十个教授每人都有自己的研究方案，并都想说服其他的人接受自己的方案。B 专题组则由教授提出研究方案，两个副教授则根据研究方案制定可行性的研究计划，三个讲师和四个助教则根据研究计划在各自的领域里开展具体的研究工作，教授们在研究过程中不断给予指导。两个专题组的试验结果表明，违背现代管理系统原理的层次原则，就会降低管理效益。中国有句古话，一个和尚挑水吃，两个和尚抬水吃，三个和尚没水吃。这句古话的意思是说，人多了，互相依赖，互相推诿，有时并不一定好办事。

但是，我们不妨运用现代管理系统原理的层次原则将这三个和尚的层次作一变动：一个长老，一个老和尚，一个小和尚。和尚层次的变动就能改变三个和尚没水喝的状况。长老提出吃水的想法，老和尚指出取水的地点，并提供取水的工具，小和尚具体负责取水。由此可见，层次原则对于日常细小的管理活动也有一定的指导意义。

3. 管理目标层次性

现代管理系统原理的层次原则还反映在管理系统的目标层次方面。一个管理系统一个时期只能有一个管理目标，只有完成既定的目标后才能提出下一个目标。一个管理系统可以提出五年、十年乃至更长远的目标。这个长远目标由几个分目标构成,这样,就构成了实现长远目标的目标层次。每一个目标层次有本身的独立性,又与长远目标“融会贯通”。管理系统只能在完成一个目标后,才能转向另一个目标。因此,目标层次产生了管理活动的节奏,管理活动的节奏产生生气勃勃的管理局面,从而使全体人员明确方向,激发起积极性和创造性。

管理者在运用现代管理系统原理的层次原则时,关键问题是对于不同层次的人员授予不同权力。授权是管理者将自己职权范围内的部分权力委授下属,让下属承担自己分内的一部分工作,实行层次领导。层次领导是管理者克服越俎代庖、发挥下属积极性的有效管理途径。在中国流传着“四两拨千斤”、“分身术”等说法,层次领导正是将这些说法变为具体的管理效益。实行层次领导,就能使管理者摆脱事务主义的圈子,使他们能站在管理全局的高度总揽全局,筹划未来。管理者在授权时,要考虑给予下属一定的物质利益和精神荣誉。层次领导对于基层人员来说应树立“不在其位,不谋其政”的思想,把主要精力集中在本职工作上。下级只对上一级负责,上级对下一级的工作要有一定的要求和制约。这样管理系统的层次就会清晰合理,管理的秩序就会井井有条,管理的各个环节就会环环相扣。

第二节　整分合原理

现代管理的整分合原理是指整体规划下的合理分工,在合理分工基础上的有效综合。这种在整体指导下有分有合的管理活动构成了整分合原理的基本内容。整分合原理将整体视为前提,只有了解整体管理的规律,才能进行合理的、符合实际的分工。否则分工必然是盲目和混乱的。分是整分合原理的关键。没有合理分工,整体只能是僵化的、没有生气的统一体,它是不可能产生管理效益的。效益来源于合理的分工。因此,分是整分合原理的手段。现代管理者在运用整分合原理时,务必要抓住分这一具体的管理活动。就现代社会这个大系统而言,合理的分工一般要遵循以下几条原则：

一、按社会功能进行专业化的合理分工

现代社会是一个宏观的管理系统。它由政治、经济、司法、工、农、商、学、兵等许多子系统构成。这些子系统都有自己特定的社会功能，它们在现代社会这个大系统整体规划中，按各自特定的社会功能进行专业化管理活动。这些众多的管理活动构成了现代社会有序的管理运动，从而产生整体的管理效益。各个系统根据社会分工，形成自己特定的管理范围和职权范围，彼此决不能互相替代，否则会造成职权不分、职责不明的局面。例如，人们以前经常抱怨的“工厂办社会”、“学校办社会”、“机关办社会”，实际上就是管理功能混乱的一种表现。试问一个基层要管政治、管经济、管教育、管绿化、管职工的家庭纠纷、管职工子女入托和上学、管衣食住行、管生老病死，哪里还有精力去从事它本身应承担的社会分工的职能呢？在这种状况下，社会分工的效益只能是“尽力而为”了，有时还会出现本末倒置的现象。同时，基层为了应付繁多的工作，必然要增设机构，增设各种委员会，导致机构臃肿，管理效益下降。一些单位中这种“小社会”的现象，必须在当前深化改革的环境下加以克服。解决“小社会”的唯一良策就是各个系统在各自社会分工的范围内，按各自的社会功能进行管理。互相协作决不意味着社会功能的互相替代。

二、按自然资源特点进行专业化合理分工

自然资源是劳动对象，是生产力的重要组成部分。自然资源的分布是客观的社会现象，是谁也改变不了的客观事实。但是，现代管理可以顺从大自然的规律，充分有效地利用自然资源，以创造更高的生产力。世界上许多国家都根据不同的自然条件实行农业专业化区域分工。

例如，美国的农业根据不同的自然条件建立自己的农业结构。美国的农业大致分为牧草、乳酪、玉米、棉花、亚热带作物、小麦等 14 个专业化农业区。这不仅充分利用了美国自然资源

潜力，而且各区作物单一，有利于实现农业机械化。目前我国也初步形成了农业专业化区域。

例如，东北平原是大豆、高粱作物区，黄淮平原是小麦、玉米作物区，长江中下游平原是水稻、油料作物区，内蒙、青海、西藏是畜牧区，海南岛、云南是橡胶、甘蔗作物区。这些农业专业区域的形成发挥了各地自然条件的优势。但是，我国的农业专业区域是在几千年农业发展中自然形成的，它还缺乏更加合理的布局，而且这种自然形成的农业专业化区域又受到人为的破坏。例如，长期以来，由于在农业方面片面强调“以粮为纲”，结果这些农业作业区域未能发挥其最优化的作用。前几年由于粮棉丰收，一些人提出把粮田变果园，把棉田变鱼塘，结果使有利的自然条件反而变成不利的因素。因为适合种粮食的地区不一定适合种果树，适合种棉花的地区未必适合发展渔业。实践证明，违背自然规律，最终会受到自然规律的惩罚。发展工业也是如此，必须尽可能根据本地的自然资源特点，发展相应的工业。建设一个大型的钢铁厂，应该考虑矿石的来源、水陆交通的运输、库存的地点等各方面的条件。

可是令人担忧的是我国现在的工业发展并不总是按自然资源特点进行分工，相当多的省市片面强调“地区配套”、“自成体系”、“经济效益”，结果重复引进了大量冰箱流水线、彩电流水线、汽车流水线、各类饮料流水线等。重复引进，重复生产，不但浪费了国家的财力和物力，而且严重束缚了我国民族工业的发展。

三、按产品的构成进行专业化的合理分工

传统工厂一般是一种从原料到产品的生产。这种生产方式是传统工厂的特征。然而，随着现代科学技术的迅猛发展，工农业产品以惊人的速度增长，这种传统工厂的生产方式便不能适应新的形势。在现代社会里，任何一个企业、一个部门乃至一个地区或国家，企图独立进行一些高、精、尖产品的全过程生产是有一定困难的。独立完成全过程生产的结果，必然会使技术上难以精益求精，质量上得不到全面保证。19 世纪末、20 世纪初

一度兴起的一种从原料到最后产品都控制起来的垄断企业(俗称"康采恩"),在现代社会的发展洪流中已土崩瓦解。原因是传统的垄断企业只是权力上的集中,虽然能垄断市场,但在经济上各家企业自成体系,是一个松散的联合体。代之而起的是专业化生产分工和区域分工相结合的联合企业和跨国公司。

例如美国的"波音飞机制造公司",其子公司遍及许多国家和地区。每一个子公司根据波音飞机每一个零部件的技术要求进行专业化零部件生产。设在美国西雅图的波音总公司只是一个整机装配工厂。波音公司这种以产品构成进行专业化生产的生产管理形式体现了该公司的宗旨:高质、高效、高能。

党的十一届三中全会以后,我国进行了经济体制改革。在经济体制改革中涌现出大批企业集团或联合企业。这些企业集团经过短时间调整后,进行了以产品构成为特性的专业化生产。

例如,宝钢集团、海尔集团、华联超市等。

但是,有些联营企业往往只讲究数量,忽略零部件的质量,导致产品的质量下降。有些企业集团只是形式上的联合,下属的每一个联营厂仍然进行从原料到产品的生产,它们只打着联营厂的牌子,利用名牌产品的商标。这种形式的联合往往会损坏企业集团的名誉,导致名牌产品的地位下降。因此,我国当前的企业集团必须注意,不要走西方"康采恩"企业形式的老路。

在现代社会里,即使是科学研究也不是全能研究。例如美国斯坦福科研中心,是以研究电子技术为主体的,但它不包揽电子科学的一切。就内燃机研究来说,英国里卡多工程公司以研究其燃烧过程和燃烧室著称,而奥地利李斯特研究所以研究内燃机噪音和测试技术闻名于世。我国有许多科学研究所,一般都是大而全,并且是全能研究。我国是个农业大国,建国五十多年来,我国的农业科学研究取得了很大的成绩。我国的水稻杂交技术居世界领先地位,这是十分可喜的。但是我国的农业研究所一般还是综合性的研究所,尚未形成以区域性为特点进行专业化农业研究的局面。假如我们能多一些专业化的农业研究所，如水稻研究所、玉米研究所、大豆研究所、小麦研究所等，而少一些综合性、大而全的农业研究所，那么，我们在农业科学方面的研究还会取得更大的成绩。

四、按照作业程序进行专业化的合理分工

现代企业已经不是传统意义上的工厂了。它集管理、经营于一体。按照企业的经营程序，它包括预测部门、研究部门、生产部门、销售部门、售后服务部门等。按照企业的管理过程，它包括人、财、物、时间、信息等。每一程序的管理部门，都有自己的作业程序。它们之间的相互关系是统一目标下的分工合作。

每一个作业程序都有特定的功能，都起着承上启下的作用。就对人的管理而言，又分为职工管理、干部管理、客户管理等。与这三种管理相应的部门是人事部门、组织部门、公共关系部门。这种按作业程序进行的专业化分工，使现代企业“统而不死，活而不乱”。

上述四类分工及有机地组合，构成了现代社会管理的绚丽景象。它是现代管理整分合原理的基本内容。然而，分工仅仅是现代管理的过程，不是终结。要使分工取得恰到好处的效果，必须要有强有力的组织管理。通过有效管理，协调每一个环节，在有计划、按比例地综合平衡发展的基础上，创造出真正高水平的生产力。这就是整分合原理的真谛——有分有合，分而后合。

诚然，现代管理强调合理分工，但是管理本身的功能是不能分解的。分工以后，每个独立功能单位必须具备完整的管理功能。如果这个独立功能单位对自己的人、财、物没有足够的管理权，那么，管理就只剩下形式的外壳，而失去了调节运筹的力量，无法构成有活力的管理运动。因此，确保基层独立功能单位在人、财、物方面的必要自主权，是现代管理必不可少的一个方面。

第三节　封闭原理

封闭原理是指一个管理系统的管理手段必须构成一个连续

封闭的回路，以便进行有效的管理运动。不封闭的管理，等于是不成回路的电线，线再粗也输不出电流；不封闭的管理犹如没有方向的运动，运动的频率再快也不会产生运动的效益。现代管理的封闭原理要求管理手段必须与管理的目标一致。有效的管理运动来自管理系统内部的连续封闭。连续封闭的管理运动包括管理机构的封闭和管理活动的封闭。封闭，就是对管理运动的控制。

一、管理机构的连续封闭

现代管理系统一般由决策系统、指挥系统、执行系统、反馈监督系统组成。这四大系统在一个管理系统内部既有各自特定的功能，同时又都要对其他系统负责。

决策系统将决策的内容输送到指挥系统，指挥系统将决策的内容分解成若干目标，然后发出执行的指令。执行系统根据指挥系统输出的指令，全力以赴贯彻执行。反馈监督系统针对执行系统的工作情况，进行监督，以保证其正确无误地执行指挥系统的指令。另一方面，反馈监督系统在信息收集、信息研究的基础上，对执行系统的工作结果进行评估。最后，将这些信息传递给决策系统，使决策系统能就决策内容进行修正或补充，这就是管理机构连续封闭的基本回路。

就一个企业来说，决策系统应由厂长、党委书记、工会主席和有关方面的专家组成，指挥系统应由正、副厂长等厂长领导班子组成，执行系统应由车间主任等组成，反馈监督系统应由党委、纪检委、工会和老干部委员会等组成。根据现代管理的封闭原理，要求厂长、党委书记、工会主席以及有关方面专家组成的决策系统，在决策前必须认真听取反馈监督系统的意见。为了使决策更符合实际，有的企业还成立了为决策服务的咨询机构。

我国现今的企业实行厂长负责制，因此，厂长对企业的经营决策有着不可推卸的责任。而在实行党委领导下校长负责制的高校和科研单位，党委书记则对决策有着不可推卸的责任。无论是哪一种领导体制，作为决策的主要负责人都必须充分发挥决策系统的作用，善于听取来自反馈监督系统的意见和建议，要将大多数人的意愿、正确的意见和建议化为决策的行动。

美国第一届总统乔治·华盛顿(George Washington)，在内阁决策前，通常不提出自己的意见，而是附和大部分的意见，除非内阁的意见势均力敌、争论不下时，他才提出决策的意见。华盛顿这种在决策时尊重大部分人意见的精神，可供我们企业领导在决策时借鉴。

决策系统一经决策，指挥系统就应将决策的内容分解成许多具体的工作程序，并下达给执行系统。执行系统在执行指挥系统的指令时，必须正确无误，不允许有任何偏差，应该坚决贯彻执行。如果执行系统对指挥系统的指令抱有三心二意，那么就会大大削弱管理系统的功能效益。在现实生活中，我们常常可以发现执行系统与指挥系统对着干的情况。这种状况极大地妨碍了我国管理水平的提高。执行系统的干部对指挥系统的指令只有两个选择：一是执行，一是辞职。指挥系统对执行系统中经常“对着干”的干部，在思想教育无效的情况下，只有采取组织措施——坚决调离。

反馈监督系统要对指挥系统和执行系统的工作进行监督，使这两大系统能精确无误地执行决策系统的指令。反馈监督系统还要对执行系统的工作结果进行评估。在信息反馈、信息研究的基础上，将结果输送给决策系统，决策系统对自己的决策目标有一个客观、全面、精确的估价，为下一个决策目标创造良好的条件。如果决策系统发现本身的决策目标有问题，应该马上进行修正，及时加以封闭。

二、管理活动的封闭

封闭原理在具体的管理实践中是指目标和结果的一致。为了达到管理的目标，不仅要有一个尽可能全面的执行法以及对执行的监督法，还必须有反馈法，它包括对在执行过程中产生矛盾的仲裁法、对执行发生错误的处理法等。法不封闭等于无法，因为有空子可钻，有法也没办法真正执行。当然，以上所指的法是指企业内部的法规和规章制度。只有构成一个封闭的法网，才能疏而不漏。比如，一个企业建立了岗位责任制，但如果不认真监督执行，执行的好坏没有明确的标准，结果只能是一纸空文，徒有形式而已。因此，当发现目标和结果不一致时，要及时采取对策加以封闭。

上海有一所高校，曾经出过几次布告，要对乱停自行车的师生给予罚款处理，但一直停留在口头上，未采取行动。结果，乱放自行车的现象日趋严重，影响了校园的面貌。后来，这所高校的保卫部在学校党、政领导的支持下，重新制定了《自行车停放条例》，并聘请了一些退休职工负责检查和监督，对违反《自行车停放条例》的师生坚决予以罚款。半个月后，这所高校长期没有解决的乱放自行车的问题终于得到了解决。

当然，动态的管理使管理过程时时处于变化之中，因此一劳永逸的封闭是没有的。有效的管理活动来源于处于动态的管理运动的封闭。连续封闭是现代管理的重要环节。

第四节　弹性原理

弹性原理是指管理必须保持充分的弹性，及时适应客观事物的各种变化，有效地进行动态管理。现代管理运动和世上万物的运动一样无时不处在变化之中。哲学上讲的“变是绝对的，不变是相对的”，同样适合现代管理。弹性原理要求现代管理必须保持充分的弹性，当管理系统内部和外部的客观条件变化时，能迅速地作出反应，及时地调整管理局部或整体。在商品经济发达、市场竞争激烈的社会环境中，弹性原理显得尤为重要。弹性原理的重要性，主要反映在以下几个方面。

一、管理对象的各个要素无时不处于变化之中

管理本身带有很大的不确定性。现代管理者如果只是用过去的管理方法来管理现在的管理对象，有可能导致管理的失败。比如计划经济在我国解放后相当长的时间内起着积极、主导的

作用。但是,党的十一届三中全会后,社会主义的市场经济必须要逐步代替传统的计划经济。因此,党的十三大提出了我国现阶段的经济是有计划的社会主义商品经济。从单纯的计划经济发展到有计划的商品经济,反映了我国宏观经济管理的变化。可以想象,如果在改革开放的社会环境中,我们仍然沿袭 20 世纪 50 年代计划经济的管理模式,不作丝毫改变,就很难提高管理效益。

从学校管理来看,也存在着适应变化的问题。我国的高校长期采用助学金制度来激发学生的学习积极性。助学金的管理方法在 20 世纪 50 年代、60 年代对促进学生德、智、体全面发展起了一定的作用。一些优秀学生靠国家的助学金完成了学业。因此,他们感谢党、感谢政府。但客观地说助学金的管理形式是一种“大锅饭”的形式。为了促进学生的积极性,起到“奖勤罚懒”的作用,从 20 世纪 80 年代开始全国高校将助学金变为奖学金。但是,改为奖学金后也带来了一些新的问题。在奖学金的评定上突出了智育而忽略了德育。于是,在部分学生中出现了重视业务学习、忽视政治学习和体育锻炼的倾向。即使在业务学习方面,每个学生获得奖学金的机会也不是同等的。一些从边远地区、农村来的学生,由于当地办学条件、师资条件等原因,在业务学习上很难与城市地区来的学生竞争,奖学金往往由城市地区来的学生所获得。然而,真正在经济上有困难的、需要国家帮助的却是部分来自边远地区和农村的学生。为了解决这个矛盾,一些高校从 20 世纪 90 年代中期开始实行了贷学金制度。

由学生自己向银行贷款,学生毕业后从工资中扣还给国家。以上情况说明,管理的形式、管理的方法,必须随着客观条件的变化而变化,决不能局限于某一个成功的模式或成功的经验。

二、事物是复杂的,任何事物不存在绝对正确

管理者认识的管理对象处于不断地变化之中。用静止的、凝固的观点看待管理对象,这既不符合马列主义的辩证法,也不符合管理对象自我发展的客观规律。因此,现代管理的弹性原

理要求管理应该留有余地。管理要留有余地这一概念，对于高层管理者来说，就是在决策的时候，必须充分考虑到可能出现的风险，并且制定出相应的对策。这样，一旦危机产生就能应付自如。危机对于管理者来说并不可怕，真正可怕的却是在危机到来时，一筹莫展，无计可施。管理要留有余地这一概念对于中层管理者来说，就是在制定实施方案时，应该同时考虑几个可供选择的方案，以便进退自如。要尽量避免一个方案的管理方法，因为它无异是窄巷里背毛竹，直来直去，无回旋余地。根据弹性原理，现代管理者在实施一项重大改革措施时，要对改革方案进行试点和预测。通过试点，发现不确定因素，通过对不确定因素的研究，预测改革方案发展的趋势，然后“以点带面，逐步放开”。那种缺乏科学态度的“大干快上”的作风，实在是不值得提倡的。“盲人骑瞎马”——乱冲乱撞式的管理方式是现代管理之大忌。

三、管理的核心是人

人是管理系统中最活跃的因素。弹性原理要求现代管理者，在对人的管理中要保持充分的弹性，以便适应人的思想的不断变化。这是因为：

1. 人的心理承受能力有一定的限度

管理者在实施一项管理方案时，应对人的心理承受能力有一个客观的估计。在客观估计的基础上，管理方案留有充分的“蓄势”。这样，让人的心理承受能力逐步适应推行的管理方案。比如，物价改革是我国经济体制改革的重要组成部分。但是，在实施物价改革方案时，我们是采用了稳步推进的方法。稳步推行的物价改革过程符合现代管理的弹性原理。实践证明物价逐步放开的过程是人们心理承受能力逐步适应的过程。20 世纪 80 年代末，国内市场一度出现的抢购风，反映了人们对物价上涨的恐惧感。它从反面说明了人的心理承受能力对社会的反作用。当然，究根溯源，造成这股“抢购风”的基本原因，是我国那几年基本建设摊子铺得过大。规模庞大的基本建设需要大量的原材料，原材料的供需矛盾造成原材料价格上涨，原材料的价格上涨带动了整个社会的物价上涨，从而破坏了稳步推进的物价改革过程。党的十三届五中全会明确了治理整顿的目标，从而为全面控制当时的通货膨胀创造了良好的条件。不过，我们应该清醒地看到，崛起时期的失败或失误，是成功前的“分娩之苦”，是改革取得成功必须经过的阶段。

2. 管理是一种社会现象，是人与人、人与财、人与时间、人与信息、人与劳动工具之间发生作用的过程

随着客观条件的变化，人的思想也会产生一定的变化。因此，什么时候、采用什么管理形式应与人的思想变化统一起来。一般来说，管理的形式可以略高于人的思想变化。但是，必须通过大量的思想政治工作、行政管理手段来消除管理形式与人的思想变化之间的差距。在这方面，管理者应树立“平衡是相对的，不平衡是绝对的”这样的思想。管理运动一般是从不平衡走向平衡，然后步入另一个不平衡的过程。这种不平衡、平衡、再不平衡、再平衡运动是现代管理运动的规律。现代管理者的任务是运用高超的管理艺术、管理技能在一个又一个不平衡中争取一个又一个的平衡。然而，当一个管理形式远远高于人的思想变化时，就会产生管理的危机，在这种情况下，管理者纵然有上天入地的本领，也无法平衡管理目标与现实之间的差距。此时，管理者必须做的是：

1）变换管理的形式；

2）改变组织结构；

3）采用新的管理方法。

3. “存在决定意识”，人的思维形式、行为准则总是受一定的文化背景、政治背景、生活背景的影响的

不同的社会环境塑造了不同的个性。因此，对人的管理不能简单化，应保持充分的弹性。“因材施教”的教育原则同样适用于现代管理。它的表现形式是运用多层次、多渠道的方法对不同的人进行不同的管理。孙子兵法上所说的“兵无常规，水无常形”确是良言。因此,恰到好处的管理就是有效管理。

第五节 反馈原理

反馈是控制论的一个极其重要的概念。控制论中的反馈是指控制系统把信息输送出去,又把其作用的结果返送回来,并对信息的再输出发生影响,起到控制的作用,以达到预定的目的。管理实质就是控制,因而它必然存在着反馈。一个管理系统在一系列管理运动后,会产生一定的管理结果。“运动”和“结果”之间的关系称为“因果关系”。反馈就是在这种“因果”之间建立密切的联系,使管理者能根据管理结果方面返回的信息,及时调整管理运动,进一步控制系统运动,达到预期的管理目的。

反馈有正反馈和负反馈之分。如果反馈使系统的输入对输出的作用加大,导致系统的运动加剧扩散,这叫正反馈。比如两个生产作业组开展劳动竞赛。当反馈信息证明甲组落后于乙组时,甲组就会迎头赶上。而当乙组得知甲组已经赶上时,乙组又会再次奋力争先。这种你追我赶、我强你更强的运动结果就属于正反馈,因为双方的信息输入都加剧了系统的运动。如果反馈使系统的输入对输出的作用减小,导致系统的运动趋向于稳定,这叫负反馈。

在现代管理中,管理者一般都是用负反馈来调节和控制管理系统作符合目的运动的。

反馈的最终目的就是要求现代管理者对客观变化的环境及时作出反应。然而,正确的、迅速的反馈有赖于管理系统内部灵敏的、有力的、“一切从实际出发”的反馈系统。反馈系统针对执行系统执行中的情况,及时地进行信息整理和分析,然后将整理和分析后的信息传递给决策系统,决策系统根据反馈信息,及时提出封闭意见。因此,没有反馈,就没有封闭。

在现代管理中,没有一个管理系统可以不建立自己的反馈系统而能进行正确有效的管理的。

这是因为：

1. 任何一种管理都不是完美无缺的

一个貌似最佳的管理形式在实施过程中也会不断地出现变化。这种变化来自两个方面。一是由管理对象变化而引起管理方式的变化。二是在不定因素的影响下，管理方式本身的变化。

有时候，这种变化使管理运动有可能偏离目标而发展。反馈原理要求管理者通过反馈系统及时地、精确地了解这种变化，使这种变化控制在管理目标之中。变化、调节、控制、再变化、再调节、再控制，这样，就形成了有效的管理运动，从而不断地提高管理水平。

2. 任何一种管理都应该对整体管理效益进行评估

管理的整体效益好坏是衡量管理是否成功的标准。因此，现代管理者都十分重视整体管理效益的评估。评估实际上是现代管理的重要组成部分。但是，管理者不可能凭自己的主观想象决定管理的整体效益，他们只有通过反馈系统了解管理结果方面的信息。经过全面的、客观的、公正的分析，才能对整体管理效益作出恰如其分的评估。

3. 任何一种有效的管理都不能排斥不同的意见

为了改善管理工作，高明的管理者都愿意听取不同的意见。反馈系统的功能之一就是帮助管理者了解到相反的意见。如果一个管理系统内部没有反馈系统，这就成了自己执行、自己反馈。自己执行、自己反馈带来的严重后果是缺乏反馈的整体性，往往是发现一个问题解决一个问题，“头痛医头，脚痛医脚”，结果是缺乏把握全局的系统性。应该看到，在管理过程中可能出现的“头痛”、“脚痛”，有时候是好现象，是产生整体效益的必然途径。医治了这种“头痛”，反而会给整个管理工作带来极大危害。以精简机构、精简人员为例，凡被精简的机构和人员总会有种种抱怨，这些抱怨产生了管理系统内部的“头痛”。如果管理者不依靠反馈系统的正确信息，而只是采取息事宁人的方法缓解矛盾，该撤并的机构不撤并，该精简的人员不精简，如果是这样的话，则在管理系统内部埋下了更大的矛盾，那必然会造成号令不行、军心不稳的局面。医治了这种“头痛”，对整个管理系统决不会有什么积极作用。

即使是真正要解决的矛盾，也有一个时间和条件问题。有些矛盾明天解决是合适的，今天解决就不一定合适。反之，有些矛盾则今天解决是合适的，明天解决就不合适了。判断矛盾的轻重缓急，有赖于强有力的反馈系统。

现代企业已从单个工厂发展到跨国公司，现代科学研究已从科学家个体研究发展到国家规模甚至国际联合研究。在这种管理的趋势下，即使是天才的管理者也无法洞察一切、包揽一切，当然也就不能仅靠自己掌握的信息来构思一切政策、计划和措施。因此，反馈作为独立的管理活动越来越被人们所认识。一切成功的企业无不受益于反馈。美国施乐公司是当今世界独树一帜的生产复印机的公司。它的首创人叫威尔逊(Wilson)。施乐公司的前身叫哈罗依德公司，它是一家由威尔逊的父亲所经营的照相感光材料公司发展起来的。威尔逊在接管哈罗依德公司之前，作了大量的市场调查。通过信息反馈，证明哈罗依德公司继续生产照相材料很难开拓事业，因为柯达公司生产的照相感光材料已占领了大部分市场。第二次世界大战后，威尔逊在他父亲死后接管了哈罗依德公司。接管公司后，他马上制定了生产静电印刷设备的方针，创立了施乐公司，开拓事业的新领域。在他的努力下，施乐公司成了世界性的大企业。1971 年，威尔逊病逝，他的继承人 L・P・麦卡罗投资约十亿美元，吞并了 SDS 公司，企图在计算机领域里谋求新的发展。然而，反馈信息使麦卡罗认识到施乐公司继续经营计算机产品是不合算的。于是，在 1976 年施乐公司果断地退出了计算机领域。由此可见，反馈对于一个即使是十分优秀的企业、优秀的管理者来说也是十分重要的。管理者在全力开拓事业时，未必能看清自己在执行中的偏差，反馈的功能就是帮助现代管理者能抓住机遇，掌握发展的契机，捕捉管理中的秋毫之末，将问题解决于萌芽状态。

第三章 不同的管理阶段应采取不同的管理措施

任何一个部门的管理都是从初级阶段过渡到中级阶段，进而发展到高级阶段的。初级阶段是部门的创业期，中级阶段是部门的发展期，高级阶段是部门的整体配合全面开拓期。为了更好地了解这三个阶段的部门行为特征，有必要先对现代管理的组织机构作简略的介绍。

第一节 现代管理的领导体制

现代管理的领导体制大致分为直线制领导体制、职能制领导体制、直线—职能制领导体制、事业部领导体制、矩阵结构领导体制。这五种领导体制分别适用于不同的管理阶段。现代管理者在选择领导体制时，应以“合适”为原则。

一、直线制领导体制

这种领导体制适应于人员少、管理层次比较简单的部门。它是企业创业时期的一种有效的组织管理形式。直线制的领导特点是最高领导能直接指挥部门的全部管理活动。直线制的组织机构比较简单，运转比较灵活，所以工作效率比较高。直接指挥使最高领导者容易接近群众，听得到群众的各种反映和意见。在直线制领导体制中，只要领导者具有一定的民主作风，上下级关系一般来说比较融洽。但是，直接领导有难以克服的弱点，即：主要领导人容易陷入事务堆而不能自拔。一旦主要领导陷入了事务堆，整个管理系统便处于一片忙乱之中，往往是顾此失彼。同时，它还会使领导者造成宏观决策上的失误。

二、职能制领导体制

职能制领导体制适应于人员多、管理层次比较复杂的部门。它是企业发展期的一种有效管理组织形式。职能制的领导特点是指挥系统根据不同的管理职能，建立起若干职能机构，分别承担专业化的管理职能。职能制的领导体制使管理系统的最高领导能依靠各个职能部门进行管理，从繁忙的事务堆中解脱出来。这样，领导者有可能集中精力考虑全局性的问题。由于各职能部门进行了专业化的分工，使职能部门能够定期或不定期向领导者提供执行中的各类信息。正确的信息反馈有助于领导者作出正确的判断，及时修正或充实决策目标。但是，职能制领导体制中各个职能部门有可能产生权力过大的现象。各个职能部门都向基层发号施令，使基层无所适从。这样，就产生了多头领导。俗话说，上面千条线，下面一根针，就是指这种管理状况。

三、直线—职能制领导体制

这种领导体制适合中型和大型的部门。它的特点是既保持了直线制领导体制直接指挥的优点，又发挥了职能制领导体制中职能部门的作用。这是比较理想的管理体制。在这种领导体制中，系统的最高领导人对基层实行垂直领导。职能部门根据各自的专业化分工范围，对指挥系统的工作起协助、咨询、反馈的作用。我国现今大型企业实行的厂长负责制基本上都采用了这种领导体制。直线—职能制领导体制能集中领导、统一指挥、分工严密、职责清楚。但是，这种领导体制缺乏部门与部门之间的横向联系，由于相互之间缺乏信息交流，往往会造成部门与部门之间的冲突。

四、事业部领导体制

事业部领导体制适应于大型的厂矿、高等院校、科研机构。它是分权管理的一种组织形式。它的组织形式在企业里表现为总厂下设分厂，分厂下设车间；在高等院校表现为在大学下设学院，学院下设系、所。这些分厂和分院，在总体决策目标下，都拥有独立的行政管理权。事业部领导体制的特点是管理系统的主要领导人能集中精力抓经营方针，协调各部门的工作，及时研讨社会环境或企业内部环境的变化，及时调整或充实决策目标，从宏观上把握系统发展方向。但是，这种管理体制由于管理机构多、层次复杂，而且各自为政，很容易产生分散主义和本位主义。管理系统的高层领导由于脱离基层，缺乏管理实践中的感性知识，所以容易产生官僚主义。

五、矩阵结构领导体制

矩形是数学上的概念，即长方形。矩阵结构的领导体制最初出现在美国。这种领导体制打破了原来职能部门的界线，将“权力由垂直变为水平”。按我国的习惯提法就是“将权力由垂直实施变为横向实施”。矩形的领导体制冲破了传统的领导模式，即：一个职工只有一个部门领导。它是一种纵向和横向结合起来的领导体制。其纵向是“指挥—职能”的领导体制关系；其横向是“规划—目标”的领导关系。矩阵结构领导体制的特点是在不打乱现有管理秩序的情况下，实施横向领导。这样，就提高了管理组织的效益。比如，一个高校要完成某项重点科研项目，这个项目可能要涉及到全校的许多系、所。显然，要抽调上百人单独进行这个项目的研究是不可能的。用矩阵结构领导体制进行管理能解决以上问题。学校可以成立一个科研专业组，由这个科研组从横向协调全校的人力和物力。科研项目一旦完成，科研组随即撤销。因此，矩阵领导体制是一种比较灵活的管理体制，它对我国企业开发新产品、逐步从内向型企业向外向型企业发展是很有帮助的。

第二节　各管理阶段的不同对策

现代管理是复杂的动态过程。任何一个部门的管理都是由低级向高级发展的。

这种管理运动的表现形式可以分为三个不同的管理时期，即：创业期、发展期、系统管理期。每个时期都有相应的管理组织体制，都会产生不同的矛盾。一个部门从低级向高级运动的过程，实际上就是管理系统内部连续不断克服自身矛盾的过程。然而，任何一种管理都不可能是平衡推进的。在同一个管理系统里，往往会并存三种不同的管理时期。比如在一个生产力高度发展的城市里，有可能同一时期存在着分别处于创业期、发展期和系统管理期的三种部门。就是一个企业内部的不同组织机构也会在同一个时间内分别进入不同的管理时期。因此，现代管理者必须认真研究各个管理时期的特征，分析它们的主要矛盾，并且采取相应的对策。

一、创业期的管理

1. 创业期管理系统的矛盾

创业期管理系统一般是指初创部门的组织管理形式。初创部门通常采用直线制的组织形式。

初创部门的特征是主要领导亲临现场指挥，及时了解管理信息，办事效率比较高。但是，由于创业期这个特定的环境，它会产生以下几个主要矛盾：

1）主要领导忙于事务，有可能顾不上考虑主要工作。

初创部门的领导亲临现场指挥，及时地解决管理系统中存在的一些问题，这对提高管理效益十分重要。但是，一个管理系统天天会有大量的事务，如果主要领导陷于事务堆而不能自拔，必然会忽略，甚至会放弃对主要工作的领导。主要工作徘徊不前，事务工作做得再好也不可能产生整体的管理效益。

2）主要领导有可能会包办代替，其结果会影响下级的积极性。

初创部门组织机构尚不健全，管理系统内部尚未形成一种称之为“企业精神”的凝聚力，下属人员对整个管理系统还处于适应阶段……这些因素客观上给主要领导的包办代替创造了可能性。包办代替的结果，一方面使主要领导更加忙于事务，处于系统各类矛盾冲突的中心，另一方面下属干部无法发挥自己的积极性和创造性，下属组织机构也无法发挥自己的功能效益。整个管理系统的管理活动紧紧地依附于主要领导者的能力和经验上，产生一种极大的惰性和随意性。管理系统的惰性和随意性必然会产生功能性的管理不善。管理不善造成人心浮动。人心浮动的表现方式有可能是：有独立见解的人想离开，而依赖性强的人却愿意留下。因为有能力、有独立见解的人在包办代替的环境里，很难找到“用武之地”，因而，对自己的发展丧失信心。

3）主要领导有可能听取汇报多，修正决策少。

任何初创部门都会面临错综复杂的矛盾。这些矛盾包括：人与人之间的矛盾、机构与机构之间的矛盾、生产与原料之间的矛盾、部门发展与社会需求之间的矛盾等。由于直线制领导体制使主要领导无法完全依靠职能部门去协调这些矛盾，因此，领导者会自觉或不自觉地卷入矛盾冲突的漩涡里。为了解决矛盾，领导者不得不将大量时间放在听取汇报上。矛盾越多，各类人员的汇报也越多，领导当场拍板解决问题的“效率”也会越高，而下属的积极性就会越低，这就是恶性循环。然而，领导者也是食人间烟火的凡人，他们的精力是有限的，要让领导者有限的精力对付无限的矛盾，结果往往是汇报还是汇报，矛盾还是矛盾。主要领导卷入了矛盾的漩涡，就必然无暇考虑企业的经营方针，修正经营决策，提出经营目标。

4）有可能缺乏长远目标。

处于创业期的部门是“摸着石头过河”的部门。它们有短期目标，但往往缺乏长远目标。长远目标对于领导者来说有可能只是一个朦胧的概念。由于没有明确的长远目标，下属人员只能机械地听从管理者的发号施令，而缺乏工作的主动性和进取性。

一个处于创业期的管理系统如果不能认真地研究上述四大矛盾，不积极地考虑克服这些矛盾的对策，任其自然发展，那么，管理的效益只能在低水平上徘徊，一旦社会环境、部门内部环境发生变化时，就很难作出相应的选择，最后，在内外矛盾的重压下有可能解体。

我国一些乡镇企业出现的徘徊、衰退、倒闭的现象，无不与管理水平不高、忽略解决初创期的矛盾有关。

2. 创业期管理系统应采取的对策

初创部门的四大矛盾，形成了部门领导面临的四大困扰。环绕这四大矛盾，进行缜密研究，采取相应的对策，是初创部门管理者的一项重要任务。只有克服这四大矛盾，初创部门才能度过创业的困难期，走向发展期。为了达到这个目的，必须采取以下对策：

1）建立精干的管理班子，逐步形成分层次领导。

建立精干的管理班子是初创部门领导的主要任务。班子精干的原则，实际上是干部使用上的“少而精”的原则。通常，管理者在创业初期总是希望管理机构越全越好，其实，这是认识上的偏差。初创时期，人员来自四面八方，领导者对下属情况的了解往往是通过档案或口头介绍获得的。仅凭档案材料和口头介绍决定对一个人的使用显然是不科学的，它带有极大的盲目性，具有一定的风险，因为人才是在实践中产生的。因此，初创部门管理班子的精干原则表现在干部使用上就是积极地、谨慎地培养人才，创造人才合理竞争、全面发展的环境。

随着部门事业的发展，人才会在管理系统中脱颖而出。精干原则使领导者在未来的人才使用上能留有充分的余地。班子精干的原则其实也反映了组织机构设置要“少而精”的原则。创业初期，管理者还不能十分精确地了解管理系统的管理活动。在这种状况下，管理者若将组织机构搞得十分庞大，会对部门的进一步发展带来一定的危害，因为任何一个管理机构的设置是以“需要”为前提的。不经过全面的管理实践，怎能了解管理的需要，不了解管理的需要，怎能设置合理的组织机构。因此，在初创期部门里，领导者应建立的是适应领导者直接指挥的工作班子，而不是大而全的机构。领导者应善于发挥工作班子的作用，逐步形成分层次领导。在一般的情况下，初创期部门的主要领导者不要包办代替，助手干的事放手让助手干，车间主任干的事让车间主任去干。只有在下属无法进行有效管理而又求助于领导给予支持的特殊情况下，领导者才可以考虑取代之。每次取代后，领导者必须进行调查研究，全面掌握情况。调查结果，若是下属干部不得力，就应对他们进行思想方法、工作方法的指导。长期不得力者应坚决将其从岗位撤下来进行培训。通过培训还是达不到要求者，只有撤换。处于初创期的部门，主要领导者的职责和工作方法是向下属直接下达执行的指令，而不能取代下属的工作。初创部门的领导只有发挥了工作班子的作用，才能逐步形成分层次领导，才能摆脱繁忙的事务，从容地对付部门中的主要问题。

2）确定长远的工作目标。

长远的工作目标能激励初创部门的全体人员向着同一个方向进行持久的、有意识的管理运动。长远目标必须具有明确性和时间性。目标的明确性是指目标的能见度和清晰度。目标不明确，不但无法调动下属的积极性，而且使下属人员的努力难以融入管理系统的运动，形成系统功能。这样，下属人员只能被动地听从领导的指挥。只有让全体人员明确地看到部门的长远发展目标，并从这个目标的实现中看到部门和自身的利益，才能使下属人员产生实现目标的动力。为了提高长远目标的可行性和可信性，处于初创期的部门领导者必须要注意实现目标的时间性。因此，长远目标应由一系列的近期目标构成。没有时间性的长远目标，等于是一条没有航标的河流，管理之舟只能在不明航道的情况下向一个方向运动，这样的航船很有可能因迷失方向而搁浅。

3）保持管理系统的士气。

处于初创期的部门一般都会自觉或不自觉地有一股内在的冲劲，这是因为初创部门领导希望部门的事业从零点突破，迅速发展，初创部门的员工则希望在部门里有一番大的作为。因此，在初创的整个时期，部门往往充满“新官上任三把火”的高昂士气。然而，部门的发展仅靠初期的“三把火”是不行的，它只能热闹一时。为了保持初创部门的士气，领导者必须要燃烧起无数把火。

保持士气的有效方法是领导能与全体人员同甘共苦，能体谅下属工作的艰难，能保持上下之间的信息交流。领导通过以身作则，体察下情，及时地进行信息沟通，使管理系统上下一致，保持管理系统内在的力量。处于初创期的部门领导者不可忽略对下属的培养、使用、提拔、奖励和批评。领导者如对下属的能力强弱、贡献大小无所了解，置若罔闻，那么有能力的人必然会人心浮动，贡献大的人必然会愤愤不平。这两类人的积极性受到挫伤，就很难保持管理系统的士气。一个近期目标完成后，领导者必须进行讲评和总结。在讲评、总结的基础上，及时地提出完成下一个目标的途径和方法。这样，能使整个管理系统持之以恒地保持一股向上的劲头。

4）塑造企业精神。

企业精神是企业在生产经营活动中为谋求自身的生存和发展逐步形成的企业价值观，它是全体人员所认同的一种群体意识。企业在初创时期是产生企业精神的最佳时机。初创时期，整个管理系统承受着巨大的社会压力。它在激烈的市场竞争中，随时有可能被社会排斥或淘汰。在这种情况下，管理系统内部应该形成一种自我保护意识。这种自我保护意识体现在职工身上就是人人努力，人人奋发。在这种既困难而又良好的管理环境下，领导者应不失时机地提出以企业生存和发展为中心的企业精神。良好的企业精神能感召初创部门的全体人员为企业的生存和发展作出最大的努力。随着企业事业的发展，企业精神逐渐成为凝聚全体人员思想和行为的准则，最终成为企业的灵魂。世界上一些著名的公司，如美国的麦克唐纳快餐公司、日本的松下公司和丰田公司都是在企业的初创期开始注意塑造企业精神的。

二、发展期的管理

1. 发展期管理系统的矛盾

一个初创部门只要能认真处理好创业期中的一些基本矛盾，就能以坚实的步伐跨入部门的发展期。在处于发展期的部门，业务日益拓展，规模日益扩大，人员对管理系统的运转已经适应。这些是部门事业发展的标志。但是，随着部门事业的发展，也不可避免地带来了一些新的矛盾——发展期管理系统的矛盾。这些矛盾归纳起来有以下几个方面：

1）由于管理机构庞大，有可能使管理系统缺乏弹性。

在初创期，由于机构少，人员精干，所以领导的指挥比较畅通，即使管理系统有了一些问题也比较容易修正。然而，在发展期情况就大不相同。由于发展期部门机构庞大、人员众多、管理层次复杂，会使管理系统的决策目标、领导的执行指令很难畅通无阻。一旦发现管理失误要进行修正也十分缓慢。机构臃肿使管理系统不能及时地反映外部环境的变化。当今社会，瞬息万变。不能及时地、正确地反映外部环境的变化，必然会丧失部门发展的最佳时机。同时，人员众多、层次复杂使领导在实施一项改革方案时忧心忡忡，左右为难。因为任何一项改革都会涉及一部分人或机构的利益。机构的互相牵扯，人员的互相关联，产生了“牵一发而动全身”的效应。这样，领导就有可能在处理重大问题时举棋不定，徘徊不前。部门的事业在犹豫不决中丧失了发展的契机。

2）管理系统内部有可能产生部门与部门之间的冲突。

在初创期，领导进行直线制领导，因而管理系统组织机构比较单一，不易产生部门与部门之间的冲突。在发展期，领导体制一般是职能制或直线—职能制。由于机构庞大,人员众多,这样容易产生部门与部门之间的冲突。管理系统内部各个组织为了发展本身的事业,提高各自的效益,往往会忽视或排斥其他组织的利益,这样有可能形成极端本位主义的局面。有了成绩,各部门都想沾光,出了问题,大家都尽量推脱,甚至互相指责、埋怨。部门之间的严重冲突影响了管理系统的整体效益。

3)管理系统的某一个局部有可能问题成堆。

在初创阶段,领导亲临现场指挥,信息比较灵通。一旦发现某一局部出了问题,领导者可以直接指挥,予以调整。在发展阶段,管理系统机构多了,规模扩大了,领导只能变直接指挥为依靠职能部门进行间接指挥。然而,在众多的机构中,难免会有某一个局部不能客观地进行上情下达,下情上报。这样,容易形成管理系统中的“死角”。这种“死角”日积月累就会问题成堆,有可能成为谁也管不了的“独立王国”。领导由于信息闭塞,有可能意识不到这种“死角”的存在。

4)过分强调照章办事,有可能产生管理系统内部士气低落。

在初创阶段,管理系统尚未形成一定的规章制度。下属的职责是执行领导的指令。虽说有点乱,但下属比较容易放开手脚干,人才容易在实践摸索中脱颖而出。但在发展阶段,管理系统已形成了一整套规章制度,下属的职责在很多场合下已不再是直接执行领导的指令,而变为必须在一定的规章制度允许的范围里进行工作。一定的规章制度对稳定管理系统的活动起着重要的作用,但是,过分的按部就班、墨守成规会扼杀下属的积极性。一些开拓型的人才在过分强调照章办事的机构里,很难有施展才能的机会。

5)有可能出现表面文章、官样文件增多的现象。

表面文章、官样文件的泛滥几乎成为一些发展阶段企业管理系统的共同弊端。机构扩大后,领导者从原来的现场直接指挥,变为办公室里的“遥控”指挥。指挥地点的变化,使指挥的形式起了重大的变化。领导为了能在办公室里了解各个管理局部的情况,不得不要求各个部门定期或不定期地写出书面报告。于是,工作小结、活动汇报、人员调查报告、财务情况报告、材料和运输报告等纷至沓来。下属人员和机构为了应付不断催要的材料,有时候不得不东拼西凑,甚至一稿多用。乏味的"八股文"使写的人、看的人都感到乏味,但双方又不得不这样去做。在发展期部门的管理系统中,领导要求下属上报的材料越多,下属的应付情绪就越严重。这样,丧失了书面报告应有的积极作用。"文山会海"就是对某些发展期管理系统工作方法的形象化比喻。由于官样化文件、报告太多,领导根本无法对所有的报告提出意见,最后,只能是圈阅了事。有时候,领导有可能连圈阅的时间都没有,只能由秘书代劳。

2. 发展期管理系统应采取的对策

在发展期部门的管理系统中,上述五大矛盾普遍存在,只不过是严重的程度不同而已。随着部门事业的发展,这些矛盾会日益突出。当然,矛盾表现的方式在不同的时期会有所不同。部门发展顺利时,它以缓和的面目出现。部门发展受挫时,它会以激烈的面目出现。但是,无论如何这些矛盾是客观存在的。因此,发展期部门管理系统的领导必须要居安思危,在事业发展的过程中,积极地去解决上述矛盾。方法是:

1) 制定发展的目标。

人们怀着多种不同的需要和动机进入初创部门。初创期的目标激励人们努力发挥自己的聪明才智,并将自己的命运与部门发展的前途紧紧联系在一起。在这个时期,人们一般都有较强的主人翁精神。然而,当初创期的目标实现后,人们有可能产生松懈意识。因此,一个部门在达到初创期目标而进入发展期时,领导应及时地提出新的、更高层次的发展期目标。有了发展期目标,就能使全体人员看到部门发展更广阔的前景,从而产生实现新目标的动力。发展期管理系统的领导如果"坚守"初创期的目标不放,管理系统必然会缺乏活力。同样,发展期管理系统领导如果不能及时地提出新的目标，管理系统必然会缺乏新的凝聚力，发展期的管理只能作低水平的运动。

2）建立反馈和监督机构。

发展期部门不同于初创期部门之处在于机构大、人员多、层次较复杂。显然，发展期管理系统的领导如果只靠个人的力量，是难以驾驭管理全局的。因此，必须要建立反馈机构和监督机构。反馈机构要及时地了解管理过程中的各种信息，经过信息分析、综合、整理，告诉领导在管理过程中的实际状况。监督机构要监督整个管理系统是否沿着既定的决策目标运动。如果发现管理系统偏离了目标，监督机构要及时出示“黄牌”警告。领导者接受“黄牌”警告后，必须要采取有效的措施以校正系统管理运动的方向。领导者就是这样通过反馈机构和监督机构的信息而取得管理运动中的“制空权”的。有了这种“制空权”，就有可能对发展期管理系统的全面管理进行协调和控制，从而使管理系统的管理运动忙而不乱，管而不死。

3）建立信息交流的制度。

注意协调部门之间的关系、部门之间冲突。本位主义是发展期部门的一大矛盾。这是客观存在的。定期的信息发布会是消除误会、促进相互理解的有效途径。通过信息发布会，可以沟通上、下级之间信息，协调部门之间的工作进程，管理系统中的各类社会关系能较好地了解管理系统在一个时期的中心工作、管理效益，以及存在的问题。从而，各级人员、各级部门都能理解和支持管理系统的经营思想，形成系统的合力。

部门之间的冲突在发展期管理系统中普遍存在。现代管理者对它的态度是一不怕，二重视。有时候，系统内部的冲突不是坏事，领导往往可以从各类冲突中觉察到部门发展中深层次的矛盾，以便及时调整管理活动。但是，发展期管理系统的领导要注意部门之间的冲突，防止一般性的冲突变为对立性的冲突。部门之间对立性的冲突会给管理系统带来严重的危机。因此，发展期部门的领导应十分重视系统内部的协调。协调就是平衡,平衡就是控制。通过协调以控制管理系统的活动是发展期部门有效的管理方法之一。协调一般分为经常性协调和专门性协调。经常性协调是指管理系统内部信息交流的程序,如定期的信息发布会、定期的工作交流会、工作研讨会等。管理系统内部的定期信息交流能增进部门之间的相互理解和相互支持。专门性协调是指处理管理系统内部各类冲突的程序。当部门与部门之间发生明显冲突时,领导必须依据专门性协调的程序进行协调。比如,在协调会前,先要私下接触,调查冲突的主要原因。然后,寻找解决冲突的突破口,这个突破口是指双方都能接受的冲突事实。在召开协调会时,领导者必须遵循以下几条原则:

① 没有协调方案,不召开协调会。

② 冲突原因尚未明确,不召开协调会。

③ 在冲突双方毫无诚意的情况下,不召开协调会。

④ 冲突双方主要负责人因故不能参加协调会时,不召开协调会。

在以上几条原则中,最重要的是协调方案。领导者应准备多个协调方案。这样,即使情况变化,领导者也能应付自如。协调的方法一般分为私下协调和公开协调。私下协调可以避免冲突公开化,保持管理系统的稳定。这是一种淡化冲突的过程。公开协调是一种不得已而为之的协调方法。公开协调的目的是防止部门之间的冲突发展为对立性的冲突。在公开协调中,领导者的工作重点是寻找一个双方都能接受的满意方案。

4) 适当地精简机构。

随着管理规模的扩大,管理机构必然会逐渐增多。管理机构的扩大是现代社会发展的一个标志。它对控制管理系统的运动起着积极的作用。但是,我们必须清醒地看到,管理机构的重叠或管理机构设置不合理都会降低管理效益。在发展期管理系统中,精简机构的原则是:一个机构能办的事,决不再设另一个机构;一个人能做的事决不分给两个人去做。在发展期管理系统中,由于组织机构已经稳定,并且系统化,因此,调整任何一个局部都有可能打乱系统惯性运动的节奏而遭到“传统势力”的反抗。发展期系统的领导在精简机构方面需要有“大智大勇”的精神，要准备冒一些风险，根据精简机构的原则，对整个管理系统的组织机构进行调查。然后，依据工作内容提出系统内部机构设置的方案。必须要教育下属干部认识到，现代管理的科学性在于减少办事层次，提高办事效率。否则，发展期部门的机构臃肿、人浮于事的现状将永远得不到改变。管理之舟只能“逆水行舟”，缓慢向前。

三、系统管理期的管理

1. 系统管理期的矛盾

系统管理期是现代社会较高层次的管理阶段。它的基本特征是管理手段现代化、管理组织科学化、产品生产国际化。但是，发展与矛盾并存。新的发展带来新的要求，新的要求产生新的矛盾。

1）领导者的素质和能力有可能适应不了系统的发展。

在系统管理期，管理的机构空前扩大，管理的对象空前复杂，管理的目标有可能从一个局部转向一个地区、一个国家，甚至整个世界。面对如此巨大的变化，管理系统的领导者在心理上要有一个逐步适应的过程。心理承受过程实际上是领导者在素质和能力上接受检验的过程。

系统管理期要求领导者具备高度的思维能力、概括能力、决策能力、运筹全局的能力。领导者如果在系统管理期还是习惯或热衷于过去的管理经验，必然会给管理系统带来巨大的损失。

2）全体人员的文化素质、思维方式有可能不适应系统的发展。

在系统管理期，电子计算机已经被广泛地运用于管理的各个方面。工作人员不会操作计算机就意味着丧失“劳动力”。因此，全体人员文化素质的提高对系统管理期部门的发展起着重要作用。系统管理期强调系统管理、系统效益，淡化各部门的本位利益，强化系统的管理效益。它要求从根本上消除部门与部门之间的对立性冲突。这样，便需要全体人员改变思维方式和工作中的行为模式——从小集体扩大到大集体，从大集体扩大到大系统。

3）下属人员在获得物质满足的同时，要求在精神上得到满足。

在系统管理期，部门的事业高度发展，部门在社会上的知名度空前提高，部门对社会的作用显得日益重要。这些因素使下属人员对部门产生一种自豪感和归宿感。在这个管理期，人们对部门除了物质上的要求外，更重要的是想获得精神上的满足。这种精神上的需求，表现的形式是强烈的参与管理、参与决策的意识，希望有一个施展个人才能的良好环境。

4）部门的传统信息技术有可能不适应系统的发展。

在系统管理期，系统的扩大使传统的信息技术相形见绌。“陈旧”的信息传播技术在庞大的系统面前有可能无能为力。由于缺乏自上而下、自下而上双向信息交流的途径，有可能降低系统的管理效益。管理系统的发展与信息技术的落后之间的矛盾几乎成了任何一个刚进入系统管理期部门的共同症结。

2. 系统管理期中应采取的对策

系统管理期是较高层次的管理时期。在这个时期，管理系统内部的人、财、物、时间、信息等各个管理要素不断地得到充实和完善，形成了一个科学的管理体系。领导者必须自觉地研究系统管理期的内在矛盾，采取相应的对策，这样，才能把握管理的主动权，真正发挥系统管理期科学管理体系的作用。基本对策有以下几种：

1）对全体管理人员（包括高层次管理人员）进行现代管理知识的培训。

通过培训，各级管理人员增强系统管理的意识，掌握和运用系统管理的方法，较好地完成管理观念的转变，以便冲破“自我”的“小圈”，汇入系统管理的“大圈”，从而为从根本上消除部门与部门之间的对立性冲突和绝对的本位主义创造良好的条件。

2）搞好操作人员的技术培训。

由于系统管理期科学技术的发展，操作人员原有的知识和技术已经显得陈旧，不能适应系统管理期科学技术的要求，因此，系统管理期的领导要下决心培训操作人员，使操作人员能尽快地掌握新技术，提高掌握现代科学技术的能力，具备系统管理期所必需的新知识、新技术。在全面的技术培训中，应首先普及计算机网络应用技术。

3）实行民主管理。

通过民主管理，全体人员能发挥各自的才能，认识到各自在组织内部的价值，激起更大的创造性和积极性。在系统管理期，领导者对人的管理方式必须有根本性的改变，不能采取防范性的管理形式。防范性的管理形式将员工看成是被动的管理客体，这样，容易挫伤员工的自尊心。领导者应采取诱导性的管理形式。诱导性的管理形式将员工看成是积极的管理主体，这样，能够增强员工的主人翁意识。在实行民主管理时，要注意各级管理层次的责权范围，让他们拥有一定的自主权。这样，各级管理层次就能够在总系统的目标指导和控制下，扮演各自的角色。要充分地信任每一个基层组织、每一个员工，因为“信任比友谊更珍贵”，更能激起人们工作的热情。

4）建立强有力的信息反馈系统。

信息，是现代管理的耳目。信息不灵、信息梗塞会造成具体指挥不当，宏观决策失误。在系统管理期，人员众多，机构复杂，管理的地域、空间空前扩大，需要有一个强有力的信息反馈系统来收集、储存、分析和提供信息，并以此来统一管理系统内部的活动。这个信息反馈系统的功能是：

① 定期发布信息，协调管理系统与社会公众、内部公众的关系，争取他们的全力支持。

② 定期研究系统内部的矛盾，并让系统的领导者清醒地认识到这些矛盾的存在和危害。

③ 预测管理系统在发展过程中可能遇到的问题，使领导者

能“顺时惊心，变时从容”。

④ 运用科学的信息传播技术和手段，提高信息传播的效益。

只有建立起强有力的信息反馈系统，才能使系统管理期部门在管理地域、空间日益扩大的情况下，保持管理系统反应灵敏，指挥有力，有条不紊，进退自如。

第四章 目标管理在现代管理中的运用

第一节 目标管理的理论

目标管理是现代管理中一种新的管理方法，它被广泛地运用于各种管理活动之中。随着我国改革开放形势的日益发展，目标管理的概念已经为越来越多的人所接受。

目前，国内已有一大批工厂、企业、学校实行目标管理。

首先提出目标管理概念的是美国管理学家德鲁克(P. F. Drucker)。1956 年，德鲁克在他所著的《管理与实践》一书中阐述了目标管理的基本概念。1965 年，美国另一个管理学家奥迪奥恩(G. Odiorne)进一步发展了目标管理的理论。根据目标管理的理论，目标管理应分为三个阶段。

1. 目标建立

企业首先设置总体目标。企业的下属部门依据企业的总体目标制定各部门的目标。企业的每个职工依据本部门的目标制定个人目标。这样，环环相扣，形成一个目标群和目标锁链。

2. 过程管理

过程管理是指企业在实行目标管理时的一整套控

制的方法。通过控制,将企业的一切活动纳入企业的总体目标之内。实行过程管理的目的是为了减少内耗,减少企业的重复管理活动。管理过程的重点,是放手发动企业的职工创造实现目标的具体办法和最佳途径。

3. 评议目标实施的结果

由管理部门和职工共同评议目标实施的结果,及时修正管理过程中出现的偏差。通过评议活动,为下一个目标的实施创造更好的条件。

根据目标管理的理论,结合我国的实际,目标管理可分为五大程序。它们是:

1) 组织管理目标;
2) 部门管理目标;
3) 个人管理目标;
4) 实施目标管理的基础工作;
5) 反馈与评估。

第二节　目标管理的方法

正确运用目标管理的五大程序,是目标管理成功的关键。管理者在实行目标管理时,必须紧紧抓住这五大程序,这样,才能取得目标管理的最大效益。

一、组织管理目标

组织存在的价值既在于不断追求新的组织目标,又在于帮助组织内部的每个成员制定与组织目标取向一致的个人目标,以表达共同致力于组织事业的意向。个人目标在组织管理目标指导下,实行规范的管理活动,并从管理的实践中满足自己的需要。因此,组织管理目标犹如一面战斗的旗帜,在这面旗帜下,聚集管理系统的一切管理因素,它是目标管理成功的关键。组织管理目标,又称组织的总体目标,它是目标管理的导向。没有组织管理目标,目标管理会失去方向。组织管理目标不明确,会使目标管理的各方面工作陷入一片混乱。

因此，现代管理者在实行目标管理时，都十分重视组织管理目标的制定。制定组织管理目标必须遵循调查研究、排列矛盾、目标选优这三条原则。

1. 调查研究

调查研究是组织管理目标的基础。参加组织管理目标制定的领导、专家、“智囊团”要深入调查研究，准确地获取反映客观事物本质属性的信息。获取信息的要求：一要全面，也就是对各种孤立的、片面的、肤浅的、零碎的消息、情报、数据、资料兼收并蓄，统摄无遗；二要准确，也就是要对收集来的信息做好筛选工作，要去粗取精、去伪存真、由此及彼、由表及里地进行制作加工，找出能揭示事物本质属性的信息；三要适时，客观事物处在永恒的发展变化之中，反映客观事物属性的信息也处在变化之中。适时的信息是制定组织管理目标的依据。经过深入的调查研究，管理者才能“知己知彼”，从而制定出催人奋进的组织管理目标。

调查研究首先要了解管理系统人、财、物状况，如人才结构、人才流向、基建情况、财政收入情况等。通过对管理系统人、财、物等的调查，管理者就能对管理系统的承受能力有一个客观的估计。系统的承受能力是设计组织管理目标“适度性”的客观依据。其次，要调查管理系统的组织机构状况。通过调查，管理者能对管理系统的组织机构设置合理与否有一个基本估价。目标管理对组织机构的合理化程度有较高的要求。比如它需要有一个强有力的信息反馈机构、综合协调部门。管理者一旦发现组织机构不合理，应在实行目标管理前，进行适当的调整。最后，通过调查，确定管理系统目前的主要任务。例如，一个工厂在制定组织管理目标时，厂长务必对本厂产品开发、市场销售、产值完成状况有一个客观的了解，同时还要预测社会环境的变化，对本厂主要任务的完成可能产生的影响。通过以上几方面的调查，就能确定当前的主要任务，提出下一步的管理目标。

2. 排列矛盾

管理者调查研究后，可能会发现许多矛盾。这些众多的矛盾形成了众多的管理目标。管理者必须善于在众多的矛盾中寻找出主要矛盾。确定主要矛盾后，就能确定总体的组织管理目标。

排列矛盾是确定主要矛盾的方法。它的程序是：

1）先排列出所有的矛盾。

2）对各个矛盾进行“定量”、“定位”分析。“定量”分析是指矛盾的量化过程，即矛盾在管理系统发展过程中所占的比重。“定位”分析是指将矛盾放在一定的背景中进行分析。

3）确定主要矛盾。确定主要矛盾后，管理系统的领导就要考虑那些对解决主要矛盾起举足轻重作用的其他矛盾。这些矛盾既构成了矛盾的层次性，也将构成管理中的目标层次。它们对组织目标起着重大作用。因为任何一个组织管理目标都必须有实现的可能性，而这个可能性必须要以能解决其他主要层次矛盾为基础，否则，这个组织管理目标会成为“空中楼阁”，失去现实意义。比如，一所外国语学院，它的组织目标是从单科性的语言学院向多科性的应用文科大学发展。完成这个组织目标，必须要解决师资、教学设备、教学用房等问题。这些问题的解决程度决定了组织管理目标实现的程度。因此，这个学院的领导人在确定组织目标之前，必须认真研究师资、教学设备、教学用房改善的可能性，根据可能性的程度，确定实现组织管理目标的具体步骤。如果不能解决师资等问题，实现单科性语言学院向多科性应用文科大学发展的组织管理目标就是一句空话。

3. 目标选优

确定主要矛盾也就确定了组织管理目标。但是，为了使目标管理更具有科学性和客观性，一定要有目标选优。

目标选优的方法是：

1）根据确定的主要矛盾，设计2～3个组织管理目标。

2）组成一个目标决策小组，决策小组一般由管理组织的党政领导、职工代表、有关方面专家等组成。

3）从2～3个组织管理目标中选出一个最能体现组织特点、现况的目标。

4）通过一定的民主程序，组织内部的每一个成员都能了解和支持已经决策的目标。

二、部门管理目标

组织管理目标是最高层次的目标，它起着指导、协调、控制整个管理系统活动的作用。但是，它仍然是抽象的、宏观的概念。要将抽象的、宏观的组织管理目标变为实质性的工作，需要目标分解。目标分解是目标管理的重要环节。制定部门管理目标，是目标分解的过程。管理系统中的部门领导在制定部门管理目标时，除了注意调查研究、排列矛盾、目标选优三大程序外，还必须树立两个基本观点：

1. 部门管理目标必须符合组织管理目标的观点

部门，是整个管理系统中的一个局部，是组织管理目标中的一个环节。因此，任何部门的管理目标都不能超越自己的责权范围，不能超越组织管理目标。

2. 不能过分强化本部门管理目标的观点

过分强化本部门的目标，有可能排斥其他部门的目标，结果导致管理系统的功能性混乱。

各部门的管理目标产生后，领导者要注意以下两方面的工作：

1）对各部门的目标作综合分析，进行目标指导。由于工作责权、范围的限制，部门管理目标一般很难一下子与组织管理目标完全合拍。不能完全合拍的基本表现是：部门管理目标不能忠实地反映组织管理目标，部门之间的目标出现重复或冲突。这样，就需要管理系统的最高领导进行目标指导。目标指导的基本做法有两条：

① 对中层干部进行目标管理过程的培训，使他们掌握制定目标的程序，懂得与组织管理目标一致的重要性。

② 管理系统的最高领导要对各部门的管理目标进行综合分析。通过分析,进行目标协调,通过目标协调,部门之间的管理目标趋向合理和统一。

2）主要领导向部门下达目标管理书,进行目标分解。部门管理目标在得到上级领导与部门领导双方认可后,就要以目标管理书的形式确定下来。目标管理书是目标分解的内容。部门领导一旦与上级领导签署了部门目标管理书,这个目标管理书在管理系统的活动中就具有了“法定”的地位。部门管理目标书对部门来说是一种约束,对管理系统来说是一种控制。整个管理系统就是通过这种有序的约束和控制,来达到目标管理效益的。

三、个人管理目标

个人管理目标实际上就是目标再分解。部门管理目标就组织管理目标而言是比较具体的,它组成了管理系统中诸多的行动方案。然而,即使是行动方案,仍然还是纸上的东西。要将具体的工作指标化为具体的管理活动,必须要进行目标再分解。目标再分解的对象是基层的每一个干部或职工。制定个人管理目标必须要遵循以下的程序：

1. 讨论部门管理目标

在制定个人管理目标之前,应先将部门管理目标交给有关人员讨论;通过讨论,基层人员会逐步加深对部门管理目标的理解。在讨论过程中,中层干部应详细地介绍实现本部门管理目标的有利因素和不利因素,告诉广大基层人员,实现部门管理目标必然会给集体和个人带来利益和实惠。通过宣传和教育激发起基层人员实现组织管理目标和部门管理目标的信心。在讨论过程中,要注意充分发挥人的积极性,要树立合理化的管理活动就是权威的思想。

比如,工程师可以在他(她)管理的范围里提出自己的管理目标,销售科长可以在他(她)销售领域里提出目标设想。

2. 制定个人管理目标

基层人员在深刻领会部门管理目标的精神后,制定个人管理目标。个人管理目标必须能体现组织管理目标和部门管理目标的精神，它必须是这两大目标的组成部分，任何脱离整体管理目标的个人管理目标，不管它客观与否都是不足取的。在制定个人管理目标时，中层领导必须尊重基层人员在自己工作范围内的"权威性"，这样，才能保证部门管理目标的实现。

3. 部门领导下达个人目标管理书

下达个人目标管理书是目标再分解的过程。在下达目标管理书之前，部门领导要对个人管理目标进行目标指导。在下达目标管理书时，部门领导一定要掌握"客观、适当、可行"的六字原则。

1）客观：客观是指分解的目标必须同组织管理目标、部门管理目标紧紧相扣，与之相适应。

2）适当：适当是指下达的任务基本上与目标管理对象的能力相等或略高一些。这就要求中层领导要熟识下属人员的能力、擅长、爱好。

3）可行：可行是指下达的每一项任务必须有可行性，基本上能与个人制定的管理目标一致或略高一些。

四、实施目标管理的基础工作

目标管理是近十年来发展起来的一种新的管理方法。它对于我国大部分已经实行目标管理或将实行目标管理的企事业单位来说，有一个不断完善和适应的过程。实施目标的过程是控制管理运动的过程。实践证明，实施目标管理需要有一整套目标控制的措施和程序。

这些措施和程序构成了实施目标的方法。简而言之，在实施目标管理之前，要注意做好以下几项基础工作：

1. 对各级干部进行现代管理知识培训，提高他们对目标管理的承受力和适应力

首先，是通过培训教育干部树立全局观点。目标管理要求各级干部打破以本部门为中心、以我为中心的思维方式。组织管理目标是目标管理的导向。管理系统中的各个管理要素必须无条件服从这个导向，并沿着这个导向进行连续不断的运动。每个干部都要明确部门与整体、个人与集体的正确关系，都要明确自己在目标锁链中所处的位置。只有在干部明确了以上这些关系之后，才能将本部门的工作与整体的工作有机地结合起来，将个人的目标与组织的目标统一起来。这样，当上级领导为了全局的利益要求他们暂时牺牲局部利益时，他们才会顾全大局，“忍痛割爱”。其次，是通过培训提高干部授权、分权的能力。目标管理链中的每一级干部在自己的管辖范围内都拥有一定的权力，而他们的权力都是上一级授予的。组织管理目标的层层分解正是在授权、分权的过程中完成了的。这就要求干部必须具有授权、分权的能力。目标分解是目标管理的重要环节，目标分解的关键在于识人善任。只有把目标下达给合适的人，并赋予他完成目标的权力，这样，才算是真正完成了目标分解。再次，是通过培训使各级干部具备横向联系、横向协调的能力。必须认识到，无论领导者采取什么样的措施，目标与目标、部门与部门之间的冲突，在实践过程中仍然存在。这就需要加强横向联系、横向协调。目标管理中的任何环节出了问题，如果不注意解决，都会影响组织管理目标的实现。因此，它要求各级干部能顾大局、识大体，善于从不同类型的冲突中寻找共同点，携手共进。当然，干部能力的提高和观念的转变是一个渐进的过程，因此，目标管理也不可能一蹴而就，它需要有一个逐步深化的过程。

2. 建立以实现组织管理目标为核心的规章制度

“没有规矩，不成方圆”。没有一套与目标管理相适应的规章制度，就无法保证目标管理的顺利进行。

1）建立责、权、利三位一体的实绩标准。目标管理的目标由一定的量组成，通过量的变化，提高管理工作的质。目标管理通过目标层层分解，将软性的指标变为硬性的指标，将抽象的任务变为具体的任务，从而提高管理的效益。管理工作的量化和具体化，使对各级干部的考核有了一定的实绩标准。干部的实绩应成为提薪、晋级的主要标准。对目标管理中的有功人员给予重奖，鼓励各级人员在各自的工作范围内尽心尽职。而对达不到目标管理要求的人员则应作客观分析，如果是本人不努力，要进行批评教育，如果是能力差，一下子难以适应目标管理要求，就应进行岗位培训。通过批评教育、岗位培训仍然达不到目标管理要求的干部，必须将他们从岗位上撤下来。在这方面，领导者决不能姑息。对于那些工作出色、实绩突出的干部应给予必要的物质和精神奖励。在他们取得某一层次领导经验、具备某一层次管理能力之后，根据条件的可能，应及时给予提拔和重用。

2）建立双向信息交流网络。目标管理要求管理系统有一个高效的双向信息交流的网络，及时沟通部门之间、上下级之间、管理系统内部与外部之间的信息，以形成合力，共同作战。信息交流不畅、媒介途径梗塞，会降低目标管理的效益。

3. 加强思想政治工作，形成组织的向心力和凝聚力

思想政治工作的对象是人，尊重人、理解人、关心人是思想政治工作的基本出发点之一。通过对人的思想教育，形成组织的凝聚力。在目标管理的部门里，思想政治工作大致从四个方面开展：

1）塑造企业精神，建设企业文化。要使全体人员不仅在物质上的追求方面同管理系统的发展联系起来，而且要在精神上的追求方面也同管理系统的发展连在一起，使企业精神成为全体人员的精神支柱和工作动力。

2）注意感情投资，真心实意地为全体人员办实事，为他们排忧解难。真正做到“感情留人，事业留人，待遇留人”。感情投资可以换来全体人员对部门的忠诚、信赖，使他们树立实现组织管理目标的责任感。

3）民主管理。努力创造民主管理的环境，使管理系统中的每一个人都获得参与决策、使用民主权利的机会，从而认识到“自我的价值”，对实现组织管理目标产生唇齿相依的附属感。民主管理的内容大致包括：职工质询干部制度、民主评议

决策制度、领导接待群众制度、领导与职工代表对话制度、领导信箱等。

4）帮助职工树立正确的人生观和世界观，使他们能正确处理个人与集体、集体与国家利益之间的关系，能为国家和民族的振兴、企业的发展多做贡献。

五、反馈与评估

反馈和评估是目标管理的最后程序。任何一种管理都不可能是完美无缺的，目标管理也是这样。通过反馈和评估，可以不断地完善目标管理的程序，提高目标管理的效益。

1．定期召开目标管理研讨会

研讨会可以先由各部门介绍目标管理过程中的情况，然后提出目前存在的问题，通过互相介绍情况，达到交流经验的目的。对于各部门提出的问题，领导者必须给予高度的重视，并采取相应的对策。在研讨会上，可能会出现部门之间的冲突，领导者必须善于引导，善于协调，使他们相互谅解。这样，整个目标管理就能持续、稳定、协调地向前发展。

2．定期召开干部考核会

目标管理的对象在各自的管理层中汇报目标实施的情况。考核对象不需泛泛而谈，只要就目标管理书上的任务逐项汇报即可。汇报后，主持工作的领导者对目标管理对象作工作讲评。目标管理的考核重点是求实。一个干部的工作好坏与否只能以工作实绩体现出来。对于那些在工作中作出成绩、有创新者，应给予表扬和奖励。在表扬和奖励的时候，要掌握“时效性”原则。这样，就能及时发现先进，表扬先进，对那些工作尚不努力者亦起促进作用。

在目标管理考核会上，要反对报喜不报忧的现象。报喜不报忧会给目标管理工作带来极大的危害。其一，它使上级领导不明下情，进而无法形成正确的决策进行卓有成效的指挥。其二，它搞乱了人们的思想，助长了弄虚作假的歪风，混淆了是非界线，使人们对正确的东西不敢相信，对错误的东西不敢怀疑，这样，给目标管理带来极大的危机。其三，掩盖矛盾，使局部问题日积月累，导致质变，破坏了组织管理目标的实现。其四，破坏了团结，因为它使一些部门和个人受到不应有的表扬、提拔和重用，而那些敢于讲真话、主持正义的人见此无不感到心寒，这样，造成上下级之间、部门之间的关系紧张。其五，腐蚀了干部，降低领导机构的威信。因此，在进行目标管理考核时，要坚决杜绝报喜不报忧的现象。

3. 定期通报情况

以信息发布会、信息简报等形式，定期向有关人员通报目标管理实施的情况和进程，使目标管理中每一个层次的人员都明确现阶段的主要任务。

第三节　目标管理中应注意的几个问题

目标管理需要领导者对目标管理的各个环节作周密细致的考虑。目标管理，说到底是由目标和管理两个部分组成的。在目标方面，要考虑目标设计中可能出现的问题，在管理方面，要考虑目标实施的整合效能。

一、目标设计时应考虑的几个因素

目标设计要依据主、客观条件。主观条件是指人的愿望、需求、能力等，客观条件是指人们生活的社会环境。主观离不开客观，主观愿望离开了客观条件，良好的愿望就会成为"南柯一梦"。因而，在设计各层次管理目标时，必须将主观和客观两个因素紧密地结合起来。客观的因素可以有以下几个方面。

1. 政治因素

任何一个管理目标必须与国家的政治制度和有关法令一致。在我国，任何一项改革，任何一个管理目标都必须坚持"四项基本原则"，有利于加强和改善党的领导。

2. 社会因素

任何一个管理系统都是社会大系统中的一个小系统，因此，管理目标必须考虑社会需求、社会效益。目标的设计必须符合社会公众的利益。一家电冰箱厂,如果产品的质量低劣,而又不积极加以提高,那么,它的目标越高,社会效益就越差,最终,它会被社会淘汰。因为社会效益会反作用于企业管理,任何一个小系统都不能脱离社会大系统而孤立运转。

3. 经济因素

事物发展都有一定的规律性,经济发展也有自身的经济规律。顺应经济规律,有计划、按比例地发展,就会取得成功。违背经济规律、盲目设计高指标、乱上项目,必然要受到经济规律的惩罚。因此,如何考虑经济因素,运用有限的资源和经济力量来设计适当的目标,是十分重要的。

4. 文化因素

管理系统科学技术水平和人员的文化水平与组织管理目标的设计关系极大。要树立组织管理目标一定要适合管理系统技术水平和人员文化水平的观点。任何一个超过管理系统承受能力的目标都会导致本身的失败。

二、目标设计中的技巧

目标设计要注意科学的方法和技巧。凭直觉、经验、信念来决定目标,风险很大,在通常的情况下,应该避免。重大的工作目标设计一定要严谨、周密、慎重。

1. 目标的内容

目标的内容要符合目标执行人的能力,这样,可以提高目标执行人的"自我控制"水平,调动他们的积极性。

2. 目标具有挑战性和可能性

目标太低,无挑战性。无挑战性的目标不能激起目标管理对象的动力,不利于发挥他们的潜力。但是,目标太高,就会失去实现的可能性,这样,也不利于调动他们的积极性。因此,目标一定要适中。

3. 目标的项目不能过多

一个时期,只能有一个目标。多目标,实际上是无目标。

4. 要规定达到目标的明确期限

下达的任何目标,必须有明确的完成期限。这样,有利于工作的检查和评估,可以从管理全局上控制目标管理的进程。

三、提高管理现代化程度

目标管理是现代管理发展的产物,因此,实施目标管理,必须提高管理现代化的程度。要以科学的态度去认识和掌握目标管理。在管理上决不能停留在传统的照搬照抄或凭经验办事的水平上,否则,必然会产生先进的管理理论与落后的管理手段之间的矛盾。必须承认,管理现代化在我国大部分企事业单位里还是一个尚待解决的问题。然而,只要我们正视管理现代化这个问题,并在实践中自觉地加以解决,目标管理肯定会日趋完善。管理的现代化包括以下三个方面:

1. 管理方法现代化

20 世纪末,人类已经进入了信息时代。一个高速、灵敏、准确的信息系统对一个组织的生存和发展起着至关重要的作用。从这个意义上说,离开信息,就不会有高效的目标管理。因此,要下决心创造条件,运用电子计算机网络等技术进行各类管理。在管理系统内部,建立目标管理的信息控制系统,借以迅速地、准确地收集、分析、处理、传递各种信息和指令,提高目标管理的效益。

2. 逐步实行管理人员专业化、知识化

采取各种途径加强对各级干部的培养。高层次的领导者不仅要有全面的、专门的现代管理知识和工作能力,而且要有总揽全局的战略思想,要有远见、有魄力、有首创精神,能将组织的发展目标与国家的政策、社会的经济环境有机地结合起来。在知识经济时代,企业的技术创新、知识更新成为现代企业制度的必需,因此,对知识员工不断地进行有针对性的岗位培训、技能培训显得尤其重要。

3. 管理组织现代化

管理组织现代化,主要是指科学的组织结构、组织形式、组织方法。现代管理是群体管理，一个组织的管理水平高低，不仅取决于管理人员的个体素质和能力，而且取决于管理人员的优化组合、管理组织的优化结构。因此，管理组织的现代化是目标管理取得成功的重要因素。

第五章 行为科学在现代管理中的运用

行为科学是研究人类行为规律的学科。行为科学研究的对象是人,即研究人在社会活动中的行为及其产生的原因。行为科学研究的目的是调节生产活动中的人际关系,提高生产和管理效益。

人类社会从 20 世纪 40 年代开始,出现了第三次工业革命预兆。科学技术以前所未有的速度向前发展。核能、电子技术已开始广泛应用于工业生产的各部门,新兴工业不断涌现,生产过程更加复杂,国际交往日益频繁。这些因素的增长不断激化了资本主义国家的劳资矛盾。资本家意识到,仅仅靠传统的“科学管理”的等级原则对工人进行管理,已经不能适应新的形势。传统的管理理论、管理方法必须有所发展、有所创新。40 年代末期,一批新的管理理论、管理方法应运而生。最具有代表性的是管理科学和行为科学。管理科学产生于科学管理,但是,它集现代自然科学、技术新成果于一身,因此,它比科学管理更为科学、严谨、合理。它研究的重点是对物的管理。行为科学研究的是对人的管理,它重视人的行为作用,重视人的行为对于达到组织目标的作用。

行为科学提出,管理的核心是人,这个人不仅是经济人，更重要的是社会人。人的生产活动不仅受到物理、生理的影响，同时也受到心理和环境的影响。行为科学改变了泰罗科学管理中对人的看法。泰罗的科学管理将人看成是会说话的工具。行为科学的初期被称为人际关系学派。行为科学的主要创始人是原籍澳大利亚后来移居美国的梅奥。

第一节　行为科学的主要内容

一、人际关系理论

人际关系理论的主要创始人梅奥是美国哈佛大学的教授。从 1924 年开始，以他为首的研究小组在美国芝加哥电气公司霍桑工厂进行了行为管理研究。这就是现代管理史上著名的霍桑实验(Howthorne Experiment)。通过试验，梅奥提出了人际关系学说的基本理论。其要点是：

1）作为管理对象的人是社会人，不能忽视人的社会要求和心理要求，金钱不是刺激工人积极性的唯一动力。

2）生产效率的提高主要取决于工人的积极性，满足工人社会、心理和生活方面的需要是调动他们积极性的有效方法。

3）企业中除了正式组织外，还存在非正式组织，这种非正式组织常常有自己特殊的感情色彩和倾向，并且有自己的领袖人物。其领袖人物对非组织成员的行为起着较大的影响。

4）新型领导的作用在于通过满足职工的社会、心理和生活方面的需要来激发职工的士气，以提高劳动生产率。

梅奥根据试验提出的管理思想，创立了人际关系学说，为行为科学奠定了基础。

美国行为科学家莫雷诺(J. L. Moreno)在霍桑工厂试验的基础上，提出了团体成员分析理论。团体成员分析理论指出：在人们的交往中，每个人都以对方的好坏及同自己的亲疏善恶来决定接受还是排斥。在团体中,如某个人的行为经常被大多数人接受,并引起共鸣,这个人就有可能成为众望所归的领袖人物。相反,如某个人的行为经常不被大多数人接受,这个人就是团体中的孤立者。见图:

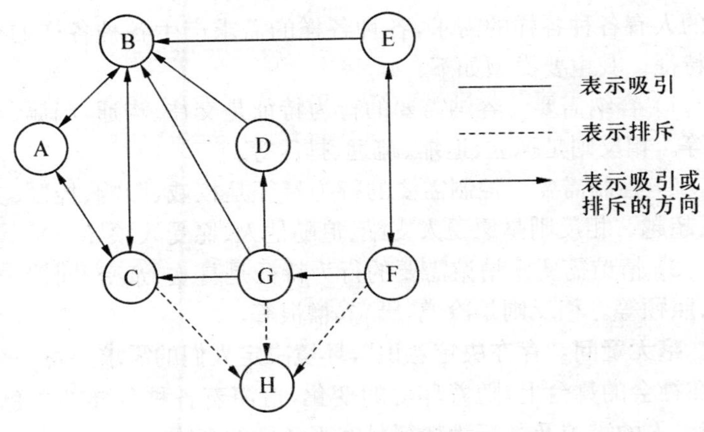

团体成员分析图

上图表示一个八人小组的成员关系。A、B、C 可能是这个小组内部的一个小集团,B 可能是这个小组的领袖,因为 A、C、D、E、G 都倾向他。E、F 互相接近,但群众不喜欢他们。H 可能是孤立者。E、D 和 F、D 彼此不关心。

现代管理学家贝尔斯(R. F. Bales)在 1950 年提出了团体成员互相影响分析法。贝尔斯认为,在团体活动中,团体相互作用的行为归纳为两类:一类是团体成员对工作任务的行为,叫工作任务型;另一类是团体成员间相互关系的行为,叫人际关系型。这些行为有时起积极的作用,有时起消极的作用。管理者必须在"适度"原则下,进行调节、运用这些关系。贝尔斯运用相互影响分析法,发现在团体中自然存在两种领袖人物:一种是最有主意、对工作的意见和建议最多的人,另一种是最温顺、最体谅人、能消除团体紧张气氛的人。前一种人称为任务专家,后一种人称为人际关系专家。让任务专家集中精力专管业务，让人际关系专家集中精力专管协调，融洽团体成员的情感，这样就能收到事半功倍的管理效益。

美国心理学家威廉姆·休茨（William C. Schultz）提出了基本人际关系倾向分析理论。休茨认为，在人际交往中，各种各样的人有各种各样的需求，各种各样的需求产生各种各样的行为特征。其主要类型如下：

1）容纳需要。容纳需要的行为特征是交往、沟通、归属、参与等。相反则是孤立、退缩、疏远、排斥等。

2）控制需要。控制需要的行为特征是权威、影响、控制、支配、超越。相反则是愿受人支配、追随他人、愿受人领导。

3）情谊需要。情谊需要的行为特征是喜欢、亲密、同情、友好、照顾等。相反则是冷漠、厌恶、憎恨等。

毫无疑问，"存在决定意识"，环境决定人们的需求。每一个人在社会的舞台上，随着环境的变化，扮演着各种各样的角色。因此，人的需求及其行为特征是客观环境的产物。

人际关系理论对于客观和全面地测定团体中人们的适应性、避免人与人之间的冲突、消除上下级之间的紧张气氛、和谐工作环境极为重要。

二、激发动机理论

行为科学家认为，人的积极性来自进取心的激发。人的需要一旦受到激励，人的动机一旦得到肯定，人的潜在力量就会极大地发挥出来。行为科学家还认为，在一般情况下，人的能力只发挥了40%左右，只有受到某种因素激励时，才能发挥其余60%的潜力。因此，针对人的需要和动机，给予适时、适当的激励，是行为科学研究的重要内容。激发动机理论的代表人物是美国管理学家马斯洛。马斯洛在他的《人类动机理论》、《激发和个人》等著作中，先后提出了人类需要层次论。马斯洛把人的需要划分为五个层次，并且是一个层次一个层次地向前递进（见下页图）。

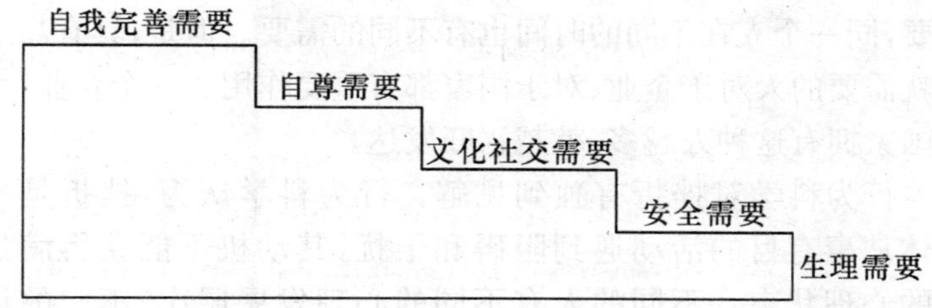

人的需要层次图

生理需要：生理需要是指人的基本生活需要。马斯洛认为生理需要是人的最基本需要。

安全需要：安全需要是指身体免遭危险，对已经获得的生活需要能提供保护。安全需要实际上是生存需要。

文化社交需要：由于人是社会人，因此，就有社交的需要，希望能合群，被人接纳，有所归属，能享受文化艺术，能享受不同程度的教育。

自尊需要：自尊需要是指希望受人尊重，希望有一定的社会地位，希望工作成绩能被人承认。自尊需要是较高层次的需要。

自我完善需要：自我完善需要是人的最高层次需要。它是指发挥个人能力和潜力，自觉追求工作上的自我满足，完善个人的秉性。

马斯洛关于人的需要层次理论对于现代管理者研究人的需要、主动地关心和尊重人、协调人际关系有一定的借鉴作用。然而，马斯洛在阐述人的需要层次时，忽略了“人是社会关系中最积极的因素”这一事实，因此，他的理论在一定的程度上带有主观性和机械性。事实证明，在现实社会中，人们对需要的追求往往不是一个层次接一个层次，而是对几个需要层次同时并求。

美国哈佛大学心理学教授麦克利兰（D. Mecleland）提出了人的另一种需要，即成就需要。成就需要论认为，人的基本需要有三种，即：成就需要、权力需要、情谊需要。不同的人有不同的需要，同一个人在不同的时间也有不同的需要。但是，具有高度成就需要的人对于企业、对于国家都有重要作用。一个企业，一个国家拥有这种人越多，就越兴旺发达。

行为科学对挫折有独到见解。行为科学认为，挫折是指个体从事有目的活动遇到阻碍和干扰，其动机不能获得满足时的心理状态。不同的人有不同的心理发展层次、不同的认识方法和不同的成功标准。所以，对挫折的感受也不同，即各有独特的“心理机制”。这些机制在性质上属防卫的，故又称为“防卫机制”。防卫的效果可能是积极的，也有可能是对抗性的。

管理人员必须要懂得心理防卫机制，了解这种防卫行为的实质，善于识别假象，找出造成行为的真实原因，从而增加积极因素，避免对抗性的破坏行为。消极性的心理防卫机制，对于个人来说是不幸的，对企业来说也是一种损失。所以，管理人员必须重视对防卫机制的研究。

日本一些企业采用“精神发泄”来减轻或消除挫折者的挫折感，不能不承认这是一种高明之举。

三、关于人性的学说

关于人性，我国古代一直存在着不同的看法，如“性本善”、“性本恶”论等。行为科学关于人性的看法与我国传统的“性善论”、“性恶论”不谋而合。

1. X 理论和 Y 理论

美国麻省理工学院教授麦格雷戈(Douglas McGregor)在其《企业的人性》一书中提出了著名的 X 理论和 Y 理论。X 理论认为，人生来不喜欢工作，贪图安逸；人很少有进取心，宁愿接受领导；人生来希望安全，不愿冒险。如果没有外界压力，大部分人达不到管理目标。工人劳动率不高是由于人性不诚实，不负责任造成的。因此，X 理论认为，要达到管理目标，管理者必须采取强迫、控制、指挥、惩罚等手段。X 理论的管理称“防范管理”。Y理论则认为,人生来喜欢工作,有一定的工作目标,大部分人有想象力和创造力,愿意承担责任;在管理中,人不是被动的,只要提供一定的条件,大部分人能达到管理的目标。

如果工人积极性不高,应该从管理本身去寻找妨碍人们积极性发挥的因素。Y理论称“诱导管理”。麦格雷戈认为,传统管理是X理论管理,现代管理应采用Y理论。Y理论的管理能发挥管理对象的主动性和积极性。

2. 超Y理论

X理论和Y理论问世后,有人把它们放在两个工厂、两个研究所进行试验。结果发现,应用X理论管理工厂,效率较高,而管理研究所效率较低。应用Y理论管理工厂,效率较低,而管理研究所效率较高。根据这个试验结果,美国的约翰·美尔斯和杰伊·洛希两人提出了超Y理论。超Y理论认为,人们怀着各种不同的需要加入工作组织。有的人不想参与决策和承担责任,有的人希望有发挥个人创造性的机会。前一种人欢迎X理论指导的管理方式,后一种人则欢迎Y理论指导的管理形式。管理方式必须与组织目标、工作性质、人员素质一致。当一个目标达到后,管理者必须要提出新的、更高层次的目标,这样,可以激发起职工的积极性。采用管理方式时,要注意人的素质的变化。

3. Z理论

X理论、Y理论对人性有截然不同的看法。不同的看法,导致不同的管理方式。超Y理论强调针对人的素质、组织素质、组织目标进行管理。同时,它提出了可能变化的因素。

这三种理论都是以人为中心。然而,日裔美国管理学家威廉·大内在X理论、Y理论、超Y理论的基础上提出了改善组织管理的Z理论。大内把由领导者个人决策、员工处于被动服从地位的组织称为A型组织。A型组织对员工实行短期雇佣,要求员工专职专能，它不利于诱发员工的聪明才智，同时，容易造成决策失误。大内提出美国应当学习日本的管理经验，以美国的文化背景为依托，建立一种既能有高效率，又能满足员工需要的 Z 型组织。Z 型组织的特点是：

1）企业对职工的雇佣是长期的，即使在经济危机或经营不佳时期，一般也不采取解雇职工的方法，而应该通过减少职工工时、削减奖金津贴等办法来度过困难时期。这样，职工由于职业有保障，就会积极关心企业的利益和发展。

2）企业在重大决策前，上级领导要采用各种方法启发下级的主动性，鼓励和支持他们提出各种建议，开展进一步的调查研究，进而完善决策程序，减少决策失误。

3）基层管理者不应该只是机械地执行上级命令，他们一方面应该竭力完成自己工作范围里的任务，另一方面应该积极地向上级汇报执行中存在的问题。他们必须能与其他部门的管理人员共同努力，制定解决部门问题的方案。

4）中层管理人员对各种建议、意见和方案进行统一协调。

5）企业领导不但要要求员工完成生产任务，而且要使员工在工作中得到满足，保持上下级关系融洽。

6）加强职工培训，为他们提供提薪、提职的机会。

7）对职工进行全面考核，不仅考核职工的生产技术，而且要考核他们社会活动的能力等。

四、领导行为理论

领导，这个词的概念在管理界中众说纷纭，但一般来说，领导是指引导和影响个人或组织在一定条件下实现目标的行动过程。

1. 管理方格图

管理方格图是行为科学中有关领导行为理论的重要组成部分。美国管理学家布莱克（R. Blake）和莫顿（J. F. Mouton）在 1964 年提出了管理方格图理论（见下页图）。

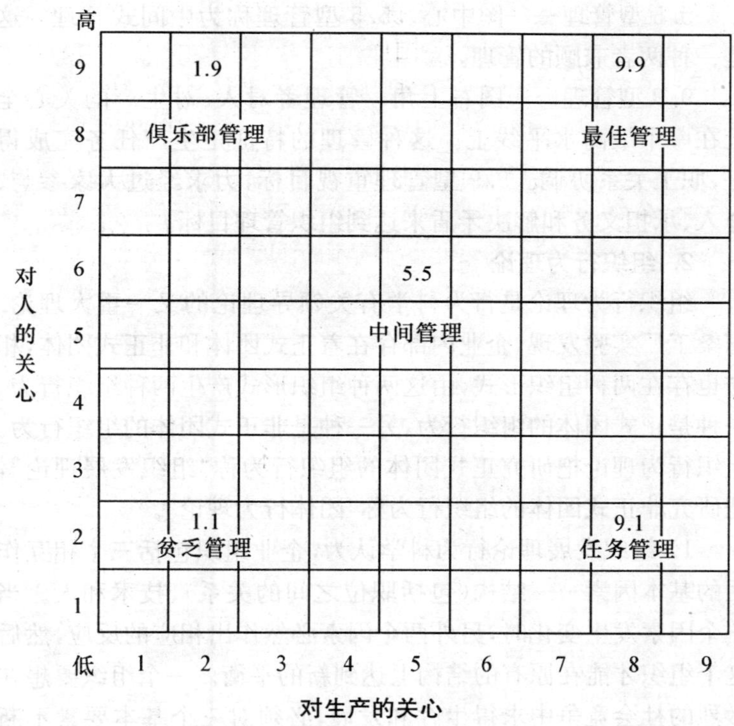

图中的横坐标表示管理者对生产关心的程度，纵坐标表示管理者对人关心的程度。评价管理人员时，应按他们两方面的行为，寻找交叉点，这交叉点就是领导者的管理类型。

9.1 型管理——图右下角。9.1 型管理称为只抓生产、不关心人的管理。这是一种任务型的管理，管理者习惯于权威与服从。

1.9 型管理——图左上角。1.9 型管理称为俱乐部式管理。管理者只关心人际关系，不关心生产，企业内部人际关系融洽，但生产发展缓慢。

1.1 型管理——图左下角。1.1 型管理称为贫乏管理。管理者既不关心人也不关心生产，这种管理反映了管理者不求进取的心理状态。

5.5 型管理——图中心。5.5 型管理称为中间式管理。这是一种两者兼顾的管理。

9.9 型管理——图右上角。管理者对人、对生产的关心全处在一个最高水平线上。这种管理的特征是生产任务完成得好，职工关系协调。9.9 型管理重视目标，力求经过大家参与、介入、承担义务和解决矛盾来达到组织管理目标。

2. 组织行为理论

组织行为理论是行为科学有关领导理论的又一重大理论。霍桑工厂实验发现，企业内部存在着正式团体和非正式团体，相应也存在两种组织形式，由这两种组织形式产生两种组织行为。一种是正式团体的组织行为，另一种是非正式团体的组织行为。组织行为理论把研究正式团体的组织行为称“组织发展理论”，把研究非正式团体的组织行为称“团体行为理论”。

1）组织发展理论行为科学认为，企业组织包括三个相互作用的基本因素——结构（包括职位之间的关系）、技术和人。当一个因素发生变化时，另外两个因素必然作出相应的反应，然后这个组织才能在原有的结构上达到新的平衡。一个组织要想在激烈的社会竞争中求得生存和发展，必须对三个基本要素不断进行变革。

① 关于技术结构的变革。

技术结构的变革包括四个方面的内容：

a）技术水平的提高必须与工人的社会关系结构一致。如果两者之间存在矛盾，就必须进行调整。

b）扩大工人的工作范围，改变工人整天只是重复劳动的单调状况，提高他们的工作兴趣。

c）丰富工人的工作内容，让工人参与企业的管理。

d）实行弹性工作时，提高工人的工作情趣，让工人自己掌握工作进程。

② 关于人和组织管理的变革。

关于人和组织管理的变革是指由于形势的发展变化，企业在完成目标、信息交流和决策过程中，变革人在组织运行中的行为，使其主动精神更强、积极性更高。管理者可以通过目标导向、职工培训等方法来实现以上变革。

③ 关于组织行为的改革。

通过调查和反馈来评价组织的工作，以便发现问题，对组织行为进行调整和改革。

2）团体行为理论。团体行为对一个组织的管理会产生一定的影响，处理得好，是正式组织的助手，处理不好，则成了阻碍力量。因此，现代管理者对团体行为必须有一个客观的分析。夸大或否认团体行为的作用都是错误的。行业科学对团体行为有以下一些论点：

① 运用人际关系理论，处理好团体成员相互之间的关系和相互之间的影响。

② 团体压力——“小集团思想意识”。团体压力是指每个团体成员的行为通常有服从团体的倾向。有时候，团体的主张尽管是错误的，但他还得服从。当他发现自己的言行与团体的大多数成员不一致时，他会感到心理紧张，并极力想使自己的言行与团体的大多数人趋向一致。企业管理者应注意团体行为的这一特征，伸张正义，制止歪风邪气，帮助他们克服缺点，消除压力。

③ 团体的信息交流。团体的信息交流理论是由勃尔（P. K. Berlo）和赫尔希（R. Hershey）两人提出的。实验证明，企业的非正式团体的信息交流大量存在，畅通无阻。“小道消息”、“小道新闻”便是很好的说明。“小道消息”的传播往往会给组织管理带来不良影响，所以，企业领导者要想办法保持正式团体的信息交流渠道的畅通，用正式消息驱除“小道消息”。

④ 冲突。企业既然存在着正式团体和非正式团体，那么冲突也就在所难免。冲突并非都是坏事。冲突有建议性冲突和破坏性冲突两种类型。行为科学认为，企业的领导者应该促进建议性冲突，限制破坏性冲突。办法是造成民主气氛，使职工消除

顾虑，敢于讲话。这样，冲突有可能促进企业发展，刺激人们的进取心。

第二节　树立人是管理的核心思想

西方行为科学的兴起和发展，改变了对人的看法，重视了人的因素。它在一定程度上缓和了资本家与雇佣工人、管理者与被管理者、雇员与雇员之间的矛盾，调动了工人的积极性，提高了生产效率。但是，行为科学理论与资本主义制度一样存在根本性的矛盾。如管理民主化是行为科学的灵魂，但在资本主义企业中要真正实现管理民主化是不可能的。

研究西方的行为科学，目的在于为我国的现代化建设服务。社会主义制度为行为科学的理论研究和实际运用提供了广阔的天地。毛泽东曾经说过："对于外国文化，排外主义方法是错误的，应当尽量吸收进步的外国文化，以为发展中国新文化的借镜；盲目搬用的方针也是错误的，应当以中国人民的实际需要为基础，批判地吸收外国文化。"这是我们研究和运用行为科学时应有的态度。

在一切财富中人是最宝贵的。人是管理的客体，也是管理的主体。离开人的积极性，即使是最先进的管理思想或管理方法，也失去了生存和发展的条件。因此，牢固地树立人是管理的核心的思想，是一切管理工作的指导思想，是我国各级企业、组织在管理中应用行为科学的基础。

正确把握住人的需要层次，调动各级人员的积极性。人的需要是客观世界的反映。马斯洛设想，每一种需要都要在前一种需要得到满足之后出现。然而，这并不意味着必须使前一种需要得到100%满足了，后一种需要才会出现。通常，只要前一种需要得到部分满足，后一种需要就会出现。对大部分人来说，各种基本需要都是一部分得到满足，另一部分得不到满足。比如生理需要，当它只有10%得到满足时，那么下一个安全需要还不会出现，如果生理需要25%得到了满足，那么下一个安全需要就会出现，也许只出现5%。当安全需要达到75%时，社交需要可能出现50%了。各种需要交错重叠，人的需要重点经常转移，这就使任何一种基本需要都达不到充分满足的境地。需要是人类行为的动机。行为之目的在于实现某种合乎需要的目标。管理者若能了解人的需要层次，正确地把握住不同管理对象在不同时期的需要重点，并采取一定的对策，就能最大限度地调动各类人员的积极性。

一、我国知识分子的需要及其对策

中国的知识分子是工人阶级的一部分，他们是企业精神文明和物质文明建设的重要力量。但是，必须认识到知识分子有其独特的心态，由此产生特殊的需要。十年动乱期间，知识分子被看作“接受再教育”的“臭老九”，工作上得不到重用，政治上得不到信任。然而，广大知识分子并没有为此而丧失对党、对社会主义的信心。党的十一届三中全会后，党中央一再强调要尊重知识、尊重人才，并为知识分子发挥作用创造了良好的社会环境。党的知识分子政策是各级企业组织做好知识分子工作的基础。中国知识分子受中国传统文化影响较深，他们比较重视“尊重”和“自我完善”。管理者应根据知识分子的这个特点，加强与他们的联系，发现他们的需要，努力发挥知识分子的积极作用。

1. 信任的需要

知识分子有强烈的信任需要。有相当一部分知识分子崇尚“士为知己者死”的信条。一旦失去信任，他们往往就会陷入“前不见古人，后不见来者，念天地之悠悠，独怆然而涕下”的境地。因此，管理者在政治上要信任他们，工作上要尊重他们，生活上要关心他们，主动与他们谈心，认真听取他们的意见。

2. 成就的需要

相当一部分知识分子自觉或不自觉地接受了儒学的积极处世思想，他们具有一定的进取心。

这种进取心在古代表现在“齐家治国平天下”等思想方面，

在现代则反映在强烈的事业心方面。大部分知识分子要求有所作为,不愿碌碌无为地度过一生,即使在逆境中也自强不息。根据知识分子的这种成就需要,管理者应采取"用其所长,容其所短"的方针。大凡有"大才"的人,有可能也是有明显缺点的人,管理者切忌求全责备。要及时承认他们的学术能力和学术成果。对他们在一定领域里所作出的成绩应表示祝贺,决不能抱漠然视之的态度。在条件允许的情况下能给予晋级的应给予晋级。要避免用非所长的情况,一旦发现这种情况,应尽力调整。

3. 受人尊重的需要

有些知识分子貌似"清高",但是,貌似"清高"的实质是希望受人尊重。他们只是借助"清高"作为保护层,使自己能免受他人的伤害。因此,管理者应该了解知识分子的心态。在与知识分子交往中,管理者要注意讲话态度和蔼,语言措辞诚恳,热情友好,通情达理,切忌盛气凌人。只要管理者能注意工作方法,以情动人,就能突破知识分子所谓的"清高"防线,获得他们真心实意的支持。尊重知识分子的实质就是尊重知识、尊重人才、尊重人格。

4. 政治上要求进步的需要

中国知识分子对党、对社会主义有着深厚的感情。知识分子从自身的生长过程中体会到他们的成长是同党和国家的命运联系在一起的。因此,在历次重大历史事件中,中国知识分子都是义无反顾地支持和拥护党的方针和路线的。并且,越来越多的知识分子要求进步,希望在政治上有所作为。企业的各级党团组织应该根据知识分子的这一需要,认真做好引导、帮助、教育、考查、培养工作,鼓励他们在政治上积极上进。对他们中间符合党员或团员条件的人,应及时地吸收到党团组织中来,增强党团组织的战斗力。

在知识经济时代,知识员工已逐渐取代传统的"蓝领"员工。由此可见,重视知识分子的作用,尽可能满足他们的需求,已成为当今中国企业必须要认真思考、有待解决的现实问题。

二、根据行为科学的需要层次，不断变换奖励的办法

奖励是激发人们进取心的有效手段。现代管理十分重视奖励的积极作用。根据行为科学的“人的需要层次”理论，现代管理者应注意不断变换奖励形式，增强奖励的正效应，减弱或消除奖励的负效应。

1. 交叉运用物质奖励和精神奖励

一种奖励形式用久了会失去它应有的刺激功能，因为人们的需要重点是不断转移的。近年来，有些企业家认为，物质奖励比精神奖励更能增强奖励的正效应。他们的依据是近年来，一些企业实行了物质奖励的办法，取得了一定的成功。这实际上是一种误解。物质奖励的作用是有限的，而人们对物质的欲望是无限的。物质是人生存的一种需要，然而，比物质更重要的是人的积极性。靠物质刺激起来的积极性不能持久，也不可靠。不可否认，前几年企业实行的物质奖励，曾起到了一定的积极作用。但是，必须认识到，这是与我国当时的社会背景有一定联系的。改革开放以前，大部分企业实行精神奖励。那时，奖励的程序一般是：大会宣布表扬名单、会后张榜公布、颁发奖章。这套奖励程序，在解放后相当长的时间里，曾起着积极的作用。然而，几十年来，这种精神奖励的形式未曾作过较大的改变。因而，使人们对这种传统的精神奖励形式渐渐失去了兴趣。而这种精神奖励也就失去了应有的刺激效应。改革开放后，企业开始实行物质奖励。物质奖励以其“崭新”的面貌正式进入我国管理的大门。因为在这以前，物质刺激总是有点躲躲闪闪、若明若暗的。物质奖励作为正式的管理手段进入我国管理大门后，给我国的管理系统带来了新的“刺激”。这就是造成物质奖励强效应的客观社会条件。然而，被强化的物质刺激并未能维持多久。一些企业已出现了物质奖励的负效应，即奖励的钱物越多，人的积极性越低。有的企业甚至出现了给多少钱干多少活、不给钱不干活的现象。这是企业短期行为、滥用物质奖励造成的后果。鉴于这种情况，一些企业家开始认识到靠物质刺激无法培养职

工爱厂如家的主人翁意识，也无法将职工的积极性持续地集中到企业的目标上来。他们感到靠物质刺激决不可能使职工忠心耿耿地致力于企业的发展，因此，他们提出社会主义企业必须实行“以精神奖励为主，物质奖励为辅”的奖励原则。

精神奖励和物质奖励都属管理的范畴。它们的作用是激发人的积极性。它们之间的不同，在于精神奖励比较重视人在精神方面的满足，而物质奖励比较重视人在物质方面的满足。根据精神奖励和物质奖励的特点，管理者应在不同的时候，对不同的人，采用不同的奖励方式。

改变枯燥乏味的奖励形式，灵活、有效、交叉地运用这两大奖励系统，提高奖励的层次，不断地对人的行为进行新的刺激，有效地调动人的积极性。必须看到，世界上没有绝对正确的原则，所谓正确的原则就是合适、有效。

2. 变换奖励的内容

物质奖励和精神奖励是奖励的主要形式。高明的管理者，应在主要形式下，不断变换奖励的内容。这样，就能不断产生新的刺激，强化奖励的效益。物质奖励的主要内容是钱、物，但也包括奖励一些书籍，以满足人们求知欲的需要。另外还可以奖励旅游，以满足人们希望游览祖国大好河山的需要等。当前，在重视精神奖励形式的同时，还必须要注意它的内容。在延安时期，我党创造了一些好的精神奖励方式。比如高级领导人给劳动模范牵马进入表彰会场，主要领导人亲笔签发奖状、书写奖状等。

天津市和平区创造了“群众投票评议公仆，群众给最佳公仆发奖”的经验。从万名领导干部中评选出十名最佳公仆，然后，进行全区表彰。这种表彰，没有奖金，只给政治荣誉，由人民群众给他们披红戴花。

青岛第三面粉厂搞了个有新意的“本厂名人录”。厂内一批先进人物、革新能手、技术尖子、优秀党员等被列入了名人录。这个厂领导公开对工人讲：“谁干出成绩来，谁就上名人录，就把谁写进厂史。对做出贡献的职工，厂里决不会忘记他们。”这种精神奖励的形式，激励全厂职工为工厂的发展贡献力量。

3. 以多种激励方法调动人的积极性

适当的激励方法能有效地调动人的积极性和上进心。21世纪的企业都必须重视对激励方法的研究和运用。

1）目标激励。企业的目标能引导和激励职工积极向上。但企业的目标必须要与企业职工的利益结合起来。只有使职工看到自身利益的目标，方能使企业员工产生实现企业目标的动力。

2）价值激励。努力使职工认识到企业的价值，并使职工的个人价值取向与企业的价值取向一致。价值认同能使职工奋发努力，顽强拼搏。

3）工作激励。具有挑战性的工作能激发职工的工作热情，它能显示职工的冒险精神和富有魅力的个性。

4）领导行为激励。企业领导严于律己、勤政廉洁、开拓进取，能赢得职工的信赖和尊重。

榜样力量可以在职工中形成巨大的感召力和凝聚力。

5）荣誉激励。荣誉是对企业职工工作的一种肯定。对做出特殊贡献的职工进行一定的表彰，授予一定的荣誉，能满足职工对荣誉的追求，它能有效地调动职工的积极性。

第三节 X 理论在初创期管理系统中的运用

X 理论和 Y 理论指导下的管理方式，适合于不同的管理系统。一般来说，X 理论指导下的防范管理比较适合初创期管理系统，Y 理论指导下的诱导管理比较适合发展期管理系统。初创期管理系统有三大特征：一是采用直线制的组织管理形式，领导者直接实施的权力比较大。二是领导者亲临现场指挥，员工对管理者的依赖性比较强。三是员工对管理系统尚不熟悉，一部分人为了使个人与集体之间行为一致，宁愿在行动上随大流。初创期管理系统这三大特征使管理具备了正确使用 X 理论的客观条件。

一、正确使用X理论，使员工的行为纳入管理系统的规范之中

“没有规矩，不成方圆”。但有了规矩，如不认真执行，也不一定能成方圆。一个管理系统的管理规矩的形成，要依靠管理者与被管理者双方的长期努力，但在初创期，管理者的努力尤为重要。管理者必须制定一系列规章制度，并采取强有力的措施，保证规章制度的贯彻执行，在贯彻执行中还要防止走样。要制定与规章制度相适应的细则，努力使规章制度成为每一个员工的自觉行为。对某些破坏规章制度、经教育不思改正的“害群之马”，一定要给予必要的处罚。及时、适当的处罚能在管理系统内部产生一定的“威慑力”。俗话说的“杀鸡儆猴”，就是这个意思。因此，在初创期管理系统的初期，应以“威严”管理为主，而不应采取“温柔”式的管理。通过严格要求、严格管理，管理系统局部和整体的运行都能纳入既定的正确轨道。

二、正确使用X理论，提高领导者的威信

领导者的素质、能力在一定意义上决定了初创期事业的成败。领导者能力的发挥取决于他的威信。领导者的素质对管理系统能否产生作用也取决于他的威信。因此，领导者的威信在初创期企业中显得十分重要。在初创期，员工对领导一般抱着“既不亲近，也不疏远”的态度。他们要通过对管理者实际工作的观察来决定自己心理上对管理者的容纳程度。通常，初创期管理系统的员工不喜欢婆婆妈妈式的领导方式，也不习惯“多头领导”。他们比较喜欢干脆果断的领导，习惯领导明确的指示：“只能这样干，不能那样干。”他们比较倾向“立竿见影”的工作方法。因此，初创期的领导必须勤于思考，善于经营，勇于开拓。初创期管理系统的领导模式可以有两类：

1. 精明强悍型

这种类型的领导者总是能发出明确的指示，及时作出适当的布置，能预测工作的结果。这类领导者处处表现出比他人强

出一头的风格。初创期管理系统的员工比较欣赏精明强悍型的领导者，也愿意服从这类领导者的指挥，因为，他们希望从领导者的身上看到企业和个人发展的前景。初创期管理系统的员工最厌恶的是“窝囊废”的领导者。但是，精明强悍型领导者比较相信自己的能力，而忽视下属能力的发挥，比较相信自己的判断，而不大尊重他人的意见，这些因素有可能降低领导效益。

2. “大智若愚”型

这种类型的领导者锋芒不外露，善于运筹帷幄，把握全局，能透过现象看本质。他们不太注意问题的形式，而重视问题的实质，他们善于思考，精于谋略，往往有一种先见之明。这种类型的领导者比较崇尚“人会我不会，人不会我会”的领导方式。这种领导方式是指：下属能做的事，应让下属去做，领导者不应干涉；下属干不了的事，领导者应亲自动手，以作示范。当大家面临困境一筹莫展的时候，领导者应拿出主意，想出办法，使管理组织能在“山重水复疑无路”的情况下，进入“柳暗花明又一村”的境地。这种类型的领导者在员工中比较有凝聚力，享有较高的威信。但是，“大智若愚”型的领导，有时由于锋芒过于“愚钝”，会给人一种“老好人”的印象；有时因为不注意细节问题，往往会造成“大风大浪闯过来，小沟小河却翻船”的奇特现象。

三、X 理论在初创期企业中的运用

在我国大部分初创期的企业中，X 理论指导下的防范管理是一种有效的管理方法。防范管理能够成为初创期企业的主要管理方式，是有一定的历史原因的。首先，这是由初创期乡镇企业低下的生产技术水平决定的。如许多企业土法上马，自制简陋设备或购买城市企业的陈旧设备，而企业职工差不多都是一哄而起的本地农民，他们只经过最简单的操作培训，技术素质很差。这样的生产技术水平，不具备现代化工业生产的基本特点，而带有类似手工业作坊的性质。因此，在大部分初创期乡镇企业中，管理现代化的问题还未提上议事日程。其次，初创期的乡镇企业职工迫切需要解决的还是以温饱为中心的生理需要（发展期的乡镇企业除外)。他们热衷于物质刺激,短期的企业行为。有人在某市的郊县作过一次调查,发现乡镇企业职工的需求中属于生理需要的占80%、属于安全需要的占15%、属于其他需要的只占5%。应该说初创期的乡镇企业职工最关心的是挣钱和解决吃、穿、盖房子、娶媳妇、孩子上学等基本需要。因此,在这种情况下,X理论指导下的家长式的行为管理,不仅可行,而且有效。在初创期乡镇企业中,应用X理论管理时,应注意以下几点:

1) 管理者要努力提高各方面的能力,使职工从内心承认管理者在企业中的"家长"地位。

2) 管理者要主动割断因地缘关系而在领导层周围编织的关系网。要任人唯贤,不能任人唯亲。

3) 实行经济民主。经济民主在乡镇企业里的主要内容是收支民主、分配民主。要体现多劳多得、优劳优酬的社会主义分配原则。

4) 重大问题的决策应听取职工的意见。

必须看到,初创期乡镇企业这种初级的"防范管理"、"家长式管理"的模式只是乡镇企业向现代企业发展过程中的一种过渡形式。因此,乡镇企业的领导者应努力学习现代管理的理论和方法,不断提高民主管理的意识,同时,对职工也要进行现代管理的教育。这样,初创期的乡镇企业就能比较顺利地进入发展期。

第四节 注意发挥"非正式组织"的作用

根据行为科学理论,"非正式组织"是指正式组织以外的团体,它在各级管理系统中普遍存在。尽管它们存在的形式可能不同,但实质是一样的。"非正式组织"按我国传统的提法就是"小团体"、"小集团"或"趣味相投的一伙"。"非正式组织"产生的原因十分复杂。有的是因来自同一个地方,如"上海人一伙"、

“东北人一帮”；有的是因趣味相投，如“牌友”、“球友”、“棋友”；有的则是因进入某一单位的年份或毕业的时间相同，如“65 届一伙”、“老三届”、“70 年进厂的人”；还有的则是因彼此利益一致。“非正式组织”的活动形式一般是几个人聚在一起谈谈工作、交流思想、传传见闻，夏日乘凉则聚在一起打打牌、下下棋，逢年过节互相拜访、请客吃饭等。我国传统的管理思想对“非正式组织”采取的是否定的态度。然而，否定的结果是“非正式组织”看似已销声匿迹，实际上依然存在，只不过人们不再将“这帮”、“那伙”经常挂在嘴边而已。因此，重视“非正式组织”的作用，研究它在现代管理中的积极作用十分重要。

一、正确利用客观存在的“非正式组织”

要想利用“非正式组织”，首先要承认它的积极作用。“非正式组织”成员朝夕相处，有较多的共同语言。因此，他们一般都有共同的思维方式和行为模式。管理者要创造特殊的信息交流模式，及时地、经常地、客观地与“非正式组织”进行必要的信息交流。通过与“非正式组织”的信息交流，管理者可以获取在正式场合下不容易得到的信息，比如对某个领导的评论，对企业一些工作的不同看法，职工中的实际需要等。管理者还要善于和“非正式组织”的“领袖”人物打交道，主动与他们取得联系，努力将“非正式组织”的行为归入正式组织的活动之中，使管理者与“非正式组织”之间达成某种有积极意义的默契。

二、正确引导客观存在的“非正式组织”

“非正式组织”的行为带有极大的不稳定性，引导得法可以成为管理中的积极力量，引导不得法有可能成为潜在的消极力量，不加引导任其发展，有可能成为危害组织事业的“关系网”，形成一种破坏力量。所以，引导“非正式组织”朝正确方向发展十分重要。要做好引导工作，必须注意以下几个方面：

1）通过一定的信息交流途径与“非正式组织”成员保持联系，尊重和倾听他们的意见。以私下交朋友等非正式交往形式与他们平等相处，鼓励他们为部门的发展多作贡献。

2）鼓励“非正式组织”成员在自愿结合的基础上成立各类协会组织，帮助他们制定协会的章程，为“非正式组织”的活动提供一个健康的、积极向上的良好环境。

3）管理者对“非正式组织”的成员应采取一视同仁的态度。对于他们中做出成绩者应及时加以肯定。对政治上有一定追求、业务上有培养前途的“非正式组织”的成员应委以局部重任，引导他们在改革创新、技术攻关、提合理化建议等活动中发挥自己的才智。

三、适当控制“非正式组织”的不良行为

所谓控制有两个内容：一是控制“非正式组织”的团体行为，使它与整个管理系统一致；二是控制“非正式组织”每个成员的行为，使这些成员的行为能适合管理系统的组织规范。

第五节 “心理契约”概念在现代管理中的运用

一、什么叫心理契约

在人际交往中，人们相互间的交往活动常常带有某种交换形式。这种交换形式可以分为两类：一是货币与商品等物质性的交换；二是广义上的交换。社会的物质交往，如企业间的贸易交往，需要受到交换者双方的合同约束，这种合同往往是正式的、书面的，具有法律效力。广义的交换是指交换者双方达成某种默契的约束。虽然，它经常不具有书面形式，也没有法律效力，但却实际存在，并在人际交往中起重要的作用。广义交换的任何一方若破坏这种默契，双方的交往活动往往就会削弱或被破坏。例如，小李家盖新房，小张前去帮忙。后来，小张家盖房子，小李也去帮忙了。如小李不去帮忙，有可能破坏双方的交往。因为小张前往小李家帮忙时，双方已达成了“互相帮助”的默契。心理学家称这种默契为心理契约。

心理契约的基本概念是指交换者双方所抱有的不成文的期望。这是社会交换中的特殊形式。

一对新婚夫妇，从结婚的第一天起就存在着一种心理契约。例如，男方往往期望女方温柔体贴，能给予生活上的照顾，不要过分的“妻管严”。女方则期望男方有男子汉气概，能提供保护和支持，能提供稳定而丰裕的物质条件。双方的这些期望虽然没有书面形式的“合同契约”，但它们确确实实存在。任何一方如破坏这种心理契约，就会带来婚姻危机。

20 世纪 60 年代初，美国心理学家阿吉里斯(C. Argyris)将心理契约的概念首先引进到组织环境中来。阿吉里斯认为当职工招聘到企业中来以后，职工与企业双方就存在着某种心理契约。如职工期望企业能把他们当作一个真正的人，而不是会说话的机器，应尊重他们的人格，能提供值得一干的事情，有学习、进修、提拔的机会。而作为企业则希望职工能忠心耿耿地为企业服务，能为企业的发展作出一定努力，甚至能作出必要的牺牲。

二、心理契约概念在现代管理中的运用

在现代管理中，管理者要想科学地运用好心理契约，必须了解企业与职工之间存在着哪些心理契约，然后，有的放矢地做好管理工作。

新职工进企业时，他们的心理期望一般是：

1) 希望有一个良好的工作环境。

2) 希望有一个理想的社交环境。

3) 希望有一个团结、和谐、体察下情的领导班子。

4) 希望有进修和提高的机会(近年来，有些青年希望有出国进修或工作的机会)。

企业对新职工的期望则是：

1) 希望新职工能努力学习专业技术，尽快适应工作。

2) 希望新职工在企业的社交环境中相安无事。

3) 希望新职工能服从指挥，能听话、顺从。

4) 能自觉维护企业的信誉。

在对新职工进行教育时，管理者可以通过一定的信息交流

方式，使新职工了解到他们以上的心理期望已经得到了领导的重视，并告诉他们，企业已经为实现他们的期望创造了一定的条件。具体做法可以是：介绍企业经营状况、企业对社会的贡献、企业内部社团活动情况、企业创业史；组织新职工参观企业的主要部门；企业领导接见新职工等。同时，管理者还可以通过谈希望、提要求的形式，将企业的期望如实地告诉新职工，使他们从进企业的第一天起就能自觉地以企业的目标为方向，决心为企业的发展贡献力量。

但是，企业与职工之间的期望是处在不断变化之中的。为此，管理者必须用动态的观点去分析、对待企业与职工之间的心理契约。通过不断努力，尊重并设法满足双方的期望，创造一个良好的企业发展的内部环境。企业与职工之间心理契约的发展一般为：

1）职工在青年期，总希望能在企业的环境里一显身手。他们希望能得到适当的业务进修机会，进修后又希望领导能给他们压担子，委以重任，能充分信任他们，承认他们在企业中的作用。

2）职工进入中年后，期望领导能肯定他们的业务能力，承认他们已经作出的成绩，给予适当的提级、晋升的机会，能给予较丰厚的奖酬，希望领导能解决他们生活上的一些困难，例如，住房问题、上下班交通问题等。

3）职工渐近暮年，精力日衰，希望企业能给予照顾，不要嫌弃他们，能重视他们的作用，特别希望企业领导能尊重他们长年积累的经验。

企业在发展过程中，对职工的期望是：

1）企业在创业艰难时期，期望职工能拼命干活，能将自己的命运与企业的发展紧紧连在一起，能珍惜企业的信誉和形象。

2）企业进入发展期时，期望职工能保持稳定的绩效，积极参与企业的管理活动，树立主人翁的意识，有一个良好的人际关系。

3）企业陷入困境时，希望职工咬紧牙关，风雨同舟，不要

"背叛"企业。

面对企业与职工之间心理契约的变化,管理者应该能以变应变。对青年职工的管理,重点应该是关心、培养、信任。既要创造条件让青年职工进修提高,也要创造条件让他们在实践中锻炼成长。如果只是让青年职工没完没了地进修、实习、考察,则会挫伤他们的积极性。

对于青年人的错误缺点,管理者应抱着满腔热忱的态度进行帮助和引导,决不能将他们一棍子打死。要消除对青年的偏见,管理者的偏见往往会扼杀青年人的上进心,它实际上起着破坏双方心理契约的作用。对中年职工的管理,重点应放在使用和提拔方面。通过使用和提拔,中年职工看到自己在企业工作的"价值"和发展的前景。要下决心解决中年职工的后顾之忧。对于一下子做不到的事,应讲清道理,争取他们的谅解。要承认中年职工的业务能力,并通过各种途径给予必要的奖励或鼓励。对老年职工的管理,重点应该是尊重。管理者要尊重他们的经验、尊重他们的意见、尊重他们对企业作出的贡献。要注意通过各种有效办法,发挥老年职工的积极作用。

把心理契约的概念运用到现代管理中来时,管理者必须采取民主型的领导方式。要充分依靠职工、相信职工,使职工成为企业真正的主人。不能采取强制性的领导。强制性领导往往不注意尊重人,容易使人产生逆反心理,从而破坏企业与职工之间的心理契约。心理契约实际上是企业与职工之间的默契,它是一种超越思维的思维,它是企业与职工、管理者与被管理者之间的一种心灵沟通。它能使各自认识自己、理解自己、了解别人、理解别人,最后能超越自己。企业与职工之间良好默契的形成,就是企业腾飞的前夜。

第六节　正确运用批评手段,提高批评效应

批评是对人们的思想和行为的一种"责难"性的评价,它对

人们的错误言行起着修正的作用。行为科学认为绝大多数人喜欢批评别人,特别喜欢在背后批评领导,但不喜欢心甘情愿地接受批评。因此,批评不分场合、不分对象,往往会引起被批评者的感情冲动,有时甚至使他们头脑发热,丧失理性,从而丧失批评应有的积极效应。正确使用批评,提高批评的效应,是现代管理者值得认真研究的问题。

一、批评时应注意尊重对方的人格

批评时不要伤害对方的个性,不要用容易触犯对方个性的语言,更要注意不要借批评之机,揭露对方的隐私,因为这样,会给被批评者带来思想上的痛苦,使他们对批评者产生积怨,破坏友好关系。因此,善意的批评、通情达理的说理能增强批评的积极效应,相反,人身攻击是决不能起到对人批评的积极作用的。当年,日本袭击美国珍珠港后,英国决定对日宣战。当时的英国首相丘吉尔(Winston Churchill)准备了一份文件,派他的代表把文件送往日本。这位代表看过文件后问首相:“为何宣战书的措词如此谦和?”丘吉尔回答:“即使你准备杀人了,也不能失去礼节。”丘吉尔的话,值得现代管理者深思。

二、尽量避免在公开场合下的批评

事实证明,私下批评、私下交换意见比公开场合下的批评更容易被受批评者接受。

在公开场合下的批评,往往会直接损伤人的自尊心,容易使人产生抵触情绪。在私下批评时,要根据不同人的问题和思想素质、心理特点,分别采取严厉或婉转直接或间接等不同的方式。不要凭自己的性子和认识水平来对待受批评者。除对错误严重而影响范围较大的问题进行公开批评外,不要在第三者面前,尤其不要在对方的下级面前进行批评。下级如果看到自己的上司在自己的面前受人批评或斥责,会对自己上司的领导能力产生怀疑和不信任,从而减少对上司的尊敬。这样,会使员工士气低落,管理组织受到损伤。

三、批评要及时

对人的错误，应及时地进行批评。及时地批评能使犯错误者对自己的错误有一种清醒的认识。及时地改正错误能避免重犯带来的损失。不及时的批评会使犯错误者产生淡化错误的消极作用，甚至会将错误的东西视为正确的，导致同样的错误有可能屡次发生。此外，当某人犯了错误，而其他人也意识到他应该受到批评，但领导者未能及时地批评，这样，当其他人犯错误遭到领导批评时，他们就会不服气，会拿出此例来“攻击”领导有意袒护某人。

四、保持批评的主题

批评别人时，不要翻老账，抓住以前的问题不放，除非对屡教不改者可以给予必要的提醒。抓住批评的主题，才能使对方集中思想、集中精力检讨自己的过错，反省自己的行为。如果批评时东拉西扯，没有一个批评的主题，就会使受批评者无所适从，反而得不到批评的效果。

五、采取模糊式的批评

一般来说，错误发生后，应给予及时、明确的批评。但在有些情况下，采取模糊式的批评能得到意想不到的成功。例如，有的错误事实一时搞不清楚；有的事实虽然清楚，但当事者不易看出；有的当事者清楚，但涉及面大；有的当事者比较成熟，错误又不大，尚能知理明悟，凡此种种，都宜采用委婉、含蓄、模糊式的批评。通过模糊式批评，被批评者能明白批评者对错误的态度，引以为戒，避免错误再犯。模糊式批评一般是以提醒注意为主。

六、注意用先表扬后批评的方法

行为科学表明，一般的人都非常愿意接受来自赞赏自己优点的人的批评。因此，领导者准备批评某人的时候，应寻找一下他是否有值得表扬的地方。先表扬、后批评，是一种尊重人的领导行为。运用这种方法，能使对方虽然受到批评，但心情是舒畅的。它有利于缓和批评者与被批评者双方的紧张气氛。这种先表扬、后批评的方式特别适用于自卑感严重、感情脆弱、失去自信心的人。其特点是融批评于表扬之中,以表扬为前提,导出批评,把表扬和批评有机地结合起来。

七、在批评别人时,要指出改正错误的方法

成功的批评应由两个部分组成:一是指出错误的事实、性质和危害性;二是指出改正错误的方法。只批评而不能指出改正错误的方法,只能说是完成了批评的一部分。国外有人称这种批评为消极批评。消极批评对被批评者很少有积极的作用。

八、针对不同的对象,采取不同的批评形式

对一个思想能力和自尊心都较强的人来说,有节制地、和蔼礼貌地交谈会取得批评的成功,因为在冷静而又理性的批评中,他会意识到问题的严重性,从而真心实意地接受批评。但是,对那些自觉性、自约力都较差的人来说,适当地表明批评者内心的忧虑、有节制地发脾气,是有好处的,因为,这种人会从批评者的态度里意识到问题的严重性。相反,当批评者采取冷静形式批评时,反而会给这种人造成问题并不严重、可以不当回事的假象。

第七节　实行民主管理

管理民主化是行为科学的灵魂。在我国,实行民主管理,切实保障各级企业职工当家作主的地位和权利,是社会主义公有制的本质要求。它对促进我国的政治民主化、经济管理民主化和社会生活民主化,都有着深远的意义。

毛泽东同志曾经指出:"劳动者管理国家,管理各种企业,管理文化教育的权利,是社会主义制度下劳动者最大的权利、最根本的权利。"实行民主管理是实现管理现代化的重要保证,是将行为科学运用于现代管理的必备条件。

决策民主化是民主管理的核心。所谓决策民主化,是指充

分相信群众、依靠群众、激发群众创造性的潜能，为企业、组织的生存和发展创造一个良好的内部环境。决策民主化的过程，是尊重人的过程、发挥人的积极性的过程、将人的个体行为变为组织群体行为的过程。

关于决策的概念，众说纷纭。美国著名管理学家西蒙说："管理就是决策。"国内一些专家认为："所谓决策，就是对若干个准备行动的方案进行选择，以期优化地达到目的。"以上两种定义说明了决策的两个方面：一是决策存在于一切管理活动之中；二是决策是优化组织目标，以期达到组织目标的过程。决策的这两个方面都需要有民主化的程序。因此，决策民主化既是科学决策的基础，也是民主管理的重要组成部分。

1. 调查研究是决策民主化的基础

决策民主化的基础是调查研究。调查研究的过程是科学决策的过程，通过广泛的调查研究，对决策的对象有较深刻的认识。调查研究在决策中的作用有如下几个方面：

1）发现问题。

所谓问题，就是目标与现实之间的差距。通过调查，发现问题，找出矛盾，抓住本质。必须看到，问题是决策的起点。认清问题的所在，也就容易消除达到目标的障碍。

2）确定目标。

所谓目标，是指在一定的环境和条件下期望达到的结果。确定目标的基础是对已发现的问题进行全面的调查。在这个阶段，调查研究的范围已不仅仅局限于对问题的认识，而且更重要的是预测未来。这些是确定目标的重要条件。

3）目标选优。

只有通过调查研究才能弄清解决问题的客观条件，才能科学地评价各个目标方案。在目标选优阶段，调查研究的功能是明确目标的主次和缓急、实施目标的各种社会环境和约束条件，以选择最优方案。

当然，在科学技术高度发展的今天，每项调查并不需要都要发动群众，调动大批人力、物力，可以依靠他人的经验和教训，利用现代科学的最新发明成果，靠电子技术去分析、储存大量的信息资料。但是，不管依靠何种方法，管理者都必须依靠下属的积极性。那些仅靠“遇事拍脑袋”、“解决问题拍胸脯”、“分析问题靠直觉”的经验型领导者，是很难作出正确决策的。

2. 决策行动集体化是民主决策的过程

要作出正确的决策，必须发挥各级人员的聪明才智，开展群众性的提合理化建议活动，发挥“智囊团”的作用，使决策行动集体化。决策行动集体化是指在决策过程中，逐步吸取集体的智慧和经验，使决策目标更具有合理性和创造性，并使管理组织中的每一个员工的态度一致，共同贯彻执行决策目标。

1）开展群众性的提合理化建议活动。

从管理学概念上讲，决策是领导的行为。但是，领导的决策行为必须能集中群众的智慧。因此，领导在决策过程中应注意增强民主观念，集思广益，保证决策的正确性。

IBM 视职工为企业最重要的资产。在企业的决策过程中，尽可能做到“尊重员工”、“尊重个人”，充分听取职工的意见，把每位职工的自身价值与企业的决策行为结合起来，以此发挥职工的潜力。强调“杰出、尽职的人才组成团体是成功之本”的理念，使 IBM 的决策更具广泛性和合理性。

2）充分发挥智囊团在决策中的作用。

管理者在决策时，除了依靠广大员工外，还应充分发挥智囊团的作用。智囊团是管理者的参谋集团。这批人有丰富的知识、专门的技能，与社会有广泛的接触。他们能为决策提供可靠的依据。在决策中，发挥智囊团的作用是决策民主化的过程。应该让智囊团里的每一个专家进行独立研究。任何形式的决策课题都必须由专家根据客观情况得出自己的结论，管理者决不能先有结论，然后要求专家们调查或引用某些理论加以论证。这种先入为主的决策形式，虽然也有专家意见，但实际上是自欺欺人。要允许专家在决策问题上与管理者“唱反调”。

一个智囊团如果没有不同意见或不敢直言，就不成为智囊。智囊团的意见和建议，无论采取与否，都有积极的意义。管理者听取意见的过程，也是民主决策的过程。民主意识较强的管理者都坚决主张，未经不同意见的充分争论就不作决策。好的决策方案往往是从互相冲突、激烈争论中产生的。有不同意见的争论，才能集思广益，才能使各个决策方案的利弊充分显示出来。

3. 决策民主化应该注意的几个方面

决策民主化要求现代管理者在决策时必须慎之又慎，决不能贸然行事。通过民主化程序，全面准确地掌握信息，使决策真正建立在客观可靠的基础上。决策民主化要求管理者注意以下几个方面：

1）没有充分深入的调查研究不决策；

2）没有不同意见的充分争论不决策；

3）没有三个以上的决策方案不决策；

4）没有有关部门的意见不决策；

5）没有群众的意见不决策；

6）没有充分论证决策后果不决策；

7）没有充分论证群众对决策的承受力不决策。

第六章 人才管理

知识经济时代，市场竞争的实质就是人才竞争。人才竞争已成为当今世界社会进步、经济发展所面临的最大挑战和竞争。它成为现代企业兴衰成败的最本质的因素。谁拥有人才，谁就能在激烈的市场竞争中取得成功，这已成为现代企业的共识。然而，人才需要组织和管理。没有人才管理，决不能产生人才的积极效益。因此，改善和加强人才管理，充分发挥人才的积极性，在现代管理中具有十分重要的战略意义。

第一节　人才选用

选用什么样的人，是人才管理的先决条件。在现代社会，人才是指在企业中能形成核心能力的专门人才。这部分人在企业中不占多数，但对企业的经营管理起决定性的作用。

人才选用的目标就是要选择能适合企业发展、符合企业性质的这部分专门人才。这部分专门人才的多少、素质高低，构成了现代企业人才竞争优势的高低优劣。

一、人才选用标准

人才选用标准对人才选用起指导性的作用。正确把握人才选用标准就能提高人才选用的科学性，避免人才选用的盲目性。

1. **道德标准**

什么叫道德？道德是指调整自己与他人、自己与社会关系时的行为规范总和。人才一定要具有一定的道德情操。道德素质是人才的基本素质。毫无疑问，人们对道德的认识和理解不可能完全一致，这是由不同的文化、不同的历史、不同的生活经历等导致。如东方文化认为“万事忍为先”，忍是一种道德，是一种人性美，而西方文化却不以为然。尽管如此，对道德的一些基本标准还是一致的。这些基本标准构成了人才在道德素质上的共性。

1）忠于职守。选用的人才对企业的工作必须有强烈的责任感，能充分履行本职工作的社会责任、经济责任和道德责任。以企业发展为己任，忠于企业、忠于领导（指正确的领导行为），明知事情很难成功，仍然尽力谋取，力争最佳结果，成为社会、企业、上级领导、朋友都能信赖的人。

2）廉洁奉公。能严格要求自己，能正确使用企业赋予的责任、权力，能淡泊名利。当个人利益与企业利益、企业利益与国家利益发生冲突时，能顾全企业和国家的利益。在从事企业工作时，不以权谋私，以岗谋私，把企业、社会、国家的利益放在首位。

3）作风正派。有一定的思想修养，不为不正之风、不良倾向所左右。对人、对事有一定的是非判断能力。能坚持正确、改正错误，实事求是，不弄虚作假，不文过饰非，不夸耀功劳，待人真诚而不虚伪。能与“小人”共事，但不同流合污，自珍、自重、自爱。能承担责任。

4）谦虚谨慎。为人谦和，待人宽厚。处事不居高临下、咄咄逼人。与人相处不固执己见，能原谅人的短处，肯定人的长处。在名利得失面前，能提得起，放得下，看得破，撇得开，能不断地自我反省。

5）社会主义企业的专门人才必须能坚持正确的企业方向，坚决贯彻、执行党和政府的政策、法令，自觉地维护国家、民族、企业的利益。有一定的政治修养，有一定的组织观点。

要树立全心全意为人民服务的意识。

2. 能力标准

能力是选用人才价值的全部体现。现代企业必须要选用素质高、能力强的专门人才。现代企业竞争已集中反映在前沿水平的某些特定方面的竞争，如技术、管理、企业形象等。要使企业保持技术、管理、企业形象等方面的前沿地位，必须要有这方面的强手行家。由这些强手行家形成的企业核心力量是现代企业立于不败之地的根本，而这些强手行家的能力强弱是根本的根本。如果说道德标准是“软条件”的话，那么，能力标准是“硬条件”。

1）创新能力。创新能力是指专门人才在企业活动中，能敏锐地发现问题、精确地捕捉新事物的萌芽、提出新颖的设想、拿出可实施方案的能力。创新能力是一种综合能力。因为，创新是一个过程，它是思维和行为的统一。具有创新能力的专门人才决定了现代企业的创新能力。墨守成规、随社会潮流亦步亦趋而不敢跨越的人，即使今天有满腹才华，最终也会被社会和企业的进步所淘汰。所以，面临新世纪，提高企业专门人才的创新能力已成为刻不容缓的任务。

2）专业能力。现代社会中的人才是指有一定专业才能、专业知识、专业特长的专门人才。专门人才既有深厚的专业理论功底，又有丰富的实践经验。专业能力是专业理论与实践的统一。诚然，一些年轻的专门人才不一定具有较强的现实专业能力，但他们的专业素质必须优秀，在专业能力上有上升的空间和发展的潜力。专门人才的专业能力可以形成现代企业人才竞争和企业竞争的真正实力。

3）决策能力。决策能力是指果断发布命令、实施方案的能力。这对管理型的专门人才尤其重要。通常，决策能力反映为发现问题能力、分析问题能力、迅速形成方案能力、果断付诸行动能力。现代社会，瞬息万变，现代企业一定要善于抓住社会的变化、市场的变化。根据变化，及时调整管理策略，开发新产品、新服务等。而对变化，犹豫不决，当断不断，不仅会丧失企业发展的机会，有时还会反受其害。决策决定了现代企业发展的命运。企业的专门人才，特别是管理型的专门人才具有决策能力，就能进行决定性的筹划、指导和谋略，从宏观上把握企业发展的方向，开创现代企业发展的新局面。

4）组织能力。组织能力是指将企业各种经营活动、各种信息资源等合理、有效地组织起来的能力。现代企业的管理、产品的开发、产品的市场营销都离不开组织。组织能力强弱直接关系到人才可雇用的价值。现代企业管理是一项复杂的系统工程。要将企业的各个管理要素形成统一整体，去实施企业管理的目标，需要有强有力的组织。一些管理学家认为，现代企业实施有效管理，三种团队模式可供选择。这三种团队模式能否发挥最佳作用，关键在于组织。

① 足球队团队模式。企业各级人员有固定的管理位置，但经营活动中齐头并进。分工不分家是足球队模式的特点。这种团队模式需要企业在经营活动中有强有力的组织。这个团队的教练——企业高层管理者的组织能力，对企业经营管理起决定性的作用。

② 棒球队团队模式。企业各级人员有固定的管理位置，经营活动中不能互相错位，只能各司其职。这种团队模式要求企业在经营活动前，将企业中的人、财、物、信息进行有效的组织。组织分工能力是这种模式取得成功的关键。

③ 网球双打团队模式。企业各级人员有自己的基本位置，但不固定。在经营活动中互相帮助，尽量发挥能者的作用。随着市场的变化，可变化原来的基本位置。这种团队模式要求企业在市场竞争中，将专门人才有效地组织起来，随时调动他们的积极性，充分发挥他们的优势。

显而易见，企业专门人才如果没有组织能力，或组织能力不强，只会自己埋头苦干，决不能产生企业整体的管理效益。

5）协调能力。协调能力是指能解决企业经营管理中的矛盾、沟通各方面的信息、融洽企业内部及外部关系的能力。现代企业的成功，有赖于各方面的协调。可以说，企业的成功很大程度上取决于协调的成功。协调能得到谅解和理解，产生人和的力量。企业各个部门的协作努力、取长补短能产生新的产品、新的服务、新的管理。在现代社会里，不善于协调的人，是很难有所作为的。企业专门人才的协调能力，对企业的经营管理能起到重要作用。

3. 适合标准

人才选用需要德才兼备，但并不意味着完美无缺。现代企业在选用人才时，必须要明确选用人才的岗位目标，根据不同的岗位、不同的管理目标选择不同的人才。适合标准指的是人才选用要符合企业实际发展的需要。脱离企业实际，盲目追求高学位、高学历、高资历是十分有害的。

1）选用的人才能与企业的岗位需求一致。人才的构成是多方面的，但有其突出的方面。

突出的方面就是人才的特长。选用人才是选用人才的特长，而这种特长能符合企业岗位管理目标。特长与岗位需求相符就是人才选用成功的标志。

2）选用的人才能与企业未来发展目标一致。现代企业犹如逆水行舟，不进则退。求生存必须求发展。人才选用要考虑现在需求，更重要的是考虑未来需求。人才符合现在岗位目标是重要的，但还必须符合企业未来的发展目标。因此，选用的人才要有发展潜力，这种潜力能与企业发展目标一致。具有发展潜力的人才是现代企业可持续发展的中坚力量。

3）选用的人才能与企业的实际一致。现代企业十分需要高学位、高学历、高资历的人才。然而，企业的实际如不利于“三高”人才的能力发挥，则需谨慎行事。人才可聘用价值的全部意义在于产生最佳的人才运用效益。人才运用效益除了人才自身的条件外,另外一个重要原因就是人才的“用武之地”。企业不能向“三高”人才提供“用武之地”,企业的实际不符合“三高”人才的专业特长,人才就无法施展自己的才华,那么,人才运用的效益也就无从产生。超市聘用博士生做收银员就显得“无的放矢”。超市收银员岗位是无法发挥博士生专业特长的。凡是与企业实际不一致的人才运用,最终会导致人才流失。大材小用、小材大用都是人才选用之大忌。

4. 选人切勿求全责备

选人切勿求全责备,能容人之短。容人之短,不求全责备是现代企业人才选用的一种超常规思路。容人之短与用人之长是矛盾的统一。用人之长是一般的管理行为,而容人之短决非一般的企业能够做到。能人,特别是超级能人都有其明显的短处。最大的优点可能也是最大的缺点。现代化企业快速发展依靠的是有特殊能力、特殊个性的人才。这种人用传统的德才标准衡量是有缺陷的,但这种人具有实现企业目标的特殊才能。德才“完备”,但不能实现企业目标,那么这种“完备”会失去意义和价值。德才并不完美,但能以特殊才能实现企业的目标,那么,具有这种不尽完美德才的人,应该成为企业优先选用的人。不求全责备,能容人之短,是人才选用中最富有智慧和魅力的行为。

人才选用还要注意消除偏见。什么叫偏见?偏见是个体对于社会中的人和事因其片面性的、不切实际的认识而产生的消极态度。偏见是一种主观的、错误的、先入为主的顽固看法。在人才选用中,一要消除性别偏见,真正做到男女平等;二要消除年龄偏见,真正做到量才录用;三要消除地域偏见,真正做到“五湖四海”;四要消除相貌偏见,真正做到不以貌取人。

在人才选用上,消除偏见的关键是企业要树立“求贤若渴”的意识,要以发展的眼光选用人才、爱护人才。

5. 我国传统文化中择人的标准

中国传统文化中对人才的选择有过精辟的见解和论说。这些见解和论说在今天仍然有很高的实用价值。它们对现代企业人才选用起一定的借鉴作用。

1）言语不多的人往往是大才。“大音希声，大象无形”，老子认为真正的大才是不愿表现自己、不善推销自己的人。卖弄才华在古代是为贤者所不齿。“喜卖弄者多无真才实学”。善于表面逢迎的人一般是没有真本领的。“大智若愚”者乃是人中上品。

2）人才必须德才兼备。贤人治政是古人管理的一种目标。但贤人要具有优秀品德。选拔品德高尚的人，才能使人心悦诚服，使坏人受到威慑，使事业取得成功。古人认为，选拔德才兼备的贤者，即可无为而治，使民心归附，国家安定，反之，则众叛亲离，国破家亡。

3）听其言，观其行。对于贤人既要听他的话，更要看他的行动，行动是最好的证明。德才胜过口才。巧言令色的人缺少仁德，惯于说大话的人不善于做实事。孔子曾说过：“以貌取人，失之子羽。”子羽是一位贤人，但相貌丑陋未被孔子接受。为此，孔子十分后悔地提出识人不能只看表面，应看其实质，看其真才实学。

4）在实践中辨别贤愚。古人认为选人才必须要以事实为依据，通过实践去鉴别。好人坏人都必经过考察，决不人云亦云。考察人要看他的动机、方法和结果。只提拔那些经过考察后确认是应该提拔的人。

5）人尽其才。古人认为人才的性情、才能、德行、志趣等都是不同的。只有把他们放在合适的岗位上，才能最大限度地发挥人才效应。各人的能力不同，对他们的管理要求也不同。要充分运用人才的特长。

6）对像爱自己一样爱他人的人可以重用。老子说：“故贵以身为天下，若可寄天下；爱以身为天下，若可托天下。”这段话的意思是能够珍惜自己生命去珍惜天下生命的人，才可以把天下寄托给他，以爱惜自己生命去爱天下的人，才可以把天下托付给他。作为古代的贤者，必须要以爱己之心去爱他人，真正做到“己所不欲，勿施于人”。

第二节　人才结构

在现代企业中，每个人的作用都是有限的。只有将个人的作用变为群体行为时，个体的作用才会产生效益。合理的人才结构是现代企业抢滩占地、立于不败之地的基础。人才结构一般包括：专业结构、智能结构、气质结构、年龄结构、群体结构等。

一、专业结构

企业是现代社会的一个子系统。为了适应社会发展的需要，企业必须要具备各种专门人才。

合理的专业结构是指企业应具有多层次、多样化的专门人才。他们之中，有从事信息情报、战略决策、经营管理的，也有从事科技开发、技术操作、市场开拓的。合理的专业结构必须能达到专业互补。专业互补是人才选用中的一条重要概念。专业互补通常是指文理互补、通才与专才互补。文科专门人才擅长宏观规划、战略决策等。理工科专门人才则擅长科技开发、科技运用等。专才适合专业性强的工作，通才适合变化多的“边缘”性工作。专才的特点是有工作的深度、力度，通才的特点是有工作的广度、宽度。专才的特点是锲而不舍，通才的特点适应变化，善于在变化中抓住机会。显而易见，专业互补能形成合理的、立体的专业结构。在这个专业结构中，文理相通，专才、通才相容。专业互补的群体能应付企业活动中碰到的各种问题，使企业处于不断发展之中。

二、智能结构

智能是指运用知识进行创新的能力。它是企业专门人才智慧创造力的一种反映。在创新至上的现代社会中，专门人才的智慧创造力是现代企业走向繁荣的决定力量。

现代企业必须要拥有各种智能的专门人才。让理工专业的专门人才，运用智慧，把知识转化为新科技、新产品、新服务。让文科专业的专门人才，运用智慧，把知识转化为新战略、新策划、新管理。

由于每个人的生活环境、工作环境、文化教育的不同会造成专门人才在智能上的差异。强求企业专门人才的智能一致是不现实的，也是根本不可能做到的。企业的合理智能结构应该是"金字塔"型。智能结构是现代企业创新能力的根本。合理的智能结构是现代企业科技创新、管理创新、意识创新的制胜之本。

三、气质结构

人的气质除了遗传因素外，主要是由人的生活环境、社会经历等形成的。现代企业应该是各种气质的人相容相处的整体。毫无疑问，单一性格、单一气质的人才聚在一起，不但不利于企业的管理，而且会给企业的工作带来极大的威胁。现代企业的创新往往是各种气质、各种性格撞击所产生的结果。现代企业容纳各种气质的人才，就能形成理想的人才气质群体。这个群体既能果断决策，又能自知自明；既能猛打猛冲，又能权变谋略；既能百折不挠，又能随机应变。合理的气质结构是一种气质互补。不同气质的人取长补短，相得益彰。在性格上有开朗、活泼、善于交际的人，也有沉着、稳重、不善言语的人；在志趣上有广泛涉猎的人，也有深入钻研的人；在脾气上有热情豪放、不拘小节的人，也有稳健老练、善于自控的人；在气度上有大胆泼辣的人，也有慎言慎行的人。气质互补，兼收并蓄能使现代企业呈现出健康向上、欣欣向荣的局面。

四、年龄结构

年龄结构是指人才整体中不同年龄层次的组合。实践证明，年龄是人的心理功能、知识积累、经验丰富的标志。不同年龄阶段的人才具有不同的资历、不同的智能和不同的经验。合理的年龄结构是人才整体发挥最佳群体效能的重要因素。

通常，老年人资历丰富，观察问题、分析问题深刻，能统筹全局，把握方向；中年人年富力强，思路开阔，在艰苦的情况下也能开拓前进;青年人精力旺盛,体力充沛,富有创新热情,在企业经营中能猛打猛冲。合理的年龄结构,就能使人才各尽所能,各献其智,共同提高。为了更好地形成人才的年龄组合,现代企业必须要破除传统的观念。传统观念认为,人的年龄越大,经验越多,能力也越强。但现代社会由于知识更新速度的加快,使年龄与智力和能力已经没有必然的正比关系。比如年轻人运用电脑的能力、运用高新技术的能力超过中老年人已成为现今社会的普遍现象。为此,现代企业要敢于起用中青年人,善于起用中青年人,充分发挥他们的聪明才智。因为他们正处于创造力的最佳年龄段。不及时地起用就是压制人才、浪费人才。事实证明,人才合理的年龄结构也是现代企业发展的需要。"江山代有人才出",这是社会发展的必然规律。青年人终究要代替老年人的。但青年人的成长离不开中老年人的培养。没有合理的年龄梯队,企业的事业有可能面临青黄不接、后继无人的威胁。

五、群体结构

专业结构、知识结构、智能结构、年龄结构等讲到底是为了形成一个合理的人才整体,以产生最佳的企业管理效益。人才的群体结构是现代企业不得不认真研究的问题。

有的管理学家认为,理想的群体知识结构应该像一只雄鹰。人才的宏观理论知识是鹰的头脑,人才的管理实践知识、生产科研知识是鹰的身体,数、理、化、生以及中外语言知识是鹰的双翼,获取信息、运用信息知识是鹰的耳目,思想工作、鼓动人的知识是鹰的足和尾。按鹰状结构配置人才,形成群体知识结构是一种较理想的结构。

另外有些管理学家提出 T 型和 A 型组成的整体结构。T 型人才是指知识广博(用"一"表示),专业上有一定深度(用"1"表示),组合起来就是 T 型。A 型人才是指专业上拥有双学位、高学历,形成一个知识的扇面(用"八"表示),其他知识面广博(用"一"表示),组合起来就是 A 型。面临新世纪,企业创新成为企业发展的重要因素。企业创新靠的是具有创新能力的专门人才。A型人才拥有知识、学历的优势,这些优势使A型人才更适合担任企业高层次的管理工作。这类人才一般具有超前的意识、竞争的意识、发展的潜力。现代企业需要有A型人才把握方向,拓展空间。一些专业性较强的岗位,以选用T型人才为好。T型人才是现代企业创新的基础。换言之,现代企业应该拥有少量高学历、高学位的人才,大量的是有真才实学、有一定专业知识的人才。以少量A型、大量T型人才形成的群体知识结构是一种比较合理的群体结构。

第三节　人才培训

广义上的人才是指适应企业性质、岗位要求的每一个员工。狭义上的人才是指企业关键岗位上的专门人才。人才培训是面向全体的,但关键岗位专门人才的培训是重点。现代社会的人才竞争,主要是关键岗位上的特殊人才、优秀人才的竞争。“千军易得,一将难求”是不容怀疑的客观现实。因此,现代企业要想取得人才竞争的优势,除了重视选才、人才结构外,还要重视特殊人才、优秀人才、关键岗位人才的培训。通过培训,专门人才能真正适应企业的需要,为企业的发展作出较大的贡献。

有人问松下公司的创始人松下幸之助:“贵公司生产什么?”松下老先生回答说:“我们造人,也造机器。”在现代社会里,一个企业要具有竞争力,必须拥有一定数量具有竞争力的人才。在社会主义企业里,高质量的人才必须具备为社会主义事业奋斗的理想、道德和纪律,具备学习科学技术和管理知识的文化水平,具备创造先进科学技术和管理的专业知识,具备掌握先进技术装备和管理现代化技术的技能。因此,重视人才培训,加快智力开发,是加快我国社会主义现代化建设的有效途径。

一、明确人才培训的目的

在现代管理中,没有无用的人,只有无能的领导。任何人只要经过一定的培养、适当的安排,都能有所作为。然而,各个岗位对人才有不同的需求，这便形成了人才培训上的层次性。日本的松下公司注意人才培训的普遍性和专门性。

松下公司每年 4 月从应届大学毕业生中招收职工。这些大学毕业生进来后，先集中两周学习公司的经营思想，再把他们分到各事业部所属的生产工场，让他们实习七周时间，直接参与产品的制造、生产过程。然后把他们分到松下公司的销售点，看松下的产品是怎样销售的，并用八周时间让他们亲自给顾客送货，实际体验销售过程。最后，有三周时间，让文科毕业生到各生产部门学习物价和成本管理，让理科毕业生到各生产部门解决实际问题，例如，找出某个产品不合格的原因。这就是对新职工进行的普遍性培训。接下来便结合各人的具体工作进行专门性的培训。让搞经营管理的跟着部长学经营管理，让搞系统工程的结合工作学系统工程。两三年后，这些人便成为企业的骨干力量。对其中一些准备培养成干部的人，在他们工作七八年之后，还要对其进行预备教育，以及工作所需的其他教育，例如，派往海外人员的专门培训。工作十年后，进行主任级的培训，合格的可以提拔当主任。十三四年后再进行当科长、部长的专门培训。对这些人，主要是进行经营战略的教育和研究。上层干部的培训工作直接由社长掌握。这就是松下幸之助所说的："在创造产品之前，首先要造就人才。"

二、人才培训的原则

培训人才的过程，是塑造人、改造人的过程。在现代管理中，人是一切管理因素中最积极、最能动的因素。因此，培训人才是一件十分艰巨而复杂的工作。它要有科学的原则和认真的态度。

1. 以身作则原则

以身作则原则在培训人才过程中十分重要，因为榜样的力量是无穷的。以身作则原则要求领导人比任何人更勤于工作、勤于思考，事事走在别人的前面。能冷静地、有条不紊地处理各种复杂的问题，生活作风要严谨，公私要分明。领导者的优良作风，是培训人才的基础。有时下属对领导的言行似乎漠不关心、不闻不问，实际上观察得很认真。他们会模仿领导的优点，有时也会模仿领导的缺点。领导自己能认真工作，下属对工作自然会一丝不苟；领导讲话注意态度，下属就会受耳濡目染的影响。以身作则原则要求领导在实际工作中感化部下，影响部下，这是培养人才的最基本条件。

2. 信任原则

培训人才，关键在于信任。因为信任比友谊更重要。信任原则要求领导者放手让下属工作。凡是部下能干的，就让其独立完成。领导者不要重复下属承担的工作。信任原则要求领导者必须打消下属的依赖性。碰到问题，领导者不要急于表态，应先听听下属的意见，培养他们独立思考、独立处理问题的能力。过分依靠领导的人，不仅不会进步，而且也不会有发展前途。在工作中要允许下属犯错误。挫折往往是最好的老师。因此，领导者对部下的工作不要过于追求尽善尽美。提出的要求太多、规定的条条框框太复杂，会束缚部下的手脚。如果领导者对人才的要求只是“安全第一”，那么就不可能培养出积极进取、具有开拓精神、热爱本职工作的人才。美国一些企业规定，新进企业的管理人员在初来的一年里必须要犯 1～2 次合理性的错误（所谓合理性的错误是指积极开展工作中的错误），否则就会被企业解雇。错误和进取往往是连在一起的，只有在进取中犯错误，人才才能逐渐地成熟起来。

3. 循序渐进原则

对人才培训不能急于求成，要循序渐进。事业在于人。用人的真谛是如何引出他们的努力，发掘他们的潜力。必须认识到，经过短期培训即起“立竿见影”作用的人才并不多。相反，笨拙但肯下苦功夫慢慢磨炼而成的人，往往可以成为刚毅、智慧、堪当重任的人才。要从各个角度去分析、判断每个下属的个性、工作作风、工作成绩，然后因人而异地制定循序渐进的培养计划。循序渐进原则要求领导者在培训人才方面一定要有耐心。

三、人才培训的方法

人才培训既是一门科学也是一种技巧。注意人才培养的方法,就能在人才培养中得到事半功倍的效果。

1. 示范式培训法

示范式培训法是指领导先做示范,解答问题,然后让下属自己去实践,表扬好的,提醒不足的。先做示范,再让下属实践,然后对工作情况进行评论,这种程序之所以重要,主要是因为它可以使下属尽快体会到工作的乐趣。因此,领导者应注意将最好的技能、最先进的工作方法传授给下属,使他们能顺利地熟悉工作,获得成功,树立工作的信心。示范式培训法比较适合培养技术专门人才。

2. 放手式培训法

放手式培训法是指领导者放手让下属独立完成工作。通过独立工作培养下属的工作能力和工作责任心。放手式培训法要求领导只对下属下达工作目标及完成工作目标的期限。下属为了达到工作目标,可以采用各种方法。这样,有利于培养下属认真思考、勇于实践的精神。在实践中,下属难免会犯错误。要允许犯错误。错误会引起下属警觉而改换方法。放手式培训法最忌的是领导干涉太多,处处防备下属出事。人才培养要防止急性病,要让下属在失败和挫折中增加才干和经验。

然而,放手式培训法也并不意味着放手不管。对下属的工作方法可以放手不管,但要观察他们是否偏离工作目标。发现偏离目标,应及时地加以校正。对于那些放手后不知所措的新手,要进行适当的具体方法和工作程序的指导。给下属下达工作目标和工作期限时,要留有一定的余地,让下属有提高和超额完成的可能性。这样,有利于培养下属的工作兴趣。

3. 在岗培训法

在岗培训法是指将下属直接放到一定的岗位上培养,让其独当一面。这是一种快速培训人才的有效方法。这种方法比较适合培养管理人才。在岗培训法的核心是规定任职期间的目标。

任职目标可以由多层次组成，即近期目标、中期目标、远期目标。近期目标以 3～5 个月为好，中期目标以 1 年左右为好，远期目标以 2～3 年为好。任职目标必须明确，这样，会使下属大胆考虑和设计全面工作，从而全面提高领导素质。任期目标可以自下而上产生，可以由下属先提出，领导者只是给予技术上的指导。任期目标要注意突出重点，不要过分庞大、计划太多，以免分散精力，影响任期目标的实现。

4. 启发式培训法

启发式培训法的特点是循循善诱，启发下属的内在动力。启发式培训法的具体做法是：领导者主动提出问题，同下属进行平等讨论。领导者用“我是这样想的，你看如何呢？”这样的话劝说对方，以便引起对方的讨论兴趣，启发下属的积极思维。有时，可以交给下属某项工作，然后倾听他们准备完成此项工作的计划。在完成工作计划的过程中，主动地提一些问题，请他们回答为什么要这样做。启发式培训法比较适合那些专业性强、自我意识和自尊心强的人。因为他们自恃才高，不喜欢过分的束缚，命令型的管理方法有时不仅不会有效，反而会遭到消极反抗。对这类人的培训主要是尊重他们的自尊心，然后，因势利导地交给工作，以提高他们各方面的能力。

四、人才培训的主要内容

1. 规划能力

企业的发展离不开规划。规划能力的培训旨在提高专门人才总揽全局的能力。企业高级管理人才的规划能力，关系到企业战略的制定；中级管理人才、专业部门人才的规划能力，关系到企业战略的实施。规划是一种调查研究、制订方案、方案决策的系统管理行为。通过规划能力的培训，专门人才能消除片面的、顽固的、局部的、脱离实际的思维方式，树立宏观管理意识、一切从实际出发的观念，产生企业整体的管理效益。

规划能力的培训主要有三部分内容：

一是战略规划。战略规划又称长期规划。战略规划时间一般在五年以上。战略规划的本质是一种理念，是一种与企业实际、企业性质一致的发展蓝图。在战略规划下，有指导规划实施的原则、方针、政策。

二是战术计划。战术计划又称工作计划。工作计划是为战略规划服务的。工作计划时间一般在一年之内。工作计划包括一系列实施方案。实施方案比工作计划更具体，更具有可操作性。

三是目标预测。规划和计划是以未来情况的假设为定位的。假设客观与否是企业规划能力的反映。预测能力直接关系到战略规划、战术计划的客观性。预测可以通过市场调查、效益统计、企业发展趋势分析等实现。

2. 管理能力

管理能力主要是指人才在从事工作时的计划、组织、控制能力。管理能力是人才的一种实践能力。企业的战略规划、战术计划要变成现实、产生效益，必须靠强有力的管理。人才的管理能力，可以保证企业目标的实现。

人才的管理能力培训的基本内容是：

首先让人才懂得如何正确理解企业的战略规划，善于把企业的战略规划分解为自己部门、自身的管理目标，从而产生适应企业实际、部门实际、自己实际的工作计划。

其次让人才懂得如何按照计划内容，合理配置自己工作范围内的各种管理要素，形成有机的组合，保证计划目标的实现。

最后要让人才懂得如何运用各种管理方法把管理活动牢牢地控制在目标范围之内。

人才的管理能力是一种综合能力。计划、组织、控制是人才最基本的管理能力。

3. 改革创新能力

现代社会的高速发展、知识经济的到来，要求现代企业管理者必须要有改革创新的能力。“变则新，不变则腐”、“变则活，不变则亡”,这将成为21世纪企业生存发展的规律。作为企业的专门人才,必须要树立改革创新、有所作为的观念,善于在社会变化、市场变化、公众变化中抓住机会,发展自己。人才的改革创新能力决定了企业未来发展的命运。企业美好的未来不是等出来的,而是创造出来的。

人才的改革创新能力培训的基本内容是:

1）观念创新。企业专门人才的观念创新是现代企业改革创新的先导。如传统观念认为,企业是一个经济组织,企业价值的根本体现是赢利。然而,社会发展使企业不仅要追求经济利益,还必须追求社会效益,服务于社会,促进社会的进步。对企业价值的认识就是一种观念创新。

2）目标创新。目标创新是观念创新的思想体现。现代企业要实现超常规的发展,跟上时代的步伐,必须有超常规的发展目标。超常规的目标就是一种目标创新。目标创新的力度强弱反映了专门人才改革创新的能力。目标上因循守旧,不敢创新,决不可能有行动上的创新。

3）计划创新。计划是实施企业战略、谋求企业发展的手段。计划创新可以推动现代企业战略目标的实现。计划创新是企业专门人才实践能力的反映。

4. 交际能力

现代企业生存和发展离不开社会方方面面的理解和支持。如何获得他们的理解和支持是现代企业值得认真思考的问题。企业人才的交际能力对于企业获得社会方方面面的支持起重要作用。交际能力是待人接物、与人打交道的管理艺术。虽然,人才的交际能力是由其生活经历、气质、个性决定的,但对于大多数人才而言,通过培训都可在一定程度上改善和提高这种能力。

人才交际能力培训的主要内容是:

1）交流。信息交流是产生友好相处、亲密合作的基础。经常通气、沟通情况、交换意见能增强彼此的了解,让误会和摩擦消除在萌芽状态之中。信息交流有多种形式,如定期和不定期的信息发布会、情况通报、征求意见以及主动提供有价值的资料、信息、真诚谈心等。人才的交流能力决定了信息交流的效益。

2）尊重。充分尊重他人是获得理解和支持的根本。懂得尊重他人是一种情操，也是一种管理技巧。作为企业的专门人才，尊重的主要对象是：上级、同级、下级和各类社会公众。

尊重上级的最好办法是服从领导，尊重同级的最好办法是真诚合作，尊重下级的最好办法是给予肯定和支持，尊重社会的最好办法是千方百计地满足他们对产品服务的需求。尊重他人是良好人际关系的开端。

3）语言。运用恰当的语言表达自己的情感，争取取得他人的理解和支持，是人际交流中的一种技巧。善于交际，必须善于运用语言。不善语言者，即使“真理在手”，也很难得到他人的理解和支持。语言是良好人际交流的工具，是企业专门人才交际能力最直接的体现。

4）支持。最好的人际交流莫过于支持对方。支持他人能争取朋友，最终是支持自己。在人际交往中，支持他人最好的做法是：在他人受到挫折时，能以语言和行动热情鼓励；在他人取得成绩时，能及时地表示祝贺和称赞。

5）理解。“理解比友谊更重要”。以理解产生的友好合作是稳固的、长远的。在人际交往中，要设身处地为他人着想。要多一分理解，少一分埋怨，多一分合作，少一分指责。以“顾客总是对的”作为人际交流中的座右铭。

第四节　人才使用

“治国之道，唯在用人”，现代企业能否成就事业，关键在于用人。人才选用、人才培养是为了人才使用。用人是人才管理中最复杂、最难以把握的部分，必须慎而又慎。事实证明，人才使用对现代企业的兴衰成败起决定性的作用。广义的人才使用指各种不同性质的用人。狭义的人才使用是指关键岗位上的用人。人们通常讲的人才使用主要是指后者。

一、现代企业人才使用的一般模式

一些管理学家认为,古往今来的用人模式主要有四种,一是重用,二是使用,三是利用,四是用而不用。这四种用人模式适合不同的人才对象。

1. 重用

重用是指企业将人才放在重要的岗位上,并授予重要的职权。重用是人才使用中常用的战略性的选择。被重用的人才,在个体素质、个体能力方面对企业的经营管理起重大影响。能够受企业重用的人才一般应具备几个基本条件:

1) 德才兼备,有强烈的事业心。

2) 办事公道,在企业员工中有一定的影响和威信,能得到大多数员工的拥护。

3) 能全面理解企业战略目标,有总揽全局的能力。

4) 雷厉风行,忠于职守。

毫无疑问,重用是企业领导行为,企业领导的看法决定了人才受重用的程度。在现实生活中,经常可见符合以上四条标准的人(除去第三条)不一定受重用,因为领导不喜欢;而不符合以上四条标准的人有可能受重用,因为领导喜欢。从理论上说,重用一定要和人才的德才能力相符合,但在实践中未必都是如此。因而,重用什么人是现代企业,特别是国有企业需要认真研究,有待解决的重要问题。

2. 使用

使用是指将人才放在合适的岗位,既没有拔高,也没有压低。使用是现代企业经常性的用人行为。被使用的人才一般都具有一定的素质,并能得到企业领导者一般的信任。被使用者的基本条件是:

1) 有德才素质,有事业心。

2) 在特殊才能方面尚不明显,但能胜任指定的工作。

3）能得到企业领导者一般的信任。

4）有一定的群众基础。

企业在使用人才同时，也是在考察、熟悉、培养人才。通过使用，进一步考察他们对企业、对企业领导的忠诚程度，以及胜任工作的能力，从而在众多的使用者中发现一批有发展潜力的、值得重用的人才。值得注意的是，企业在使用人才时，必须要坚持一视同仁的公正性、用其所长的合理性、鼓励冒尖的竞争性，让人才尽快地脱颖而出。

3. 利用

利用是指企业对人才缺乏了解、信任感，但人才尚有“可用之处”而作出的用人选择。利用是现代企业非经常性的用人行为。利用，用的是人才的特长。利用二字尽管不能登现代企业管理高雅之大堂，但作为一种管理现象是确确实实、真真切切地存在着。在有些企业中，企业领导不信任某人，并抱有严重的偏见，但为了企业，或为了自己的利益，不得不违心地暂时“任用”。利用，一般都具有一定的特征。

1）利用对象的工作受到一定的监控。

2）利用对象的工作范围、职权有限，对企业的全局起不了大的影响。

3）企业领导者与被利用对象缺乏共同语言，难以真心沟通，互存戒心，但又各有所求。

4）利用有时具有一定的伪装性，难以被被利用者觉察。

5）被利用者一般都有一定的能力。

利用和被利用是一种客观的管理现象。但就一个具体的人而言，这种关系是可以转变的。被利用者应“以忍为先”，少一点牢骚，多一点贡献。作为领导者应全面观察，务必杜绝恶意伤害。在利用过程中，企业领导发现被利用者确实能力很强，素质很高，以前的看法是一种道听途说，此时利用可能会变为使用，甚至会重新任用，给予重用。不可否认，在现代企业中，并不是每个人包括人才都值得企业重用和使用的。有时，为了调动这部分人的积极性，至少不让他们在企业制造麻烦，利用不失为一种较好的用人选择。

4. 用而不用

用而不用是指形式上用、实际上不用。这是一种以用为手段，达到不用的目的。这是现代企业非正常的用人方法。适用对象是德才较差、基本上不能信任者。所谓的用也是随便安排差事让他干，只要不让他闲着就可以。事实上，各个企业都存在着企业领导认为“成事不足，败事有余”的无用的、但又不得不用的人。特别当他们有特殊背景时，情况会显得更为复杂。用而不用其实是现代企业的一种无可奈何的用人选择。必须承认，用而不用是一种人才浪费。从理论上说，没有一个人是无用的，关键在于人才运用和管理。一个企业视为无用者，未必在另一个企业也是无用者。因此，变无用为有用的办法是人才流动，让人才在流动中找到适合自己的位置。

二、用人之长

“用其之长，避其之短”是人才使用的基本原则。现代企业在使用人才时，必须仔细分析、认真研究人才的特长。有的人才具有宏观战略思路，有较强的组织能力；有的人才思路敏捷，判断正确；有的人才聪明过人，有真知灼见；有的人才任劳任怨，埋头苦干；有的人才善于理解领导意图，认真贯彻执行；有的人才廉洁奉公，铁面无私。将这些不同的人才安排在最能发挥他们特长的岗位上，就能最大可能地发挥他们的才能和优势。

用人之长首先是择长而用。现代企业应该全面了解人才的专业特长、智力优势、性格特征、兴趣爱好，然后择长而用。择长而用，能使各级、各类人才各得其所，各随其志，各献其功。

用人之长其次是能级对应。能级是指能量的等级。人才是分层次的，各个层次的人才按不同的能量安排在不同的岗位上，就能产生能级层次流动，从而形成一个良性的管理运动。能级对应是用人之长的最佳方法之一。如将埋头苦干、但缺乏宏观领导才能的劳动模范一下子提到总经理岗位上，让大学校长去当幼儿园的园长，让不善交际的人搞产品推广等是违背能级对应原则的。凡违背能级对应原则的用人方法都会造成误才、压才、害才的不良后果。

用人之长最后要注意用动态的观点看待人才的特长和特短。人才的长短是比较存在的。今天的长，并不意味着明天的长。同样，今天的短，也并不意味着明天的短。因此，要正确区别暂时的专长、衰退中的专长、人才发展中的专长和潜在的专长。在一定的条件下，长短是可以相互转化的。比如，能双手打算盘的会计在过去是人才的专长，但现在已不是工作上的专长，因为算盘已退出了会计工作领域。性情暴烈、不听指挥绝对是人才的特短。但在战争条件下，这些特短有可能变成特长，造就特殊的军事才能。美国的麦克阿瑟、巴顿就是这类人物。因此，现代企业在用人之长时，必须要以发展的眼光、动态的观点去“取长”、“用长”，克服人才使用中的短期行为。

三、用人当时

用人当时是指适时地、及时地起用人才。人才的成熟可以分为三个阶段，即：前成熟期、成熟期、后成熟期。在人才的前成熟期使用，是人才利用率最高的。通常，人才的最佳年龄段是在35～55岁之间。三个阶段的具体划分是因人而异的。按人才成熟的一般规律而言，前成熟期是在35～40岁之间，成熟期是在40～50岁之间，后成熟期是在50～55岁之间。显而易见，人才使用得越早，人才使用的时间也就越长。现代企业若能捕捉人才起用的最佳时机，就能提高人才使用的效益。

用人当时可以充分利用人才的最佳时期，避免无形的人才浪费。如果在人才能力、精力都是最旺盛的时期不能及时起用，等过了峰值年龄，即使再起用，人才使用的时间也就所剩无几了。

用人当时可以对人才产生激励作用，使人才更加努力勤奋地工作，回报企业的信任和培养。

不容置疑，起用35岁和55岁的人才，其产生的激励效用是不同的。35岁的人会把起用看成是一种信任、重用,往往会激动万分,从此会更加忠心耿耿于企业、企业的领导。起用55岁的人尽管也会起到一定的激励作用,但很少会有感情震动,一些人会认为这是“合乎情理”的,是对自己历年工作的一种照顾和安慰。

用人当时还可以对人才起培养提高的作用。人才是在实践中成长起来的。及时起用人才可以创造更广阔的时间和空间,让人才充分展示才能。企业可以根据人才的实际表现,作出进一步的安排。现代社会的人才竞争,主要反映在高层次专门人才的竞争。企业需要高层次的人才,而高层次的人才不可能轻易造就,他们是通过一定的层次摔打出来的。用人当时,可以为高层次的人才打开绿色通道。

四、给予信任

善于使用人才的企业都能从多方面尊重、关心、信任人才。企业对人才的关心、培养、照顾必然会转化为人才对企业和企业领导的忠诚,进而愿为企业的发展竭尽全力。要使人才死心塌地为企业服务,企业首先要将人才视为知己。“士为知己者死”,不管在古代还是现代都是一种客观存在的社会现象。跨入新的千年之际,企业要通过信任发展一种企业与人才之间的相互依存、相互联系、相互促进的新型关系。

1. 激励

激励是对人才的一种最大信任。激励可以促进人才积极进取,使人才对工作目标、权力等产生美好的憧憬,继而对企业产生强烈的归属感。激励的形式多种多样,企业要把握人才的实际,采取合适的激励方法。

1)给予名誉。给予名誉是激励的重要方式。有些人才珍惜名誉胜于自己的生命。为此,企业要根据人才的能力、贡献,授予一定的称号、一定的职权,并通过一定的途径,宣传人才的贡献和所获的荣誉,以体现企业对人才的信任。

2)给予共享。人才为企业创造利益,企业要以一定形式回报。给予股份、利润分成、超额提成等都是较好的回报形式。给予回报是现代企业的一种激励机制。实际上，给予适当回报也是企业对人才工作的肯定和信任。

3）给予重任。当人才出色地完成某项任务后，企业应给予更重要的任务。给予重任是对人才能力的肯定和信任。这种形式的激励有时比直接的物质奖励更有效。给予重任能够使人才的命运与企业的命运紧紧连在一起。

4）给予进修提高。人才在完成一个阶段工作后，企业应创造机会让其进修提高。在知识经济时代，这一点显得尤为重要。进修提高能让人才更新知识，学习新技能，以适应未来发展的需要。给予这样的学习机会是一种激励，是一种信任，人才会为之而振奋不已。当然，这区别于企业安排空闲人员的进修学习。这两种学习从本质上是完全不同的。

5）及时赞赏。及时赞赏也是鼓励人才上进的一种方法。赞赏是一种信任和肯定。真诚的、恰如其分的赞美能激励人才的工作兴趣，体现工作价值。赞美能使人才的能量得到最大的发挥。

2. 爱护人才

现代企业必须爱才如命。爱护人才是对人才的最大信任。在人才受到诽谤时，企业能为其澄清事实，在人才碰到困难时，企业能助其一臂之力，在人才陷入人事纠纷时，企业能为其排忧解难，在人才情绪低落时，企业能激起其工作、生活的热情。这些都是现代企业爱护人才的鲜明特征。对人才最大的信任就是爱护。

3. 授予权力

授予，是企业信任人才的最直接体现。“不在其位，不谋其政”、“在其位，谋其政”乃是良言。让人才完成一定的工作，必须授予一定的权力。在授权过程中，企业必须坚持“疑人不用，用人不疑”的原则。通过授权，人才意识到企业对其的培养、关注和信任。授权最忌的是举棋不定、犹豫不决，在关键时刻“该授权时不授权”。凡出现这种情况，必然会挫伤人才的积极性，甚至导致意志从此消沉，因而，由此产生的后果十分严重。比较好的做法是，企业在授权之前慎重考虑，一旦考虑成熟，立即付诸行动。在非常情况下，可以临时授权。对人才授权一要注意职权相称，授予与其职务相称的权力。二要才权相称，授予与其才能相称的权力。三要弹性控制，授予的权力有一定的回旋余地。人才完成任务好，可以授予更大的权力，完成任务不好可以减少权力，也可以收回权力。

第七章 现代管理中的谈判工作

第一节 谈判的目的和原则

一、什么叫谈判

谈判是现代管理的重要组成部分。它是人际关系中一种特殊的双向沟通的交往形式。它是有关组织或个人为了保持自身利益，缓和冲突，与他方进行反复磋商，以求达成协议的过程。

因此，人们为了改变相互关系，取得一致的意见而交换意见、磋商协议就叫谈判。

二、谈判的目的

谈判是为了维护自身的利益，同时又考虑到他人利益的行为过程。谈判的每一方都希望通过谈判得到直接和间接的需要。所以在谈判中，能主动考虑双方的需要，就能获得谈判的成功。凡是忽略对方需要，将谈判仅作为是一场一方全赢、一方全输的赌局者，结果必然是双方都将失败。一场成功的谈判，应该使双方都认为是胜者。谈判的目的不是为了击败对方。即使其中有一方不得不作出重大让步时，整个利益的格局也应该是双方各有所得。必须牢记，谈判是一种合作事业，它追求的是共同利益。

三、谈判的原则

为了使谈判获得成功，现代管理在进行谈判活动时，必须要遵循三大原则。

1. 合作原则

谈判的目的是为了达成有利于双方的协议。为了达成协议，谈判的双方必须能在合作的基础上进行。尽管，谈判的技巧、风格各不相同，但是，态度应该是真诚的。如果没有合作的诚意，就不可能获得谈判的成功。没有谈判的成功，也就没有什么利益可言了。

2. 互利原则

互利原则既是谈判的出发点，也是谈判的归宿点。任何一项协议，都是因为双方利益不同才产生达成协议的愿望。买主和卖主对商品和钱都喜欢，但偏爱的对象不同。卖主对钱的兴趣超过对商品的兴趣，买主则相反，对商品的喜欢程度超过钱。这两者之间，尽管利益的对象不同，但都有自己特定含义的利益。互利原则要求谈判者在一方利益得到满足时，不能得寸进尺，穷追不舍，应该当止即止。在谈判中，利益有一个临界线，即谈判的临界线。一旦超过这个利益临界线，就会发生失去控制的、毁灭性的反应。一项完全一边倒的协议，往往也包藏着自我毁灭的祸根。比如在业务谈判中，谈判的一方不顾对方的物力、财力、技术能力，只是一味地要求对我有利的产品质量、交货时间、产品价格，结果必然是谈判失败。即使对方为了全局利益，勉强达成了协议，但是，由于脱离了对方的客观条件，也不可能很好地履行协议，最终有可能在对方利益遭到损害的同时，自己的利益也受到损害。为此，通权达变的谈判者，都以“互相利益”为原则，争取谈判成功。所谓的谈判赢家，决不意味着摄取一切利益，而所谓的输家也必须能在某些方面得到满足。互利原则要求谈判的双方都应该将对方看成是问题的解决者，从而将谈判的眼光聚集在利益上，而不是立场上。既不屈服于压力，也应以理服人，对谈判主题既紧抓不放，也应真诚待人。

3. 利益基本均等原则

谈判是互利的,但互利并不意味着利益绝对均等。谈判的双方各自付出和收进的利益只能是基本上相等,但决不可能完全相等。因此,现代管理者对谈判要有一个客观的期望值。过高的期望值会破坏利益基本相等原则。谈判的双方都不能追求对自己来说是最好、最完善的协议,而应积极地追求对双方来说都是最适合的理想协议。利益基本均等原则要求现代管理者,当自己利益略低于对方的情况下,只要合理,对全局、对长远有利,就没有必要拘泥于利益绝对平均之中。

第二节　谈判的类型及谈判中人的行为模式

一、谈判的类型

谈判有很多种类,一般分为一般性谈判、业务性谈判、突发性事件谈判和外交性谈判等等。

1. 一般性谈判

一般性谈判是指人际交往中的一种协商,它带有一定程度的随意性和偶然性。比如在一个家庭中,女儿建议吃鱼,丈夫建议吃肉,做妻子的在两者之间就充当了协调人的作用。达成的协议有可能是今天吃鱼,明天吃肉。又例如两个孩子为吃一只苹果而争了起来,两人都坚持要一半大的,谁也不同意平均分配。于是,做父亲的向他们建议,一个孩子先来切苹果,他愿意怎么切就怎么切,另一个孩子则可以先挑自己要的那一块。这个建议被孩子们接受了,“谈判”也就成功了。在社会生活中,一般性谈判到处可见,它起着协调关系、融洽感情、增进相互理解的作用。一般性谈判属非正式的谈判,双方无需作过多的准备。如请保姆给多少钱、教师讲课给多少兼课费、参观走哪条路等等。

2. 业务性谈判

业务性谈判是指各个业务领域里的谈判,这是一种正式的谈判。谈判的双方都有自己明确的利益和需要。它包括的内容十分广泛。如在教育领域中有合作办学谈判、校际交流谈判、毕业生毕业前夕的“供需见面”协商等；在工厂企业中有产品开发谈判、产品销售谈判、技术转让谈判、联合办厂谈判等；在商品流通领域里有贸易合同谈判、产销利润分成谈判、租用场地谈判等。业务性谈判是现代管理的重要组成部分。参加业务性谈判的人员必须具有一定的专业知识，遵循一定的谈判程序。这些和一般性谈判是明显不同的。

3. 突发性事件的谈判

突发性事件是指危及人们生命财产的重大事故。如飞机失事、轮船遇难、工伤事故、食物中毒等。它有时也指由于某些偶然行为或人们的某些具体需求得不到满足时，诱发的激烈的对抗行动。在突发性事件中，谈判的目的是为了解决矛盾，消除对立情绪，防止事态的扩大，促使双方的利益在可能的范围内得到满足。突发性事件处理妥善与否，不仅仅是一个部门的问题，也是关系到社会安定的问题。因此，通过协商、谈判、耐心细致的思想工作，客观地处理好突发性事件十分重要。

4. 外交性谈判

外交性谈判是指国与国之间在政治、军事、经济、科技、文化等方面的谈判。例如，国际贸易谈判、国际文化交流谈判、边界谈判、国家关系谈判等。外交性谈判程序严谨、准备充分、效果明显、影响很大。外交性谈判一般都带有一定的政治色彩，政治上的问题容不得半点含糊和随便。谈判的结果对双方都会有一定的制约性。

二、谈判中人的行为模式

要想获得谈判的成功，研究谈判对方的行为是十分重要的。但是，不能忽视研究谈判中人的共同行为模式。每个人都有个性，这是由每个人生活的环境决定的。但是必须看到，人的行为是社会的产物，它必然带有一定的共性。研究谈判中人的行为模式，实际上就是研究谈判中人的行为共性。

1. 角色扮演

在任何一场谈判中,谈判双方都会扮演多种角色。国外有些心理学家认为,当A、B两人进行谈判时,实际上有六个具有不同人格的角色穿插其中。A表现出三种人格:A1——A的真身,A2——A想象中的自身,A3——A显示出来的形式。B同样也具有这三重人格。于是三加三得六。这六种人格在谈判过程中交叉出现。由于角色扮演的变化,谈判过程中往往会出现"虚虚实实,实实虚虚"的状况。以不同的人格扮演不同的角色,对付不同的谈判局面是很重要的。在谈判过程中,经常出现的是两种角色:一是扮演"父亲"角色——father way,说服对方;二是扮演"孩子"角色——baby way,静听对方的说服。这两种角色适用于不同的谈判场合。如果在同一时刻,谈判的双方都扮演同一种角色,就可能陷入谈判的僵局。

2. "投射"行为

尽管,谈判的双方对各自的谈判目标都很清楚,但是,很少有人会在谈判的一开始,就把自己真正的谈判意图和盘托出。有时,谈判者貌似直率,实际上蕴含着其他的用意。谈判的双方都希望对方能从自己的言行中得出符合自己意愿的判断,也就是说能产生一种对自己有利的错觉。国外有人称这种谈判行为为"投射"行为。所谓"投射"行为是指将自己的动机在无意识中强加于他人。

3. 非"理性化"行为

理性是指符合客观的概念。它常指判断、推理、分析等思维形式或思维活动。非"理性化"行为就是指反常的思想形式或思维活动。一场重大的谈判中,非"理性化"的行为到处可见。比如在业务谈判中,由于对产品的质量各持己见,一方会"勃然大怒"。在外交谈判中,双方僵持不下时,一方会"愤然退席"。这非"理性化"的行为是谈判中的一种行为模式。

实际上在"勃然大怒"、"愤然退席"的背后也许隐藏着一种理性的策略。非"理性化"行为的目的是为了使对方相信他真的是在威胁,期待对方作一些让步。

非“理性化”行为往往会产生以下四种谈判行为。

1）凶悍强硬的谈判行为。这种谈判行为最常用的方法就是威胁、威逼对方就范,例如,“我现在就不想继续谈下去了”,“如你不作适当考虑,我现在就离开”。对付凶悍强硬行为的谈判对手,应保持冷静,伺机给予必要的提醒,提醒对方,凶横的态度无助于谈判的顺利进行,暗示我方的耐心是有限度的。这样,就能收敛对方的火气,化被动为主动。

2）“走极端”的谈判行为。这种谈判行为不评论问题、不考虑对方的承受力、不寻求共同接受的方案,只是要对方作出“要”还是“不要”,“是”还是“不是”的决定。这种谈判行为的人往往持有一种心理优势,而谈判对方往往是有求于他。这种谈判行为通常使用的语句是“不要就算了”,“这是最低限度了”,“没有讨论余地”等。对付“走极端”谈判行为的方法是坚持说服、坚持公平待遇、坚持一切按规矩办事,拒绝接受硬塞过来的条件。

但是,在否定对方“是”还是“不是”的选择后,要提出双方进一步谈判的方向,要注意给对方下台阶的机会,否则会使谈判误入死胡同。

3）命令式的谈判行为。这种谈判行为是以极端的要求吓倒对方,以求得对己有利。如“我们只等两天”,“明天中午 12 点之前一定要决定”。对付这种非“理性化”的谈判行为,不能采取消极的防御,否则会落入对方设计好的圈套。应通过转话题来淡化谈判气氛,要多提问题,让对方在回答问题中缓和“进攻”的气势,然后择机行事。

4）有意拖延的谈判行为。这种谈判行为在谈判过程中,通常表现为装糊涂:“这个我不清楚”,“这个事我定不了”。有时干脆避而不见。对付这种谈判行为,首先要了解拖延的原因,或者对谈判恐惧的原因,然后,可以采取改变话题、建议改换谈判时间等来引起对方的兴趣。要通过一切方法,使对方感到谈判的“安全感”,树立谈判的信心。

4. 维持自我形象的行为

每个人都从自己的欲望、经历以及关系亲密的人对自己的评论中，综合出自我形象。人们日常生活中的许多行为都是为了维护和增强这种自我形象。例如，某人从自己的生活经历及他人的评论中，综合出自我形象是慷慨大方，坦率真诚，然后，他会在日常生活中处处留意自己的行为，使这些行为有利于增强和维护这种形象。在谈判中，谈判的双方尽管交叉扮演着不同的角色，但是，这些决不影响自我形象的完善。高明的谈判者，可以从对手的自我形象的保护中，判断出对方在谈判中的“分量”，并能预料，在谈判出现麻烦时，对手可能出现的反应，以及这种反应的动机。在谈判中，维护自我形象的行为是为了增强谈判者在谈判过程中的心理优势。

第三节　谈判前的准备工作

在现代管理中，谈判既是一场心理战，也是一场知识、信息、口才、修养等方面的较量。它需要毅力，需要力量。因此，在重大谈判前，必须做好充分的精神、心理和体力上的准备。

这样，在谈判中就能在语言上、行动上、方案上做到时空组合，千姿百态，多元角色共存。

1. 知己知彼

谈判前首先要详尽了解自己和对方的优劣、意图、需求，以及在谈判中可能出现的问题。知己方面要注意以下几个方面。

1）对自我行为模式的评估。每一个人都有自己的行为模式。任何一种模式，只要不失去控制，加以适当引导，都会形成自己独特的风格。比如一个生性冷静温和的人，一般性格比较内向，温文尔雅，比较能理解人，理解别人的需要，对人对事趋向于采取息事宁人的态度。这些都是谈判成功的因素。但是，在谈判中若让其自由发展，不加以适当控制，就有可能无原则地调和和妥协，有可能丧失本来可以争取到的利益。同样，一个冲动急躁的人，性格一般比较外向，锋芒毕露，对人对事趋向于采取快人快语、干脆利索的态度，能保护和争取自己的利益。但是，在谈判中若让其自由发展，不加以控制，就有可能由于情绪的激动而受人摆布。从话锋上看似乎占了上风，实际上有可能丧失利益。高明的谈判者能懂得如何利用对方的行为模式和情绪变化来达到预期的谈判效果。因此，谈判前全面评估一下自己的行为模式大有益处。它能使谈判者在谈判过程中“扬长避短”、“刚柔相济”。

2）明确谈判目标。每一场正式谈判，必须明确谈判的预期目标。谈判是以谈判目标的实现为导向的。谈判的目标由三个目标层次组成：

① 理想目标；

② 实际目标；

③ 最低目标。

理想目标。理想目标称为最佳谈判目标。理想目标由一系列明显对己有利的因素组成。理想目标实际上是谈判中的试探性目标。谈判开始，双方都会以理想目标为筹码进行讨价还价。

然而双方心里都清楚，理想目标实现的可能性是十分渺茫的。在必要时，双方都准备放弃。

不过，双方如果都是谈判高手，他们有可能不会抛出试探性的理想目标。谈判一开始，他们就会开诚布公，就双方的实际目标进行接触和谈判。这种谈判形式可以节省时间，又比较有实效。

实际目标。实际目标是谈判的导向。因此，制定实际目标必须全面、客观、公正。要兼顾双方的利益。实际目标往往是谈判过程中双方争论和协商的重点。双方一般不会轻易放弃实际目标。实际目标反映了谈判的价值。

最低目标。最低目标是自己方面最低利益的临界线。在通常的情况下，最低目标不应成为谈判的导向。因为，最低目标不能真实地反映自己方面的利益需要。它是一种“不得已而为之”、“忍痛割爱”的谈判效果。是在不得已的情况下，为了顾全大局，保护自己根本利益不受损害，而在谈判中“败走麦城”的一种表现。

3）调查研究。通过全面的调查研究，摸清谈判对手各方面的情况。调查研究必须是客观的。所谓客观应包括两方面的内容：

① 搜集的材料是客观的；

② 对这些材料的分析是客观的。

调查研究的材料应包括谈判对手的经历、爱好、个性、生活环境、思维方式、心理倾向等。

要全面分析对手的成功记录和失败原因。从某种意义上讲，研究其失败原因比研究其成功记录更为重要。失败是与一个人的失误和弱点连在一起的。如果能了解造成对手失误的原因，以及在何种情况下容易诱发对方的弱点，就能在谈判的心理上占上风，在谈判中，就能做到胸有成竹，争取达到预期的谈判效果。当年，美国总统肯尼迪为前往维也纳同苏联领导人赫鲁晓夫举行首次会谈作准备时，曾研究了赫鲁晓夫的全部演讲和公开声明，并且还研究了赫鲁晓夫的有关生活背景资料，包括他的饮食嗜好和业余爱好。这些研究为当年的美苏首脑会谈创造了良好的条件。

2. 进行谈判预习

为了使谈判者尽快地进入谈判角色，应付谈判中可能出现的各种问题，谈判者有必要进行有意识的谈判预习。谈判者可以邀请若干谈判方面的专家或有经验的人组成模拟谈判组。模拟谈判过程中，谈判者可以扮演谈判中的每一个角色。模拟谈判中的对方可以提出各种各样的问题，甚至可以发难。通过现场预习，谈判者对即将到来的谈判前景有所预见，并且可以注意到某些可能被忽视的重要因素。尽管，谈判预习需要花费一定的时间，但它对于一场重大谈判取得成功是十分重要的。

3. 熟悉和掌握谈判中的一般原则

每一个谈判者都需要把握住谈判过程中的一些基本原则，并努力以这些基本原则约束自己的言行。基本原则应包括：

1）控制自己的感情，努力将感情导向有利于预期的谈判目标。

2）不要纠缠谈判目标以外的人和事。

3）注意讲话的火候，不要就任何问题发表滔滔不绝的评论，因为言多必失，不要锋芒毕露。

4）静听细想，善于捕捉弦外之音。

5）牢记谈判中的三个目标：理想目标、实际目标、最低目标。尤其要紧紧抓住实际目标。

6）及时修正讲话中的失误。

7）不要用“小道消息”来证实谈判的观点，引用的谈判资料必须是真实的、客观的，一般以官方发布的材料为准。

8）要注意谈判的灵活性，避免陷入谈判的僵局。

9）注意共同利益。

10）进行谈判时，要注意运用“体态语”，轻微的头部动作、恰到好处的手势能加强你要表达的思想。

4. 选择适宜的谈判时间

在准备谈判时，必须注意谈判时间的选择。谈判时间选择的恰当与否，对谈判效果影响很大。在充分尊重谈判双方的意见的基础上，确定谈判时间。谈判时间应尽量避开以下几种情况。

1）避开在身心处于低潮时进行谈判。例如长途旅行后，人需要适当的休息，在这时进行谈判，效果必然是不好的。

2）避免在一周休息日后的第一天早上进行谈判，因为这个时候，人们的心理有可能仍未进入工作状态。

3）避免在下午5～7时之间交换意见。心理学家认为下午5～7时是一天中最危险的时间。在这段时间里容易产生冲突，因为工作了一天后，人的身心状态处于最低潮。除了由疲劳、困倦而导致注意力分散外，情绪多表现为急躁、焦虑，很难心平气和。从生理学角度上看，下午 5～7 时是大多数人生理律动的最低点。此时进行谈判或接触很难得到理想的效果。

4）避免在连续紧张工作后进行谈判，因为紧张工作后，人们身心交瘁，有可能导致思路混乱。

5）避免在身体不适时进行谈判，因为身体不适很难适应谈判过程中高度的精神紧张。

6）避免在受到重大挫折后，心理创伤尚未愈合时进行谈判。因为人在受到重大挫折后，必然会有心情恍惚的感觉，这种感觉不利于谈判的顺利进行。

5. 选择有利的谈判地点

有利的谈判地点能增强谈判者的谈判地位和谈判力量。心理学研究证明，人和动物一样都有自己的领域感。实践证明，许多人在自己的办公室或客厅里谈话，比在别人办公室或客厅里更能说服对方。因为人们有一种心理状况：在自己的所属领域里交谈，用不着分心去熟悉环境和适应环境，有一定的安全感；而在自己不熟悉领域里交谈，往往会变得拘泥不安，无所适从，导致出现正常情况下不应有的失误。所以，对一些重大问题的谈判，应注意谈判地点的选择。一般来说，谈判的地点离自己生活的环境越近越好。若争取不到这个地点，则至少应选择一个双方都不熟悉的中性场所，以减少由于对方的场地优势而导致己方的失误，避免不必要的损失。如果谈判要进行多次，那么，谈判的地点应依次互换，以示公平。在外交谈判上，对谈判地点的选择尤其重视。

选择谈判的环境也十分重要。理想的谈判环境应具备清静、气候宜人、无外人干扰、便利与自己谈判伙伴交换意见等条件。

第四节　谈判的技巧

谈判是一种智力、体力和心理上的角逐。要在谈判中获得成功，谈判者除了应具备正确的立场、观点、思维方法、专业知识、社会经验外，还必须掌握一定的谈判技巧。谈判技巧的实质是如何去发现谈判对方的需要，并通过一定的表达形式获得自己的需要。因此，一个老练的谈判者，总能十分熟练地运用各种谈判技巧，注意捕捉对方思想过程中的蛛丝马迹，以掌握谈判对方的动机，然后，十分巧妙地将自己的需要融入对方的利益之中。

一、静听细想

中国有句古话："善听为金，善辩为银。"这说明听比讲更重要。谈判者必须善听，从对方的言语中发现其隐蔽的动机和需要。谈判中的任何一种需要都是通过语言来表达的。善听能使谈判者获取一定的信息。依据这些信息，进行全面客观地分析就能形成正确的决心。因此，善听是谈判的基础。当然，听的过程必须也是思维的过程，这就是细想。只听不想是达不到谈判的目标的。细想的过程也是仔细分析的过程。想的重点应放在对方的目的上，而不是放在自我保护、反驳防范上，否则会产生两种消极的后果：其一是使自己处于被动防范地位；其二是使谈判有可能陷入无原则争执的僵局之中。

有的时候，谈判对方所说的话可能只是谋求别人注意的一种手段，而真正的目的却与之相反。比如在谈判中，人们经常说："坦率地说……"、"老实说……"、"真诚地说……"等，但这只是一种措词，后面的内容往往并不坦率和真诚，而只不过是一种掩饰而已。相反，有时谈判对方说："顺便提一下……"，这种词句貌似漫不经心，但其后面的内容有可能是十分重要的，只不过是故作姿态而已。因此，善听和细想必须要有机地结合起来。这样，会在谈判过程中受益无穷。

二、提问

提问是一种有用的谈判手段。在谈判中适当地进行提问，可以发现谈判对方的需要。在提问时通常要注意三个方面。

1）提出什么问题；

2）用什么形式提出问题；

3）选择什么时机提出问题。

这就是说，要根据不同的目的，提出不同的问题；针对不同的问题，采用不同的提问方式；抓住适当的时机，及时提出问题。谈判中的提问技巧可归纳为以下几方面。

1. 引导性提问

引导性提问是指对问题的答案具有强烈的暗示性倾向。这种提问形式几乎令对方毫无选择地按发问者所设计的答案作答。例如：

1）你我企业都是讲究信誉的，是不是？

2）大家共同努力是获得共同利益的前提，对不对？

2. 坦诚性提问

坦诚性发问是指一种友好性的发问。这种提问，充满着体谅、同情，能在谈判双方之间创造出一种和谐的气氛。例如：

1）您希望我提供什么样的帮助呢？

2）我已经作出了很大的让步，您还希望我作哪些让步呢？

3. 封闭性提问

封闭性提问是以特定的问题引出特定的答复。封闭性提问可以使提问者获得特定的资料和确切的回答。例如：

1）你的意思就是说，不可能提供更优惠的价格？

2）你认为你的让步已经到底了吗？

封闭性提问与引导性提问具有某种共性。但是，在语气方面，封闭性提问更具有威胁性。如上例 1），提问语气很明显，如果得不到更优惠的价格，宁愿冒谈判破裂的风险。

4. 证实性提问

证实性提问是针对对方的答复，加以引用或补充，借此引起对方的重视。例如：

1）你刚才说，同意给我们优惠价，请问，这个优惠价是多少？

2）你说贵公司的服务网点遍及全国各地，为什么上海地区很难找到贵公司的维修点？

国外一些谈判专家将提问技巧分为五种类型。

1）一般性提问。例如，“你认为如何？”“你为什么这样做？”这种提问没有限制，因此，回答不可控制。

2）直接性提问。例如，“谁能解决这个问题？”这种提问具有限制，因此，在限制的范围内，回答完全可以控制在自己设计的程序中。

3）诱导性提问。例如，“这不就是事实吗？”对类似问题的回答是可控制的。

4）发现事实的提问。例如，“何处？”“何人？”“何时？”“何事何物？”对以上问题的回答是可控制的，但是对“如何”、“为何”等问题的回答有时可控制，有时却无法控制。

5）探询性提问。例如，“是不是？”“好不好？”答案往往是可以控制的。

一般来说，应多提一些可控制回答的问题，少提一些无法控制回答的问题。提问必须要为谈判的目标服务。同样一个问题，由于不同的表述会得到不同的效果。例如，一个学生希望老师能赞同他边做作业边听音乐的习惯。他可以这样提问：“听音乐时能做作业吗？”大部分教师会给予肯定的回答。但是，他如果换另外一种形式提问：“做作业时能听音乐吗？”得到的回答很有可能是否定的。因此，在谈判提问时，必须注意对方的反应，要将问题控制在谈判目标之中。在谈判提问中，还应注意以下几点：

1）选择适当的提问时机。所谓适当的提问时机是指最适宜对方回答的时机。

2）事先必须拟定提问的腹稿，以便提高发问的效果。

3）控制提问的语速。语速太急促的提问，容易使对方误认为你不耐烦，容易产生对抗情绪；太缓慢的提问，容易使对方感到沉闷乏味，或误认为你故作姿态，因而失去回答的兴趣。提问的语速要与平时讲话的语速基本相等。

4）根据谈判的进程，逐步深化提问，以此逐步接近谈判目标。

5）提问的口吻以商讨性为好，避免盘问式、审问式、威胁性的提问。

6）避免使用触犯对方个性的提问言辞，应充分尊重对方的人格和尊严。

7）提问时应注意对方眼神的反映，善于从对方的目光交流中捕捉其对问题的承受力，以便及时调整提问的适应程度。

三、应答

提问和应答是谈判过程中同一问题的两个方面。因此，在研究提问技巧时，应重视研究应答。在谈判中，应答的重点不是放在回答对方的“对”或“错”上，应放在如何针对问题做出有意义、有说服力、适合谈判目标的回答上。应答的基本原则有下列几条：

1）在没有了解对方提问目的时，不要信口开河，随口乱答。必要时可以装点糊涂。

2）对一些只需作局部答复的问题，不要随意扩大应答的范围，以免过分地暴露自己的弱点，陷入被动局面。

3）利用应答的机会，努力在不知不觉中把对方的谈判思路，引进自己设计的轨道。

4）在应答中，同时考虑提出问题，化被动为主动。

5）对于一些不便回答的问题，应寻找借口婉言拒答。对于一些吃不准的问题，可以作一些原则性的回答，有的则可以给予模棱两可的回答。

6）对一些已经吃准并涉及到双方利益的问题，应作较详尽的应答，以示诚意。

四、耐心

在谈判中，耐心是一种有价值的东西。谈判者应懂得如何把握自己，克制自己“操之过急”的行动，冷静分析谈判的形势，耐心等待有利时机。

谈判对手如果是一个急于想成交的人,那么拖延战术是十分有效的。时间的拖延会增强对手的急躁情绪,从而利用对方的判断失误,争取最佳的谈判效果。当然,谈判者如果自己急于成交、急于达成协议,那么就要防止对方使用拖延战术,使你变得越来越不耐烦,从而利用你的失误达到他所预期的谈判目标。因此,在一场持久的谈判中,谈判人员需要具有持久的体力和坚韧的精神。

五、以奇取胜

以奇取胜是指采取与公认的一般倾向和目标恰恰相反的行动。在一场高水平的国际排球赛中,如仅仅以传统习惯的打法是很难取胜的。必须要在比赛的关键时刻猛出绝招,以奇制胜。谈判也是这样。例如在谈判过程中,你的声调一直冷静而平稳,这时,忽然放大嗓门,顿时就会震惊四座,以声夺人。又如在谈判中你一直用逻辑式的推理进行有理性的信息交流,这时,忽然抛开逻辑思维的方式,使出"非理性"信息交流的绝招,这样,迫使对方不得不重新调整谈判的程序,应付你急剧变化的态度。在这种时候,很有可能导致对方判断失误而陷入你设计的谈判程序中。

以奇制胜在生活中也是十分有用的。英国作家博斯韦尔(Boswell)写了一本《塞缪尔·约翰逊传》,其中记载了一个成功的以奇制胜的方法。有一次某夫人诘问约翰逊(Johnson),他怎么会在他编写的辞典里把"马滕"一词错释为"马膝"。约翰逊一反常态,他没有为自己明显的错误辩解,而是马上答道:"因为无知,夫人,完全是无知。"他这奇特的回答,使这位夫人陷入茫然之中。她不得不考虑自己的理解是否正确。因此,她没有揪住不放,从而使约翰逊在总体上保住了他的辞典的名誉。

六、欲擒故纵法

欲擒故纵法需要耐心、自制,再加一点诡诈。目的是让对方以为你真的已经"屈服"，而实际上你已经清楚地了解到对方的弱点，只是通过这种办法，扩大对方的弱点，强化对方的不利因素。例如，在业务谈判中，对方将自己产品质量讲得无懈可击，但是，你实际上已掌握了产品在某个环节上的质量问题。这时，你可以不动声色，迎合对方的思路，请对方再作详细介绍。等到适当的时机，你突然话题一转道："我很抱歉地说，我掌握的情况并非像你所说的那样。"然后，点出产品在某一方面的质量问题，这样，有可能置对方于哑口无言的境地，从而使你获得谈判的主动权。如果你一开始就针锋相对地指出对方的问题，结果只能使对方引起重视，设法弥补弱点。

七、声东击西法

声东击西法是指在谈判中，谈判者假装要朝着某个方向行动，把对方的注意力引离谈判者真正的目标，使对方产生一种错觉。这样，谈判者可以不动声色地设计达到谈判目标的各种程序和方法。在重大谈判中，谈判的双方都存有一定的心理戒备。谈判一上手双方都要摸底，而谁也不会把真正的谈判目标一下子抛给对方。声东击西法可以作为一个试探气球。通过试探，谈判的一方就可以了解对方对某一方案可能产生的各种反应，以便及时调整谈判策略。例如价格谈判，谈判一方的实际价格目标是 10 元，但是，可以报价 12 元，并认真地加以论证和说明，使对方偏离谈判目标，从而实现自己的谈判目标。声东击西法在外交谈判中运用得十分广泛。

第五节　文化背景对谈判的影响

具有不同文化背景的人，对谈判有不同的价值观，由此产生不同的谈判方式。因此，在谈判中应该了解对方的文化背景，尊重对方的文化和社会习俗。随着我国改革开放的日益发展，国际交往中的对外谈判活动日益增多。因此，了解各国的文化背景，以及由各国文化背景产生的谈判方式，对我们做好国际交往中的谈判活动大有裨益。

1. 美国文化的谈判方式

美国人一向以崇尚自由、大胆冒险引为自豪。这种文化背景构成了美国人特有的谈判方式：

1）态度热情，言辞真挚，十分自信。

2）喜欢谈实质性的问题，不愿纠缠在原则性的条款里。

3）在谈判进行中比较专一，有一定的讨价还价能力，且能以考虑对方的利益来说服对方。

4）谈判目标明确，善于抓住实质性的利益，讨厌谈判中的拖拉作风。

5）无论作为卖方还是买方均对一揽子交易感兴趣，谈判作风比较干脆。

6）谈判人员都有一定的决定权。

2. 德国文化的谈判方式

德国人思维比较严谨，办事比较冷静，素以“哲学”民族著称。他们的谈判方式是：

1）对谈判中的准备工作要求极高，对交易的形式、谈判的目标规定得准确、详细。

2）谈判能围绕重点，善于用逻辑推理说服对方，谈判语言比较明确、适当。

3）对谈判中可能发生的问题设想得比较充分，也有一定的应变方案，但从总体上说，缺乏灵活性和必要的妥协。

3. 英国文化的谈判方式

英国人比较保守，对传统的礼节有一种特别的爱好，善解人意。英国人的谈判方式是：

1）为人和善、友好，但不像美国人那样热情奔放。

2）对谈判比较有耐心，不急于暴露自己。

3）对谈判对方的建议、意见反应比较积极，但不急于下结论。

4）能控制自己的感情，能以静取胜。

4. 法国文化的谈判方式

法国人有丰富的想象力，一向以浪漫主义为荣，但是，有时候与现实有极不相称的地方。例如，法国人坚持用法语谈判，这对世界各国来说都是很难理解的。法国文化的谈判方式是：

1）立场坚定，按原则办事。

2）坚持在谈判中使用母语——法语。

3）喜欢先构成一个谈判的总体轮廓，然后，一步一步地进行谈判。

4）善于用否定的形式达到谈判的目标。

5. 日本文化的谈判方式

日本民族同中华民族有着许多相似的文化背景，都是以努力、勤奋而闻名于世。但是，由于两国地理环境和社会政治制度不同，两国文化背景也有许多不同的地方。例如，日本民族对生活上的追求分为两大极端，一是从众，随大流；二是刻意追求至高享受。日本文化的谈判方式是：

1）对谈判充满信心，但不抱有100%的希望，对谈判目标有一定的应变能力。

2）为人和善、友好，但有时给人一种虚伪的感觉。

3）谈判中往往坚持自己方面的利益，即使妥协也争取对自己有利。

4）谈判中比较重视谋略，以智胜人。

5）具有灵活性，对建设性意见反应积极，并能认真权衡利弊。

6）业务上兢兢业业，有一定的讨价还价能力，对谈判有耐心。

6. 中国文化的谈判方式

中华民族以勤劳、勇敢、坚韧而闻名世界。但是，由于传统文化的影响，中国人对谈判一般都持有小心谨慎、防止误入圈套的心理。国外一些谈判专家对中国人的谈判方式归纳为：

1）热情、友好，喜欢以东道主的面貌出现在谈判桌上。

2）谈判中比较重视谈判的原则，热衷于先达成谈判原则，后依据达成的原则进行谈判。

3）有耐心，善于运用拖延战术达到谈判目标。

4）善于提出一些明知对方不能接受的要求，然后暗示只要对方作出某些让步，就可以将这些要求搁置起来。

5）总是迫使谈判对方先表态。

6）善于在谈判的空隙进行非正式的交换意见，以此摸清对方的谈判意图，或者递送在谈判桌上难以表述的信息。

7）谈判班子比较大，而权力界限都是分散而模糊的。谈判人员对自己的权力、对自己上级可能作出的决定没有把握，因此，对谈判的进展可能发出不明确的信号。热烈的谈判可能引向令人失望的结果，而看来没有希望的谈判，突然会达成一个实质性的协议。

第八章 危机管理

当今世界，市场风云变幻。这种千变万化的市场环境使现代企业机遇和风险并存。面对多变的市场，一位管理学家道，不仅大公司会发生危机，医院、学校、小企业、教室和政府机构都有可能发生危机。危机潜伏在体育馆、邻居家和看护室里，秘密地演变和发展。可以说，世界上没有一个不受危机威胁的安全港。2005 年发生的“光明乳业回收奶”、“肯德基苏丹红”、“哈根达斯厕所”、“高露洁牙膏致癌”风波、雅芳“直销试点”风波等都说明了，危机不可避免地存在于现代企业经营管理的各个阶段，中外企业都不能幸免。忽略这些危机，或不能有效地处理这些危机，都会给现代企业带来重大损失，甚至会使企业从此走向衰亡。因此，现代企业在经营管理中，必须要重视对企业危机管理的研究和处置。

第一节 危机管理概述

正确认识危机管理的概念、形态和特征是有效开展企业危机管理的基础。只有认识危机管理的概念、形态和特征就能把握危机管理的客观规律。

一、危机的定义

在我国，对于危机的定义众说纷纭，但危机一般是指一种对组织基本目标的实现构成重大威胁，要求组织必须在极短的时间里作出决策，并紧急回应的突发性事件。危机同时也指严重威胁公众生命和财产安全的，产生严重社会影响的重大事故、事件。如美国“9·11”恐怖袭击、东南亚海啸，以及去年在我国发生的松花江水污染事件等。

在国外，不同的学者对危机有不同的定义：

赫尔曼(Hermann)在1972年将危机定义为某种形势，在这种形势中，其决策主体的根本目标受到威胁，而作出决策的反应时间十分有限。其发生也出乎决策主体的意料之外。

罗森塔尔(Rosenthal)在1989年将危机定义为：对一个社会系统的基本价值和行为架构产生严重威胁，并且在时间性和不确定性很强的情况下，必须对其作出关键性决策的事件。

巴顿(Barton)在1993年将危机定义为：会引起潜在负面影响的具有不确定性的事件，这些事件及其产生的后果可能会对组织及其员工、产品、服务、资产和声誉等造成巨大损害。

里宾杰(Lerbinger)在1997年将危机定义为：对于企业未来的利益、成长乃至生存都发生潜在威胁的事件。同时指出一个事件发展为危机，必须具备三个特征：

(一) 该事件对企业造成威胁，管理者确信这种威胁会阻碍企业目标的实现。

(二) 如企业没有采取行动，局面会恶化，并无法挽回。

(三) 该事件本身具有突发性。

从以上危机定义可见，各个年代的管理学家对危机的认识是完全相同的。不同的危机定义有不同的强调重点。这既反映了危机本身的复杂性和多变性，同时也反映了人们对危机的认识是一个逐渐深化的过程。尽管对于危机的定义各不相同，但在以下几个方面却是共同的。

(一) 危机对组织、对企业、对社会而言是一种重大的事件，如不及时处置就会妨碍一个组织基本目标的实现。

（二）危机是一种突如其来的突发性事件，面对平地而起的突发性事件，往往令一些组织始料不及。

（三）面对突然而至的危机，组织需要在极短的时间里作出危机处置的决策，作出回应。

（四）如不能及时应对、处置危机，危机产生的后果是十分严重和巨大的。

二、危机的特征

认识危机的特征是有效处理危机的前提。危机一般具有以下几个主要特征。

（一）突发性

危机爆发前一般都有前兆。危机是由一系列小的事件，小的偶发因素逐步发展起来的。危机爆发是质变，平时细小的变化是量变。由于对一些细小的变化、偶发的小事件视而不见，习以为常，疏于防范，一无所知。这些因素造成人们对危机发生缺乏思想、行为、心理上的准备。因此，危机的突发性主要反映在组织对危机的爆发始料未及，出乎组织的意料之外。

（二）危害性

由于危机的发生常常出乎组织的意料之外，是一种瞬间发生事件，所以，它会使组织的管理者、组织的内部和外部公众带来一定的思想混乱和惊慌失措。在这种混乱和惊慌的状况下，往往会使组织决策失误、举措不当、行动不力。由此破坏正常的工作、学习、生活和秩序，严重威胁组织的生存和发展，甚至还会影响社会的稳定。危机产生的危害性、破坏性是显而易见的。

（三）大众性

大众传播的发展，使组织危机的信息会以最快的速度向社会传播，成为社会大众关注的热点。在信息全球化的今天，这分钟在东半球发生的事件，下分钟已在西半球传播。信息全球化使一个组织危机信息传播已跨越了地域、跨越了空间、跨越了国界。为此，有人说，当今社会有关危机的传播比危机本身的发展还要快。事实确实如此，因为一个组织的危机信息往往会成为大众媒体最佳的新闻题材。由于信息手段现代化，由于社会大众的热切关注，由于大众媒体推波助澜，一些在局部发生的危机很有可能演变为全球性的危机。关于这一点，跨国公司要引起特别注意。

（四）紧迫性

对于组织而言，危机一旦爆发，紧迫性十分强烈。这种紧迫性主要体现在：

1. 危机潜伏期积蓄的危害性能量在短时间内突然释放，这就要求组织必须采取果断措施，给予及时处理。任何犹豫不决的表现，都会失去处置危机的最佳时机，从而使组织遭受更大的损失。

2. 危机事件有一定的传导作用。如果对危机释放的能量和发展的势头不能进行有效的遏制，就有可能产生一系列意想不到的、不良的连锁反应，导致危机的不断深化和蔓延，使组织陷入更加被动的局面。

3. 现代科学技术使危机信息传播广、速度快。组织如果不能在危机爆发的第一时间作出积极反应，就会使社会公众不能很好地理解和支持组织，使组织的声誉和形象受到极大的损害。

（五）转化性

危机会给组织带来危害。但如果组织的危机管理到位，危机处理得法，完全有可能将危转化为发展的机会。面对危机，不同的组织由于采取的危机管理方法不一样，往往会有不同的结果。“三流的企业在危中消亡，二流的企业能够顺利地度过，只有一流的企业能够在危机中得到发展和壮大。”要将危转化为发展的机会要求现代组织在危机爆发时必须做好两方面工作。一是现代组织要从危机的爆发中，发现组织管理中的薄弱环节，并有效地加以克服，避免同样危机再次爆发。二是危机爆发后，组织要积极行动，如果决策果断正确，措施得当，沟通得法，取得社会公众的理解和支持，就能使组织化险为夷，并使组织在危机中提高声誉，今天的危就成为了明天组织发展的新的机会。

三、产生企业危机的主要原因

现代企业在经营活动中，产生危机的原因是多种多样的，其表现的形式也各不相同。

根据国外危机管理专家的调查统计表明，可能引发危机的各种因素有：

1. 企业内部环境原因

(1) 由于企业产品质量、产品价格、产品服务不当，给消费者的利益带来严重损害而产生的危机。

(2) 由于企业决策失误，重大营销举措不当，致使消费者利益严重受损，集体上访而引发的危机。

(3) 自身素质低下、管理缺乏规范、经营决策失误、法制观念淡薄。

(4) 劳资争论及罢工。

(5) 股东信心丧失。

(6) 具有敌意的兼并或股票市场上大股东的购买。

(7) 恐怖破坏活动。

(8) 组织内人员的贪污腐化。

(9) 安全因素。

2. 企业外部环境原因

(1) 由于突发性事件，如飞机误班、列车误点、轮船误航等造成企业不能按时、按价履行职责，造成消费者利益受损而引起的危机。

(2) 由于新闻报道失实，使社会公众、社会团体对企业产生误解、严加抨击而产生的危机。

(3) 同行业之间不良竞争、恶性竞争而诱发的危机。

(4) 由于不可抗拒的自然灾害，如水灾、地震、火灾而引发的危机。

(5) 由于企业处理与消费者之间的纠纷不当而引发的危机。

(6) 企业不实行为、虚假宣传而诱发的危机。

以上种种企业危机，轻则造成企业信誉、产品信誉下降，重则危及企业的生存。由此可见，在瞬息万变的市场竞争环境里，现代企业必须要树立危机意识，在企业危机发生时，要运用公共关系的原则和方法，及时地、妥善地、有效地处理各种危机，能使企业的经营转危为安。

当企业面临各种危机时，不同的危机处理方式将会给企业带来截然不同的后果。成功的危机处理不仅能成功地将企业所面临的危机化解，而且还能够通过危机处理过程中的种种措施增加外界对企业的了解，并利用这种机会重塑企业的良好形象，即所谓因祸得福，化危为机。与此相反的是，不成功的危机处理或不进行危机处理，则会将企业置于极其不利的位置：以新闻媒介为代表的社会舆论压力将使企业形象严重受损；危机来源一方的法律或者其他形式的追究行动将使企业遭受巨大的经济损失；企业员工因为无法承受危机所带来的压力而信心动摇甚至辞职；新老客户纷纷流失等等。

第二节　企业生命周期中的企业危机

企业的生命周期分为 4 个阶段：即初创期、发展期、成熟期、衰退期。企业的生命周期是现代企业发展的客观规律。企业在不同的生命周期阶段会有不同的危机。企业生命周期各阶段的交接处、临界处往往是企业危机高发阶段，对此，企业决不能掉以轻心。切记，在现代社会里，企业的发展和消亡只有一步之距。

一、企业初创期危机

初创期企业的特征是，生产技术还不成熟，技术力量有限，产品质量不很稳定，企业缺乏雄厚的资金支撑，企业在市场上几乎没有知名度，企业内部的凝聚力还没有完全形成，企业领导人可能具有个人的领导魅力，但还没有形成整合的组织管理效能，企业的核心技术有可能掌握在少数几个创业者手中。初创期企业的这种特征，有可能产生以下几种危机。

(一) 企业战略目标危机

由于初创期,企业很难客观地评价自己,客观地了解市场需求,因此,在制定企业战略目标上很容易脱离实际,使企业战略目标制定出现过高或过低的现象。企业战略目标制定的失误,会使企业在经营管理上迷失方向,出现企业宏观战略把握上的混乱,产生企业战略危机。

(二) 技术创新危机

由于初创期,企业过高地估计了企业的技术能力,再加上市场发展前景的诱惑,使企业在自主创新方面脱离企业的实际,盲目开发、盲目拓展,最终导致技术开发、市场拓展的失败,产生企业技术创新危机。技术创新危机会使企业的形象受到致命的损害。

(三) 产品质量危机

由于初创期,企业产品生产处于摸索阶段,需要通过市场的反馈信息,通过全面的质量管理来完善设计,提高质量。因此,在这一阶段,产品质量时好时坏的现象客观存在。但产品质量问题如果严重危害了消费者的利益,同时又未能及时妥善地加以解决,这时就会发生产品质量危机,进而引发企业的市场营销危机。

(四) 人力资源危机

由于初创期,企业的主要创业者意见不和,或者掌握企业核心技术的关键人才流失,造成企业关键技术岗位无法正常运作,企业技术开发能力削弱,企业竞争力明显下降,由此引发了企业的人力资源危机。

(五) 财务危机

由于初创期,企业资金有限,所以承受资金的风险十分有限。一旦融资,或正常的资金流出现问题而出现资金链断裂时,就有可能马上发生财务危机。

企业初创期是企业生命周期的基础阶段。初创期的稳健发展是企业走向全面发展的重要保证。通常,初创期企业危机发生的概率较高,但只要加强危机管理,危机发生后,注意不要引发重大的危机，企业一般都能有惊无险，顺利地避开危机或顺利地处理危机。否则，企业就有可能中途夭折，被迫退出市场。

二、企业发展期危机

经过初创期的种种危机和风险，企业就能进入发展期的生命阶段。企业发展期的基本特征是，生产技术已经成熟，产品质量已经稳定，具备了批量生产的条件，企业内部的凝聚力已经形成，企业组织已经健全，企业领导人可以依靠健全的组织机构进行企业管理，形成了一定的市场竞争力。

但在企业发展的同时也产生了一些新的问题。如市场竞争趋于激烈、市场规模的扩大使企业管理的难度加大、企业品牌的确立，使企业的市场营销更具风险，稍一不慎，就会陷入灭顶之灾。中国 20 世纪 80 年代崛起的企业如巨人、三株、秦池等都是在企业步入发展期，事业如日中天时，由于一场突如其来的危机，在很短的时间内窒息消亡，这不得不让人扼腕叹息。因此，发展期的企业一定要引以为戒。发展期企业一般会发生以下几种危机。

（一）营销危机

发展期是企业黄金生命周期阶段。在这个时期，企业各方面的统计数据都会让企业的领导者踌躇满志，春风得意。但就在企业发展顺利的时候，企业领导者容易头脑发热，脱离企业实际去追求更高的营销目标，更快的营销速度。脱离企业承受能力的更高、更快的企业营销目标，使企业摊子铺得过大，战线拉得过长，投资速度过快。这种贸然突进的营销战略使营销成本成倍上升，收支严重不平衡，最终使企业不堪负担，形成严重的营销危机。

（二）财务危机

发展期企业已经有了比较充足的资金。企业发展期的财务危机一般都是由企业过快的市场扩展，造成财务成本长期居高不下而产生财务危机。另外一种情况是，市场销售太好，诱使企业盲目扩大生产，但在生产能力扩张中，由于种种原因，大量应收款不能及时收回，同时又拿不到银行贷款或其他的借款，这样使企业现金流断裂而形成财务危机。这种财务危机会导致企业在短时间内消亡。

（三）市场危机

发展期企业的丰厚利润引来了众多的竞争者。为了取得竞争的优势，企业之间展开了激烈的市场竞争。最常用的竞争方法就是价格竞争，恶性的价格竞争，使企业之间互相削价，造成市场价格混乱。由此产生市场危机。这种市场危机表面上看是行业的，但真正受到伤害的是企业自己。市场危机影响企业的品牌形象，进而影响企业形象。

（四）产品服务危机

发展期企业产品已全面进入市场。在这个阶段，由于顾客已经了解产品，对产品有了一定的需求并加以购买。因此，企业的销售额会以最快的速度直线上升。然而，市场的发展并不意味着企业服务观念的发展。面临快速发展的市场，企业的服务观念有可能跟不上形势的需要。在顾客服务方面不断出现这个和那个问题，引发企业与顾客的纠纷增多。企业如果忽略这种不断出现的企业与顾客的纠纷，面对纠纷又不能妥善处理，一味持强逞能，就有可能引发企业产品服务危机。

三、企业成熟期危机

企业在这个生命阶段，规模和经济实力大为增强，市场竞争力显著提高。这个阶段的主要特征是：企业产品销售量还会增加，但速度比较缓慢。现有市场趋于饱和，企业生产能力过剩。市场上出现多种同类产品，市场竞争十分激烈。企业需要重新制定战略维持已有市场的同时，拓展新的市场空间。要进行一定的组织结构、产品结构、市场结构的重组和再造，以适应企业发展的需要。目的是为了延长企业的成熟期，防止过早进入衰退期。同时也作好准备，一旦衰退到来，企业能进行有效的蜕变，进入新一轮的生命周期。这里很重要的是把握战略机遇。成熟期企业一般会产生以下几种危机。

（一）战略危机

经过成长期的快速发展，企业在成熟期已到了“强弩之末”的境地。成熟期阶段出现的种种市场消极现象会使企业对未来的发展捉摸不定。为了寻找突破口，化消极为积极，不少企业往往会主动出击，对企业的战略进行重新规划。如果在战略重新规划时，缺乏全面的客观的市场调查，或没有找准关键的、核心的问题，只是凭主观判断市场现象，急于求成，就有可能出现战略规划制定的失误，由此产生企业的战略危机。战略目标设计的错误，会使企业的管理全局陷入混乱、迷茫，最终使企业失去发展方向，处于全面崩溃的边缘。

（二）并购危机

为了壮大企业的力量，延长企业的生命周期，不少企业在成熟期阶段会实施并购战略。并购战略的实施成功，不仅能有效地提高企业的市场占有率，而且也能减少企业竞争对手的数量，使企业的组织结构、产业结构、市场结构等朝着有利于未来发展的方向拓展。但如果并购策略欠妥，并购的执行过程反应迟钝，又出现多个竞购对象，与竞购对手的对抗中措施不力，策略失误使自己处于十分不利的竞购地位，这样就会导致并购失败。并购失败会动摇企业的信念，影响企业在社会的地位，冲击企业的凝聚力和向心力，由此产生并购危机。因此，现代企业在实施并购战略时一定要明确：

1. 并购的目标是否明确、并购有没有必要。现在实施并购战略是否已具备了良好的并购环境，本企业是否已拥有并购所需的各方面实力。

2. 并购战略要明确。企业实施并购战略必须有利于企业的战略发展。必须要根据企业的实际需要进行并购。并购一般分为：

（1）资源型并购。目的是为了加强企业的生产原料和能源的供给。

（2）品牌型并购。目的是为了实施企业的品牌战略，通过品牌并购，扩大企业产品在社会的影响力。

(3) 市场拓展型并购。目的是为了扩大市场，扩大产品的市场覆盖率。

3. 并购前的准备。为了避免并购危机，企业在实施并购战略时，要做好充分的准备，这种准备包括：

(1) 政治准备、法律准备、信息准备。这三方面准备对于实施跨国并购的企业显得尤其重要。

(2) 事先和被并购的企业取得联系，进行沟通，或者与并购的中介机构取得联系，进行紧密合作。

(3) 事先确定并购后新企业的企业管理、企业营销等模式。

(4) 企业确有能力运作并购后的新企业。

只要准备充分，考虑周到，措施得力，并购危机是可以避免的。但如果粗枝大意，茫然并购，就会使企业劳民伤财，加快进入衰退期。

(三) 组织危机

企业在成熟期阶段，企业的内部、外部经营环境都已经有了很大的变化。在变化的面前，有些企业还是维持原来的组织结构，使组织结构严重地不适应企业新的发展需要。如观念老化、机构庞大、信息滞后、形式主义成风、管理队伍老化、市场反应迟缓等，这些矛盾的总爆发就有可能成为企业的组织危机。

(四) 技术创新危机

企业依靠技术领先市场，市场竞争实际上也是科学技术竞争。谁拥有先进的科学技术，谁就拥有市场的主动权。在企业成熟期，如果企业没有新技术，就无法开发新产品，这样就会落后于其他的同行企业。如此就产生了技术创新危机。技术创新危机表现上似乎是温和的，但这种危机对企业造成的伤害是彻底的，它会使企业彻底丧失再发展的机会。

四、衰退期危机

这个生命阶段的企业已经走到了企业生命周期的尽头。但走到尽头，并不意味着马上死亡。只要控制危机，找到新的发展亮点，仍然有希望延长生命周期或又进入新一轮的生命周期。这个时期企业的主要特征是：产品价格继续下降，消费者兴趣已转移到新产品上，同类产品竞争十分激烈，市场已经饱和，同类新产品的出现，使老产品在价格、质量、性能等方面都相形见绌。企业原有的竞争力下降。企业需要重新定位，寻找新的出路，如企业重组、精简机构、精简人员、集中优势、维持优势市场等。在这个阶段，产生的企业危机是：

（一）战略转移型危机

为了延长企业的生命周期，不少企业在重新定位后，会进行产品生产的战略转移。战略转移最重要的是选对市场。事实证明，一个市场的饱和，并不意味着所有市场的饱和，只要选准市场，就有可能延长企业的生命周期。但如果市场方向选择错误，就会形成战略转移危机，这样就会加快企业末日的到来。

（二）市场营销危机

在企业衰退期，为了取得竞争优势，大部分企业会进行市场营销改革。通过对产品品牌、产品定价、产品渠道、产品促销、政府关系、公共关系 6 个营销要素重新组合，加强营销攻势，刺激市场消费。但很重要的是如何取悦于消费者。对消费者的任何承诺都必须兑现。因此，对消费者的承诺不能脱离企业的承受能力，否则就有可能因为无法兑现对消费者的承诺而引发诚信危机，进而爆发营销危机。

（三）人才资源危机

衰退期企业是人才外流的高发期。因此，一定数量的人才外流是正常的。但如果优秀的管理人才，掌握企业核心技术的人才大批量外流绝对是可怕的，它会爆发企业人才资源的危机。人才资源危机会使企业彻底丧失“东山再起”的机会，会使企业快速走完生命的周期。在现实社会里，市场机会比比皆是，只要拥有市场需要的人才，企业就可以在衰退期通过产品生产战略转移、企业重组、市场整合等，完全有可能走出一条新路。

第三节　危机管理的概念

管理学家诺罗·R·奥吉斯丁曾经说过：每一次危机既包含导致失败的根源，又孕育着成功的种子。发现、培育，以便收获这个潜在的成功机会，就是危机管理的精髓。危机管理已经成为现代企业管理的重要组成部分。

一、危机管理的定义

美国管理学家史蒂文·芬克（Steven Fink）将危机管理定义为：对于企业前途转折点上的危机，有计划地消除风险与不确定性，使企业更能掌握自己前途的艺术。

日本管理学家藤中定美将危机管理定义为：所有危机管理就是针对那些事先无法预想何时发生，然而一旦发生却对企业经营造成极端危险的各类突发性事件的事先、事后管理。

我国管理学家苏伟伦的危机管理定义为：危机管理是指组织或个人通过危机监测、危机预控、危机决策和危机处理，达到避免、减少危机产生的危害，甚至将危机转化为机会的目的。

以上定义尽管表述不同，但都强调了以下三个方面：

（一）危机管理包括危机前、危机中、危机后的全过程管理。

（二）危机管理的目的首先在于预防危机的发生，其次是减少或消除危机带来的危害。

（三）危机管理需要有周密的决策和计划。

二、危机管理的作用

成功的危机管理在企业的发展中能发挥重要作用。这种重要作用主要反映在：

（一）确保企业战略的实现

企业战略是企业长远的发展目标，是企业管理的方向，这是企业必须长期坚持和实施的。然而，面对危机的形成和爆发，如不能采取有力的危机管理，就有可能改变既定的战略目标，或使企业的战略受到致命的打击。因此，危机管理与战略管理有机结合，就能使企业战略不管在何种危机的情况下，都能沿着正确的途径，得以顺利的实施。

（二）维护企业形象

现代企业竞争的实质就是企业形象竞争。良好的企业形象是企业健康发展的基础。有效的危机管理有助于维护企业形象，甚至能强化企业形象。毫无疑问，面对危机的形成和爆发，如企业不能采取有力的危机管理必然会使企业多年形成的良好形象在短时间内损坏殆尽。因此，危机管理与企业形象管理的有机结合，就能使企业形象，不管在何种危机情况下，都能维持形象，甚至可以提升企业形象。

（三）增强员工对企业的信心

企业危机爆发时，企业管理层的任何举动对企业员工都有一种放大效应。领导者的惊慌失措会使员工更加惊慌失措，领导者的信心不足会使员工信心崩溃。反之，领导者面对危机从容应对，就会使员工产生战胜危机的信心，进而与企业风雨同舟，同命运，共赴难。因此，有效的危机管理能提高员工对企业领导的信任度，对企业的忠诚度，增强对企业的信心。

（四）提高企业的社会效益和经济效益

企业缺乏危机管理，或者危机管理不当会产生极大的社会负面影响，这些不良的社会影响会冲击企业在社会的声誉和地位，企业社会声誉和地位的受损会直接影响企业的社会效益。有效的危机管理不但能维持企业在社会中的声誉和地位，而且通过一定的信息沟通、社会服务等形式弥补企业原来的不足，增强这种声誉和地位，由此产生良好的社会效益。企业缺乏危机管理，或者危机管理不当还会使企业的消费者对企业的产品及其服务失去信心，这样，他们就会购买其他企业的产品。企业产品销售量的下降必然会影响企业的经济效益。一些严重的企业危机，由于管理不当，处理不力，甚至使企业市场丧失，经济效益受到毁灭性的打击。有效的危机管理能够化解矛盾，使企业的消费者保持或增强对企业的信心。通过有效的沟通途径使社会、公众、政府等都能理解和支持企业，这样就能保持原有的营销水平，甚至由于解决危机及时有力，社会公众信心倍增，由此出现营销的“井喷”现象。营销额的维持或大幅度攀升都会有力地促进企业经济效益的提高。

第四节　危机管理的原则

有效的危机管理，必须遵循一些基本原则。这些基本原则对危机管理起到积极的指导作用。

一、预防为先原则

有效的危机管理由三个部分组成：危机预防、危机处理、危机善后处理。对于现代企业而言，危机预防是危机管理的重中之重。危机是客观存在难于控制的，但危机预防是主观能动的。在危机还没有爆发之前，就筑起一道预防危机的大堤无疑是十分需要的。不容置疑，发生危机迅速加以处理和解决，这是值得称赞的。但解决危机的过程也是企业“伤筋动骨”的过程。对于大部分企业来说，危机处理需要有相当的付出。因此，最好的危机管理应该关口前移，从事先抓起。企业应该全面树立“预防为先”的危机管理理念，致力于培养企业员工“安而不忘危”的危机意识。在管理的体制、机制等方面避免危机的发生，在管理的制度、方法上化解危机在量变中的矛盾，在危机还未质变时将其平息。预防为先的危机管理理念可以使企业在危机管理中花费最少，得益最大。

二、公众利益为先原则

危机一旦发生，企业必须要维护公众利益，在公众利益为先的理念指导下进行危机处理。企业要努力承担责任，只要不伤害企业的根本利益，企业都应该想社会公众所想，做社会公众所做。实际上，公众利益为先的原则就是企业以长远发展利益为危机管理的原则。企业要想获得长远的发展利益，在危机处理时，就应更关注社会公众的利益。企业今天对社会公众利益的关注，必然会赢得社会公众明天对企业的回报。

三、不激化矛盾原则

不激化矛盾，不扩大事态这是危机管理的又一条重要原则。危机发生时，企业与有关的公众处于一种“对立”的状况。在这种状况下，往往会发生语言、行为等方面的冲突。危机管理“不激化矛盾”的原则要求现代企业在面临危机时，必须要“克制、克制、再克制”，决不能有“过分解释”“讨个公道”的想法和做法。千万要避免这样一种情况：由于过分解释，从形式上看企业似乎挽回了影响，实际上却激化了矛盾，扩大了事态，使企业与“危机公众”之间处于更加对立的状态。一定要记住，在企业危机中，“公道话”不能出自企业之口，最好出自大众媒体、社会公众之口。

四、快速反应原则

企业危机发生后，要求企业立即采取有效措施进行迅速处理。企业应该在危机发生的第一时间里对危机作出反应。能否在危机发生后作出快速反应，这是危机管理取得成功的必要条件。因为危机一旦爆发，大众媒体、有关的社会公众、有关的组织团体都会迅速介入。任何犹豫，任何迟缓都有可能给企业带来极大的损害。所以，企业危机发生后，企业要以最快的速度成立危机处理小组，立刻配置危机处理必需的设备和工具，迅速开展危机调查，分析危机的原因及影响的程度，制定危机处理的基本原则，全面实施危机管理预案。

五、全局性原则

企业在危机处理中，局部利益要服从全局利益。企业要从全局的角度考虑危机的处理。有时从局部看不甚有利，但从全局看却是有利的，在这种情况下，企业要果断决策，敢于牺牲局部利益，保全全局利益，牺牲短期利益，保全长远利益。因此，在危机管理中，胸怀企业全局，着眼未来发展是十分重要的。

六、及时沟通原则

企业危机发生后，企业必须及时地、全面地、客观地发布危机信息，保持与特定社会公众的双向信息交流，让广大社会公众明白事实真相，争取他们的理解、同情和支持。对重大危机信息的发布犹豫不决，发布偏面或倾向性很强的信息等不仅不利于危机的处理，反而会激化矛盾，形成更大的冲突，使企业陷入更深的危机。有效的危机管理要求企业在企业危机发生后，应该及时、主动地向社会发布信息，向新闻界开放危机现场（如果有可能、有需要），争取社会舆论，争取社会公众。

第五节　危机预防

现代企业在发展过程中，都有可能遇到危机。但这并不意味着危机是不可预防的。实践证明有危机并不可怕，而没有危机意识才是可怕的。只要企业危机意识明确，预防措施到位，危机完全是可以预防的。至少能在危机形成初期，将之消灭。即使危机真正发生了，由于事先有预案，也可以做到“安然处之，有备无患”，将损失降到最小的程度。危机管理与危机处理的真正区别在于：危机管理是包括危机事先、事中、事后的管理，而危机处理仅仅只是危机事中的处理，最多只是关注事后的危机动向。在危机预防方面，现代企业一定要有这样一种理念：防火永远胜于救火。当企业危机发生后能有效地扑灭危机是值得称赞的，但它多多少少总会给企业造成一定的损害。因此，强化企业人员的危机意识，防患于未然，是实现企业健康的、可持续发展的必然途径。

一、制定危机管理计划

现代企业在实施危机管理时，要根据企业的性质、特点制定危机管理计划。在计划中明确怎样预防危机发生，危机一旦发生后如何做出有针对性的应对等。危机管理计划可以帮助企业有效地预防危机和处理危机。

（一）危机的界定

首先企业要界定本企业危机的定义，以此确定什么样的事件是属于企业的危机范畴。有些事件一开始比较温和，但一旦偶发因素激发就有可能成为企业危机。因此，对危机的界定和把握决不能等闲视之。

比如企业在实施战略决策时，诸如企业并购、组织重组、市场拓展等，由于主观和客观的原因，就有可能形成性质不一的危机。

又如企业在实施营销战略时，由于质量、价格、服务或处理与消费者纠纷不当等都有可能形成表现不一的危机。

再如企业在实施市场战略时，由于种种原因发生与同行企业的诉讼纠纷或倾销与反倾销、控制与反控制，这样就会形成危害不一的危机。除企业行为的危机外，还有一些不以人的意志为转移的自然灾害，如地震、海啸、飓风等。在经济全球化的今天，企业还有可能遭受地区性、世界性的金融危机、能源危机，包括恐怖主义分子的袭击。因此，在企业危机发生前，企业必须洞察先机，科学客观地界定危机，对企业的危机管理而言，无疑是十分重要的。

每一个企业要根据自身的历史、自身的性质、自身的特点来界定危机，预测危机发生的可能。有一定历史的企业，要借鉴历史上发生过的危机，提出危机管理的方法。企业也可以借鉴同行企业发生的危机，进行有效地预防。对于可能发生的危机，企业要按照轻重缓急，加以排列，并预测出危机发生的概率、危机发生的程度、危机发生的后果，从而为制定企业危机管理计划奠定基础。界定危机还必须分清危机的类型。通常，现代企业的危机类型有以下几种：生产安全事故、环境保护问题、劳资争议引发的群体性激烈行为（如罢工等）、产品质量、恶意兼并，由于偶然因素引发股东对企业的信心危机、恶意谣传、传媒报道失实产生的负面影响、企业商业机密、技术机密外泄、政府政策的变化、企业高层管理的贪污腐化等。企业只有分清遭受的危机类型，才能对症下药，及时根治。

（二）危机管理的目标

企业危机管理的基本目标是采取积极措施，预防危机的发生，及早发现危机，将危机消灭在萌芽状态，一旦危机爆发，妥善处置，将危机造成的损失降到最低程度。在可能的情况下，变危机为发展的新机遇。企业经营目标的多元性决定了企业危机管理目标的多元性。企业应根据不同的危机类型，不同的利益群体受影响的程度，确定不同的危机管理目标。为了使危机管理目标更具操作性，企业一定要做好目标制定阶段的分析工作。

1. 调查研究

企业应按照一定的程序开展调查研究，以确定最有可能发生的、潜在的、能够造成严重危害的危机。主要的调查途径有：

(1) 对企业高层、中层、基层开展调查。

(2) 对企业的经销商开展调查。

(3) 对企业的目标消费者开展调查。

(4) 对企业有关的政府部门、行业主管开展调查。

(5) 对新闻媒体有关记者、编辑开展调查。

(6) 对有关的同行企业开展调查。

要针对不同的对象，开展不同内容的调查。在调查的基础上，研究识别企业管理中最薄弱环节，最容易发生危机的方面，这样就集中了危机管理的范围，提高危机管理目标的效率和效果。

2. 危机分析

(1) 分析危机发生的概率。

(2) 分析危机发生的影响。

(3) 分析危机管理的难度。

(4) 分析危机引起的公众关注度。

(5) 分析危机转化的可能。

3. 危机管理小组

成立危机管理小组是企业实施危机管理的组织保证。在危机管理计划中，要明确危机管理人员的构成，以及每一个成员的岗位职责。

危机管理小组是一个跨部门的管理机构，一般由企业管理层的主要领导、企业公共关系部的领导、企业安保部的领导、企业法律顾问等构成危机管理小组的核心层。危机小组的其他成员包括财务人员(保证危机管理的财务支出)、技术人员(保证危机管理的质量服务)、后勤人员(保证危机管理的后勤物质的保障)。企业还可以根据实际情况,聘请社会名流和专家参加危机小组的工作。企业要明确危机管理小组的职责,要授权危机管理小组在企业危机发生时行使一定的权力。在企业危机发生时,危机管理小组有权调动企业所有的资源,有权代表企业作出承诺和声明,有权协调各方面关系,对利益相关者进行信息沟通,控制危机、消除危机的消极影响等。在企业危机发生前,危机小组的主要任务是制定危机管理计划,对各有关人员进行危机处理能力的培训,对全体员工进行危机意识的教育,对各种潜在的危机开展预警等。

危机管理小组成员必须提供 24 小时的联络方法,包括电话、手机、传真、电子信箱等,以确保危机管理小组成员之间,成员与各有关领导、有关部门之间联络畅通、信息畅通。

一个完整的危机管理小组应该至少有以下五类主要成员。

(1) 危机主管。危机主管是危机管理的最终决策者。通常是由企业的总裁、首席运营官等企业最高领导担任。企业最高层领导担任危机主管,有利于保证危机管理的权威性。危机主管必须具有战略眼光和工作勇气和胆略。

(2) 公共关系专业人员。公关专业人员是危机管理的具体指导者和执行者。公关专业人员负责危机公关程序的制定和实施,策划一系列公关活动、维护和增强企业形象,使危机转化为发展的契机。如果企业内部没有合适的公关专业人员,可以聘请专业公关公司作为危机管理顾问。

(3) 新闻发言人。在危机管理中,新闻发言人要代表企业负责对外沟通,统一对外发布危机信息,形成有利于企业的传播和舆论氛围。

(4) 法律人士。在危机管理中,企业的法律顾问熟悉企业日常经营活动中可能出现的法律问题,使企业在法律程序上保证正确性。在调解无效的情况下,企业的法律顾问应尽早通过法律途径解决危机，以避免危机的进一步恶化。

（5）投诉处理人员：接受消费者投诉是沟通信息、对外树立企业良好形象的重要环节。这是危机管理的第一道门坎，把住这道门坎，对消费者的投诉进行适当的疏导和解决，就能将由投诉引发的危机消灭在萌芽状态。投诉处理人员在危机管理中，一定要注意自己的言行举止，任何过激的言行都会给危机管理带来极大的负面影响。

4. 危机沟通策略

（1）确立新闻发言人。在危机管理中，企业的新闻发言人是代表企业对内、对外进行信息沟通的主要渠道。新闻发言人是企业危机管理中的一种基本的信息发布制度，它体现了危机信息发布的公开性和透明性原则。企业的新闻发言人应该具备良好的职业素质。企业的新闻发言人一般由企业公共关系部门的负责人担任。在严重的危机中，辅以企业相关高层领导担任发言人。在危机信息发布中，企业新闻发言人一要明确发言立场，二要有充分的新闻背景材料。要有简明扼要的书面资料供媒体记者随时取阅。必要时运用数字信息或电视录像等多媒体资料，这样就能够更直观地帮助传递发言人要表达的信息。三要从媒体的角度预备一些可能会提到的问题，这样当“题外问题”出现时，也能从容应答。

（2）确立企业内部、外部信息沟通的模式和策略。对内的信息沟通可以通过会议、研讨会、内部刊物、领导直接下基层与员工进行面对面的沟通等。通过沟通，全体员工了解危机真相，增强战胜危机的信心。对外的信息沟通可以通过大众媒体、信息发布会、对外刊物、消费信箱、网络等形式。通过沟通，社会公众和企业的特定消费者都能知道危机真相、企业对危机的态度以及企业在危机中已经作出的和将要作出的努力，以此争取社会各类公众的理解和支持，为战胜危机创造良好的舆论环境。

（3）成立危机新闻中心。在企业发生危机时，危机新闻中心的作用是让媒体及关注危机事件的受众有直接的信息渠道。

危机新闻中心要有专人负责。这样，使新闻媒体和有关公众能源源不断地从危机新闻中心获得有关危机的信息，有效地防止谣言传播。

制定企业危机管理计划必须是刚柔结合。危机管理计划的刚性主要反映在危机管理的基本原则、危机管理的程序、危机管理的资源保证、危机管理的整体协调等。危机管理的柔性主要反映在危机管理计划的条款不能定得过死，应有较强的灵活性。制定企业的危机计划还必须有备选方案，以备第一方案失效时，第二方案能紧接而上。当今世界一些大的跨国公司，甚至制定三套以上的危机管理计划以供选择。如果有多种方案备选，应排定不同方案的优先次序，然后将适用性、适应性都较强的方案排为首选方案。

制定企业危机管理计划还必须注意突出重点。当企业同时面临多种危机时，当一种危机引发其他危机时，为了避免多种危机并发的混乱，企业应根据危机的实际情况、危机中的主次矛盾，确定主要矛盾优先解决的方案。

二、危机管理中的员工培训

为了提高企业全体员工的危机管理技能和意识，企业有必要对员工开展有针对性、有重点的危机管理培训。培训的内容主要是危机管理计划中的内容。企业危机管理小组的成员可以成为危机管理培训的老师或指导。为了让员工熟悉并牢记危机预防、危机处理、危机善后的有关原则和对策，企业可以根据实际情况，模拟可能发生的危机进行各种训练演习。训练演习的规模可以从小到大。注重强化员工之间在危机中的协作互助。在有条件的情况下，可以对整个训练演习的实况进行全程录制，然后根据录制图像音响对危机管理计划进行综合分析，客观评估，以进一步完善企业危机管理计划。事实证明，针对危机管理计划开展训练演习是重要的，但企业决不能忽略对员工开展日常的、持续不断的危机管理意识的教育和培训，这种日常的、持续不断的危机管理意识教育和培训才是企业危机管理成功的基础。

（一）危机意识教育

通过危机意识教育，全体员工意识到，任何一个企业在发展的过程中都会有各种形式的危机。危机会破坏企业的健康发展。国外一些企业用模拟"企业倒闭"的方式来保持企业员工的危机意识。一些企业成功的秘诀就是永远抱有危机意识，具体做法就是人为地制造危机，使企业不断树立危机意识、忧患意识，产生危机感和责任感，居安思危。居安思危的实质是凝聚企业的人心。因为人的因素始终是企业管理最重要、最活跃的因素。即使在企业危机最深重的时候，只要企业上下团结一致就能合力共渡难关。毫无疑问，预防危机最有效的办法就是强化企业员工的危机意识，对待危机的最好的办法也就是强化企业员工的危机意识。企业全体员工的危机意识是企业避免危机、战胜危机的思想基础。

（二）危机防范教育

企业危机一般都是和企业的行为联系在一起的，如管理不当、违反法规、产品或服务质量问题等都会引发企业危机。因此，企业必须要对全体员工开展法治教育、安全生产教育、质量管理教育、内部管理制度教育等。加强以上这些教育，实质上是加强了危机防范教育。通过教育，每一个员工都能意识到危机防范必须从我做起，从现在做起。防范危机，人人有责。同时，企业还要注意对企业员工进行沟通能力、沟通技能的培训。通过培训，企业员工都能较好地进行员工与员工之间的沟通，部门与部门之间的沟通，企业与政府有关部门的沟通，企业与消费者的沟通等。因为有效地沟通能防止危机的发生。有些危机就是由于沟通不畅，产生误解而引发的。

（三）危机处理教育

企业要按照员工不同的岗位分工进行危机处理技能的教育。这样，当企业危机发生时，每一个岗位的员工就可以根据危机处理的程序，运用危机处理的技能，按部就班，有条不紊地采取行动，应付危机。

（四）危机案例教育

企业要结合具体的案例对员工进行危机教育。案例教育可以帮助员工加深对危机管理的理解。通过对真实危机情景的再现，员工具有身临其境的感觉。借此进行模拟训练，提高员工处理危机的能力。危机案例可以取自本企业的，也可以取自其他企业的。

三、危机预警系统

建立危机预警系统，有助于企业及时地收集和评价有关危机的各种信息，提前发现发生企业危机的先兆，进行有效地危机预防。

（一）危机预警系统的概念

危机预警是指企业采取定量、定性的方法，对企业危机的诱因、企业危机的征兆进行监测与评估，并由此发出危机警示的管理活动。危机预警是危机预控的基础和条件。一般而言，危机预警系统主要由危机监测、危机评估、危机预报这三个子系统组成。危机监测、危机评估、危机预警依靠的是对危机征兆定量、定性的分析。

企业需要对各种风险因素进行综合分析，在此基础上，根据企业的实际，将容易引发企业危机的现实风险和潜在风险较为严重的确定为风险监控对象。同时，建立相应的预警指标体系，并根据不同的指标确定不同的预警标准。

在对各种渠道收集的信息进行综合分析后，要对危机的危险程度进行评估，一旦危险程度超过预警的标准，就要及时发出危机预报，随即开展危机预控。

（二）危机监测系统

危机监测系统的职能是通过对危机诱因、危机征兆的严密观察，收集、整理出引发危机的各种信息。对危机进行全过程监测，包括以下几个主要环节。

1. 风险初步分析

企业在经营过程中，会面临各种各样的风险。不同的风险因其性质的不一，对企业造成的伤害程度是不一样的。有的风险后果严重，给企业以致命打击，使企业难以承受或根本无法承受。有的风险后果一般，影响较小，企业能够承受。而有的风险与企业的发展紧密相连。对于现代企业而言，重点防范的是第一类风险，密切注意的是第二类风险，以开放务实的心度对待第三类风险。为了有效地开展危机预警，企业有必要对其所面临的所有风险进行初步分析。根据不同风险对企业可能造成的危害大小，进行风险分类。其中危害性较大的风险应成为企业危机管理的主要监测对象。下表为不同风险的危害性。

不同风险的危险性

危险性较小的风险	危险性较大的风险
自愿承担的	非自愿承担
十分熟悉的	不熟悉或新生的
认为可控制的	不能控制的
由感觉到风险存在的人承担的	由别人管理的
根据后果按比例公正分摊的	存在似乎分配不平等的利益和成本的
对其恐惧感极小的	记忆深刻的 令人非常害怕的
认为是长期或习惯性存在的	突然或在意想不到情况下开始的
散布于整个有形地理空间或到处出现的	固定并引人注目的
暴露期短暂的	暴露期限长的（且造成的重大影响需要很长时间才能逐渐显露）
非致命的	致命的
认为是自然界一部分的	人为的
认为能用行动对抗的	不受管理行为约束的
能触知的（能见到、尝到、闻到、摸到或听到的）	不能感触意识到的

2. 预警指标的建立

确定了危机预警的监测对象后，应针对不同的对象建立不同的预警指标。预警指标的设定应注意：

（1）实事求是。选择的预警指标能有效地反映企业真实的经营情况，符合企业的实际。数据采集客观、全面。

（2）高度概括。预警指标要高度概括，尽量避免内容繁杂、内容重复的指标。设定的指标让人一目了然。

（3）环环相扣。企业危机预警是一个复杂的系统。因为企业危机是企业内因和外因的结果，是一个量变到质变的过程。众多的危机因素往往是相互影响、相互作用的。为了能比较精确、灵敏地开展危机预警，要求各项预警指标必须相互联系、相互补充、环环相扣、密不可分。

（4）纵横比较。要使企业危机预警指标具有一定的现实意义和指导作用，必须要使这些指标有一定的可比性。孤立的指标是没有实用意义的。设定的指标即便与企业纵向比较，也能够与同行企业开展横向比较。通过纵横比较，把住预警指标的实用性和客观性。

3. 预警指标的确定

企业在选定具体指标后，需要根据企业发展的历史资料和数据，同时参考同行的实际情况，确定各项指标的预警线。对于一些难以量化的指标，也应努力确定便于识别和评估的预警线。危机的先兆往往是细微的，所以非常容易被忽略。所以，对于一个企业而言，系统地掌握危机的识别方法，以确定预警指标的预警线是十分重要的。

4. 相关信息的收集

广泛收集相关信息是企业进行危机预警的前提。信息收集的途径包括大众媒体、互联网、利益相关者的抱怨、企业财务数据、企业内部的沟通和企业开展的专项调查等。

（1）大众媒体。大众媒体包括报纸、杂志、电视、广播等传统媒体。大众媒体是企业收集相关危机信息的重要渠道。通过大众媒体，企业特别要关注的是：

企业在社会公众中的形象如何？

社会公众对企业产品和服务持何种态度？

在同行企业中本企业处于什么样的地位？

国家的法律和政策有无不利于企业发展的变化？

企业竞争的现状、实力、潜力以及发展的趋势？

同行企业普遍遇到的难点是什么？

（2）互联网。互联网的迅速发展极大地方便了现代企业的信息获取。各大门户网站、传统媒体的网络版，以及企业所在行业的有关专业网站成为企业收集相关危机信息的重要渠道。利用关键词通过搜索引擎搜索，也是有效的危机信息收集方式。

（3）利益相关者的抱怨。企业目标消费群体、竞争者、股东、员工、供应商、零售商、社区公众等的抱怨和建议。政府部门、相关社会团体的批评和警告，需要引起企业危机管理小组的重视。如对这些意见相关者的意见和抱怨听之任之，就有可能引发严重的企业危机。认真地听取利益相关者的抱怨意见和批评是企业收集危机信息的重要渠道。通过认真听取，积极采取措施加以改进，就能有效地防止危机的发生。

（4）企业财务数据。对企业各项财务数据进行客观地分析，能够发现企业许多潜在的问题。这些潜在的问题就是企业危机的前兆。因此，企业应该重视财务分析，对资本结构比例、现金流量、销售利润率、库存情况等进行长期追踪，密切关注其发展趋势。财务指标超出正常区间的波动，需要引起危机管理小组的高度重视。

（5）企业内部的沟通。在大多数情况下，企业内部的危机先兆首先会被一线员工发现和感觉。如果能将一线员工的这种对危机先兆的发现和感觉尽快地传递到企业的管理层，这对危机的预防具有决定性的作用。因此，在企业内部要建立双向的信息沟通网络，使信息沟通成为经常化、专业化，这在企业危机管理中显得尤其重要。

(6) 专项调查。企业通过召开座谈会、问卷调查、实地走访等形式广泛了解各方面公众对企业的认识和看法,并从这些认识看法中发现问题。企业内部也可以就一些专门问题进行专项调查,比如设备、管道、操作规范、管理制度等。通过专项调查,确认危险性程度,加强防范,避免事故的发生。

通常,当企业危机即将爆发时,以下几种预警信号必须要引起企业危机管理小组的高度重视。

a) 不断地有媒介打电话询问事件发展的情况,事件发生的事实真相以及企业准备采取的行动。

b) 围绕事件的谣传不断,利益相关者纷纷询问,要求了解事件的真相。企业很难预料正在发生的所有事情。

c) 不明真相的公众对企业猜测纷纷,形势有失控的趋势。

d) 致使危机恶化的事件接二连三地出现。

e) 政府有关人员对企业进行了负面的评论。

f) 媒体要求企业对事件作出反应。消费者要求了解事件真相及解决问题的方法。

g) 企业感觉陷入包围之中。感觉到说也不好,不说也不好。

h) 企业领导层对事件处理出现了不同的声音。

三、危机评估系统

危机评估系统的职能是对监测到的危机信息进行归纳整理,然后通过定量、定性的科学研究方法对相关信息进行分析,对未来可能发生的危机类型和危害程度作出评估。

(一) 相关信息整理

收集到的大量信息需要系统地整理和归类才能发挥信息应有的作用。没有整理和归类的信息很难产生信息的积极作用。

1. 对信息的真实性进行甄别

对收集到的危机信息,一定要有去伪存真、由表及里、由浅入深的甄别过程,排除虚假的信息。事实证明,虚假不实的信息会误导企业作出错误的判断。因此,对传递环节过多的信息、来源缺乏客观性的信息、与传递者利益相关性很强的信息必须要引起高度重视，对信息的真实性作再三的考虑和评价。

2. 对信息进行归类

信息的真实性确定后，需要对不同的信息进行归类，使信息系统化、条理化，便于危机评估的开展。同时要将归类的信息分别传递给企业的有关领导、有关部门、有关人员，提示他们引起注意，避免危机的发生。

3. 关注重要的危机信号

在对一些相关信息整理、归类的基础上，企业要对一些重要的危机信号引起格外关注，并采取强有力的措施，将其消灭在萌芽状态。

主要危机预警信号与潜在危机的对应关系

预警信号	潜在危机
员工有不满情绪	工作地点暴力事件
令人失望的财务结果	消极的媒体报道；员工流失；士气问题
顾客抱怨	产品回收；失去业务；产品可靠性诉讼
年龄过大的 CEO 或高层决策者	突然或严重的伤害
忽视代理人、会计师或税务代理的建议	罚款或处罚；消极的媒体报道；丧失信用/信任
不健全的环保过程	罚款或处罚；昂贵的诉讼；丧失信用/信任
研究和投资的减少	丢失市场份额；糟糕的财务表现；声誉受损

续　表

预警信号	潜在危机
没有充分考虑员工的工作计划	严重的质量问题；事故；失去业务
没有持续的计划	工作业绩不佳，精力过多集中于组织内部和责任分摊
没有经营计划	由于缺乏战略/战术和长期计划，使得工作业绩不佳
没有危机管理计划	危机管理不当；消极的媒体报道；声誉受损

（资料来源：[美]杰弗里·R·卡波尼格罗著：《危机顾问》，杭建平译，北京，中国三峡出版社，2001，第 57 页）

（二）潜在危机评估

对潜在危机的评估可以采取定性的方法，也可以采取定量的方法，或二者结合。以下几种危机评估法可供借鉴。

1. 专家评估

专家评估法是一种比较有效的评估方法。这种方法适应时间紧迫，资料不全，无法进行定量分析情况下的定性分析方法。通过征询企业内部、外部有关专家的意见，确定潜在危机的类型和危害程度。头脑风暴法、德尔菲法是专家评估中经常使用的方法。

头脑风暴法具体的实施过程如下：企业邀请内外部有关方面的专家齐聚一堂，由危机管理小组指定的会议主持人介绍相关的情况，为与会专家创造一个宽松的发表自己意见的环境，让他们大胆地提出自己的想法，同时，禁止对别人的想法提出批评。通过与会专家的相互启发、相互影响，所有的与会专家都开动脑筋，将注意力集中到对潜在危机的发生概率和危害影响的评估上，不断完善和补充自己的看法。当所有的专家都发表了自己的意见和看法之后，再由会议主持人统一归纳这些意见，并逐一讨论，最终形成对潜在危机的基本结论。头脑风暴法鼓励与会专家畅所欲言，有助于企业发现那些平时容易被忽视的潜在危机。

德尔菲法1946年最早由美国兰德公司采用。在对潜在危机的评估过程中，德尔菲法采用匿名的方式征求有关专家的意见，在向有关专家寄发相应的背景材料的基础上，由各位专家根据自己的判断独立写下自己对潜在危机的看法，统一寄还给企业危机管理小组。企业危机管理小组在对所有专家的意见进行汇总、整理之后，再将汇总、整理的结果分别反馈给每一位专家，作为重要的参考资料，要求他们重新斟酌自己的意见，重新进行判断，在必要的时候，还可以要求他们解释为什么自己的估计与大多数人的意见不一致。如此多次反复，专家的意见逐渐趋于一致。这样，对潜在危机评估的结论的可靠性就较高。

随着互联网的发展，可以有效地实现德尔菲法与计算机技术的结合。各位专家通过计算机接收相关的背景材料，将自己的看法输入计算机传递给企业危机管理小组，计算机将所有专家的意见汇总之后，再传递给各位专家作为重新评判的参考依据。通过多轮反复，最后各位专家通过计算机对不同的意见进行表决，得出最后结论。计算机技术的采用，大大提高了德尔菲法的效率，是传统的邮寄方法所无法比拟的。

2. 危机晴雨表

美国学者史蒂文·芬克在1986年以危机发生的概率和危机影响值(Crisis Impact Value)为横坐标和纵坐标，制定了危机晴雨表(Crisis Barometer Grid)。这是一种定量分析危机的方法。

危机发生概率处于0和100之间。当发生概率为0时，表示危机不可能发生。当发生概率为100时，表示危机必然发生。根据危机发生概率的高低，分为低度发生(0%—50%)、高度发生(50%—100%)两种类型。在危机影响值相同的情况下，不同发生概率的危机的严重程度是不同的，因此，引起企业重视的程度也是不同的。所谓危机影响值是指危机一旦发生后不对它进行干预所产生的危害大小。通过对其进行主观评价，可以用0—10表示危机影响值的大小，数值越大，表明危机的危害越大。判定危机影响值的大小主要依据以下一些因素：

- 危机在多大程度上影响企业正常业务的运行？
- 企业的销售收入和利润受到多大程度的影响？
- 危机对企业的形象可能有多大程度的损害？
- 危机的影响周期有多长？
- 企业是否是各类公众关注的焦点？是否受到媒体、政府机构、社会中介组织等公众的密切监督？
- 企业平常与媒体及相关政府部门的关系如何？
- 企业是否拥有专门的危机管理计划？
- 危机发生之后有无可能对危机进行及时的补救？
- 如果危机恶化，其程度如何？企业的承受能力如何？

对上述各种因素分别评分并给予相应的权数，就可以确定危机影响值的大小。

四、危机预报系统

危机预报系统的职能是根据危机评估的结果，对危害程度大的潜在危机向企业、企业的相关利益者发出警报，提醒关注，采取有效措施，防止危机的发生。

建立有效的危机预报系统是危机预报的关键。所谓有效的危机管理系统是指危机的反应者、受害者能迅速、准确地得知危机警报。如果危机反应者和受害者相对集中，可以采取针对局部、分层分批的危机预报，以免引起不必要的大规模恐慌和混乱。如果危机反应者和受害者相对分散，则应选择覆盖广、相对集中的危机预报，使警报尽可能以最快速度、准确地到达有关群体。

五、危机预警要注意的几个方面

危机预警是危机管理的基础。危机预警的准确性和有效性决定了危机管理的成败。

（一）注意危机预警系统设计的合理性

危机预警系统设计的合理性包括多方面工作。首先，对风险的认定要合理。一些重要的风险一定要纳入预警指标。一些不重要的风险不要纳入监测范围，否则会增加测控危机的成本，同时也会分散监测的精力和物力，影响对主要风险的监测。其次，危机预警系统的设备选用能相互兼容的，实现系统与系统之间的衔接。再次，危机预警系统的评估要注意科学性、客观性和全面性。因此，预警系统的信息收集、信息分析、信息整理、信息运用必须有一定的准确性和有效性。这样能避免危机评估的失误。最后，危机预警系统部门设置、人员设置要体现合理性和整合性。这样有利于部门与部门、人员与人员在危机管理中相互协调、相互支持。

（二）制定危机预警的激励制度

在危机管理中，企业一定要制定危机预警的激励制度。通过激励制度，引导危机预警的相关人员能广泛收集有关信息、认真维护预警系统的有关设施，积极仔细地进行危机评估、主动地开展部门之间、人员之间的沟通交流。这样，就能提高危机预警系统的有效性。

（三）建立经常性的信息交流网络

一个比较合理的危机预警系统必须要有一个比较好的信息交流网络。这个网络覆盖面广、信息传递渠道清晰，信息设施运行稳定。企业的有关人员应该全部进入这个信息交流网络。

（四）注意危机评估的准确性

对危机的评估，数据必须完整、准确。对各种信息的整理和分析必须到位，坚决筛除似是而非的信息。采取专家评估法时，对专家的资格、能力等严格把关，否则会影响专家小组的整体水平，进而影响危机评估的准确性。

（五）危机预报的及时性

企业合理的危机预警系统能迅速地判断、确认信息的真伪虚实。在短时间里从繁杂的信息中找出关键信息，确认风险程度，及时发出危机预报。及时发出危机预报，能使企业有条不紊地启动危机预案，开展危机预控工作。

（六）重视各方面的危机信息

企业的危机管理小组一定要高度重视来自各方面的危机信息，决不能置之不理。对危机信息麻木不仁，缺乏必要的敏感性，往往是危机爆发的温床。因此，合理的危机预警系统能灵敏地反映各方面的危机信息，并能正确判断，及时决策，果断处置。

第六节　企业危机处理

当企业危机发生时，企业既不能惊慌失措，也不能漠然视之。企业应该本着“以诚为本，以信为上”的思想，积极策划各方活动，尽量减少危机产生的损失。管理学家迈克尔·里杰斯特说：如一个企业在发生危机时，不能与公众进行沟通，不能很好地告诉公众企业的态度、企业正在做什么，无疑会给企业的信誉带来致命的打击，甚至有可能导致企业的消亡。因此，在企业危机发生时，必须采取强有力的措施，尽快平息矛盾，化消极为积极，这是处理企业危机的基本目的和要求。

一、企业危机处理的基本程序

（一）危机领导小组迅速到位

企业危机发生后，应按危机的类型，迅速启动危机管理预案。危机管理计划中的危机领导小组迅速到位。如果没有危机领导小组需立即成立危机领导小组。重大的企业危机，应由企业主要领导担任危机主管。危机领导小组承担危机中的很多工作。但必须强化三方面工作：一是谈判沟通，二是宣传沟通，三是公众来访接待。

（二）迅速查明危机的事实真相

1. 迅速查明企业危机的事实真相

企业危机发生后，企业要迅速查明危机的事实真相。事实真相主要有三个方面：一是危机的基本情况，二是危机发生的后果，三是危机的现状。

（1）危机的基本情况。它包括危机的性质（比如是产品的质量还是企业与消费者的纠纷？是自然灾害还是企业行为不当造成的重大伤亡事故？……）、危机发生的地点和范围、危机发生的基本原因、危机发生的时间或发现的时间。

（2）危机的后果。人员伤亡的程度、企业财产及公众财产损失的程度、社会舆论对企业经营有哪些不利影响、企业的生存和发展可能出现哪些不利因素。

（3）危机的现状。危机是否得到控制，如得到控制，有哪些特别的措施；危机是否还在发展，如在发展，将采取什么对策，采取某种对策后，是否会引起新的危机。

迅速查明危机的事实真相，有助于企业制定正确的处理危机的方案。

（三）对危机进行客观全面的评估

在查明危机的事实真相后，要对危机进行客观全面的评估。危机评估是制定有效危机处理方案的前提。危机评估主要内容有：危机已经对企业造成的实际损失的程度、危机是否有蔓延的可能、危机对企业的发展战略带来哪些不良影响、有关社会公众对危机的反应等。

（四）制订危机处理方案

对于已经制定危机管理计划的危机类型，企业的危机处理小组应结合危机事实真相和评估，对原有计划进行一定的调整。然后，尽快启动危机处理预案。对于尚未制定危机管理计划的危机类型，危机处理小组应根据危机调查事实和评估结果，尽快制定危机处理方案。危机处理方案的主要内容有：确定危机处理的目标和原则，选择合适的危机处理策略，制定对受害者赔偿、致谦等措施，明确危机沟通的对象、方式，明确危机处理所需人、财、物的支持等。

（五）实施危机处理方案

根据危机处理方案的具体要求和时间节点，危机处理小组迅速到岗,各司其职,实施危机处理方案。如果危机还未在媒体曝光,危机处理的重点是控制事件的影响。要在合理、合法的前提下,尽快地与危机的受害者达成相关协议,避免事态进一步扩大。如果危机已经在媒体曝光,危机处理的重点就是引导社会舆论,转变社会公认对企业负面的态度。加强信息沟通,强化媒体公关,让社会公众了解事实真相,引导媒体客观、公正地报道和评价危机,努力维护和强化企业的信誉和形象。

(六) 评估危机处理的结果

在危机基本平息后,企业要对危机处理的结果进行评估。评估包括以下内容。

1. 危机发现是否及时?

2. 危机处理的基本目标是否达到?

3. 危机处理的策略选择是否客观、可行?

4. 危机沟通策略选择是否合适?

5. 危机沟通是否及时、准确、全面?

6. 危机的受害者是否得到有效的安抚?

7. 危机处理中企业有关部门、有关人员是否统筹协调、形成合力?危机处理所需的人、财、物是否得到保证?

8. 危机工作小组的工作成效如何?

9. 危机会有哪些发展趋势?

通过以上评估,发现企业危机管理中存在的问题,进一步完善企业的危机管理,提高企业危机管理,特别是危机处理的能力和水平。

(七) 做好危机处理的善后工作

为了使企业尽快地从危机的阴影走出来,需要做危机处理的善后工作。

1. 尽快消除危机的消极影响

企业通过举办各种社会活动等形式,传递企业接受批评、勇于开拓进取的决心。要吸引社会公众的关注,消除各种对企业不利的影响,获得社会公众更大的理解和支持。同时,企业也要努力消除危机可能对员工、股东等内部公众造成的心理不良影响，要鼓舞内部公众的士气。

2. 进一步提高企业危机管理技能

要将危机中所得到的经验、教训以及危机过程进行筛选、总结，制作成形象生动的危机案例，作为对员工进行危机教育的内容，提高企业员工的危机管理技能。同时要根据危机处理的实际，完善原来的危机管理计划，以此不断提高企业危机管理的能力。

3. 进一步改进管理制度，减少管理隐患

针对危机中暴露出来的管理问题，企业有必要进行调整和改革。通过调整和改革，进一步完善制度、规范程度、消除隐患，决不犯同样的管理错误。

二、危机处理策略和方法

1. 企业领导要观点明确，态度坚定

企业领导对处理危机的观点要明确，态度要坚定，并要让企业员工感受到企业领导的这种观点和态度，以提高企业上下处理危机的信心。

2. 及时发布信息

企业要及时向企业员工、社会公众发布危机信息，阐明企业处理危机的基本原则、立场，争取社会舆论、社会公众、企业员工的同情和支持。

3. 认真调查研究

危机发生后，企业的领导、企业的有关人员要下到危机第一线，调查危机的真相。在掌握危机的事实真相后，有针对性地与公众进行信息交流，争取危机中的大多数人的同情和理解。

4. 认真听取公众的意见

企业的各级领导、有关人员下到危机第一线，认真听取公众的意见。要与危机的发动者、参与者进行直接的信息交流，做好耐心细致的说服工作。对公众的合理建议表示理解，避免矛盾激化和情绪对立。

5. 迅速作出反应

久拖不决是危机处理的大忌。危机发生之后，伴随着大众媒体的介入，企业往往处于公众的一片指责声中。企业必须认识到，只有诚恳的态度才是挽救企业的有效途径，傲慢无礼或推诿责任只能招致公众的更大反感。企业应就危机处理的相关事宜进行诚恳的表态，抓紧对事件的真相进行调查。在确认自己的责任之后，以快刀斩乱麻的凌厉手段，尽快给公众满意的答复。否则，不但对企业声誉造成损害，而且会给竞争对手以可乘之机。

6. 主动纠正错误、赔偿损失

企业在发生危机，特别是出现重大责任事故，导致公众利益受损时，应进行妥善的善后处理，尽快纠正错误，赔偿受害者的物质和精神损失：第一，迅速改正错误，采取有力的方法纠正过失。不惜代价迅速收回存在问题的产品，关闭造成污染或引发安全问题的生产场所，以表明企业解决危机的决心；第二，第一时间在媒体刊登公开致歉信，或直接登门拜访受害者及其家属，争取社会公众的谅解，安抚受害者及其家属；第三，对受害者及其家属给予相应的物质补偿。

7. 争取社会知名人士的理解和支持

主动与社会政界、教育界、文化界、经济界等的知名人士进行信息沟通，保持“热线”联系，随时通报事态发展的情况，争取他们的理解和支持。在适当的时候，要让社会知名人士发表一些有利于缓和矛盾、平息事态、解决危机的客观意见。

8. 加强与新闻媒介的联系

企业危机发生后，企业应及时地与有关新闻媒介取得联系，告诉企业危机的事实真相，阐明企业处理危机的基本方针、基本原则，努力争取新闻媒介的同情和支持。必要时可以邀请新闻记者参观危机现场，便于他们写出全面、客观、公正的报道。企业要积极配合新闻记者的采访，提供一切可能提供的条件。

9. 主动与政府有关部门联系，争取支持

政府部门的权威是任何其他机构或个人所难以比拟的。在危机发生之后，公众往往希望了解事实真相，尤其是在公众对企业怀有疑虑的时候，政府部门公正的声音、权威的论断能够为企业澄清事实，使公众对企业形成正确的认识。不少企业在危机发生以后，没有意识到政府部门的特殊作用，不主动寻求政府的帮助，使企业的危机处理十分被动。更有甚者，一些企业在危机发生以后，不注意配合政府部门开展工作，给企业形象及企业的可持续发展造成极为不利的影响。

消费者保护协会、行业协会、环保组织等机构具有准政府部门的性质，在公众心目中也具有很大的公信力。在危机处理过程中，充分利用这些社会中介组织的力量，可以有效地帮助企业扭转不利的舆论环境，对于企业重塑良好的形象非常有利。

有较多人参与、且有激烈行为的企业危机，如处理不当会引发复杂的社会事件，因为参与的人有不同的社会背景和动因。因此，必要时，企业要主动与有关政府部门、公安司法机关联系，以便及时阻止和打击个别人中有碍社会稳定的不良行为和破坏行为。

10. 寻找解决危机的突破口

企业领导、企业公关人员、营销人员要认真策划、积极寻找解决危机的突破口，尽快打破“僵持”局面。如果需要对话，则应准备对话程序。

三、企业危机中的对话程序

对于一般的企业危机，企业主要是通过调查研究、信息沟通进行妥善解决。但是，对于重大的危机，企业有时不得不用对话形式求得合理、公正的解决。然而，对话必须要有准备、要有程序。没有准备、没有程序的对话不但产生不了对话的积极效应，甚至会引起新的冲突、新的对立。在企业危机中，对话程序对妥善处理危机能起一定的积极作用。

1. 争取共同语言

企业危机是由多方面因素造成的。企业是危机冲突的主体，有关的社会公众或社会团体是危机冲突的客体。主体和客体之间在危机中互相排斥，当然，这种排斥是相对而言的。消除对立的关键是寻找能连接危机双方的“纽带”，这根“纽带”就是解决危机的突破口。没有找到突破口，或突破口没有找准，对话就不可能产生理想的效果。因此，没有真正找到共同语言之前，不要匆忙地进行对话。争取共同语言，首先要调查研究，掌握产生危机的事实真相；其次要仔细分析，寻找双方都能接受的共同语言，以共同语言作为对话的突破口；最后要对双方进行信息沟通，达成共识，争取共同语言。

2. 确定对话主题

对话是一种理性的行为。任何对话都必须要有主题。对话主题是以解决企业危机为根本内容的。一般的危机可能用一次对话就解决了。需要多次对话的严重危机，必须考虑多次对话的主题。对话的过程，是主题逐步深入的过程，是逐步解决矛盾冲突的过程。主题对对话起着指导、控制、协调的作用。要努力使对话的双方都了解每次对话的主题。

3. 对话前的信息沟通

成功的对话是一种双向行为，是危机双方努力的结果。因此，对话前的信息沟通十分重要。在没有进行双方的信息交流之前，决不可贸然对话。对话前信息沟通的内容有：

(1) 把对话的主题告诉给对话的双方。

(2) 要求对话的双方在对话过程中，不得提出与对话主题无关的人和事。

(3) 要求双方在对话过程中，既要发表自己的意见，又要认真听取对方的意见。

(4) 告诉双方在对话中只能以事实为依据，不要假设。有时，假设就是新冲突的开始。

(5) 在对话中要避免使用触犯对方人格的言行。随意使用庸俗的俚语、不经意吐出的口头禅、不耐烦的语气神态都会伤害对方的自尊心。

(6) 对还有分歧的问题，不要急于下结论。结论的前提必须是双方的共识。

4. 认真做好信息的反馈

信息反馈是对话成功的必要条件。没有及时、有力的信息反馈，不可能有对话的成功。要把每次对话的结果通报给双方，并向有关公众发布对话结果的信息，同时要注意收集信息发布后公众的反应。

对话是解决企业危机的有效手段，但条件不成熟的对话往往会适得其反。对话程序的制定为对话的成功创造了良好的条件。

为了使对话卓有成效，对话的组织者还应注意：当冲突双方情绪没有稳定时，不能进行对话；当双方对话感到疲劳时，或对话将陷入僵局时，应及时结束对话。

5. 对话组织者在对话中的态度

企业危机需要用对话沟通、协调、解决时，需要有对话的组织者。这个组织者可以是企业的公关人员或是危机双方以外的"第三者"。对话的组织者必须能得到冲突双方的认可。对话组织者在对话中的态度是：

(1) 置身矛盾冲突之外，从维护双方利益出发，积极做好协调工作。

(2) 多听少说，决不能有倾向性的语言和行为。

(3) 积极行动，行动包括信息发布、对话前的信息沟通、设计对话程序、对话中的信息反馈等。

四、企业危机中的新闻发布

企业危机一旦出现，往往会严重地损害企业的信誉和形象，甚至会威胁人的生命财产和社会安全。因此，危机发生后，企业应尽可能地与新闻媒介取得联系，及时发布信息，报道事实真相，澄清社会误传，取得社会的同情，争取公众的理解和支持。

1. 企业在发布信息时的注意事项

(1) 企业领导必须审阅企业的新闻发布稿，统一对外发布危机新闻的口径。

（2）系统地回答社会公众提出的问题。记录每次发布新闻的时间和内容，以避免重复发布新闻。

（3）如有遇难者，不要仓促发布遇难者的姓名，发布遇难者姓名之前，先通知遇难者家属。

（4）可以将记者带往事故现场以体现信息发布的客观性。

（5）发布危机信息时，尽量不用“可能”、“估计”、“分析”等字眼。对事故的起因、发展、责任不要随意进行推测。

（6）对外发布危机信息时，不要出现为企业辩护的语言，不要给人以推脱责任的印象。

（7）信息发布不要用专业术语。

（8）当新闻界人士要求证实他们获取的信息时，只能证实不可改变事实的那个部分。如消防队员从失火现场抬出一具尸体被记者发现，要求企业证实时，企业只能说，在失火现场发现一具受难者的尸体，至于是男是女、是年长的还是年轻的就没有必要细说。待调查确凿以后再说。

（9）必须以事实来支持企业的观点。答记者、家属、社会公众问题时，注意围绕主题，防止将问题越扯越远。切记缩小影响、缓解矛盾、平息事态是信息发布的根本目的。

2. 企业危机中处理好与新闻媒介的关系

新闻媒介是社会舆论的代表，它有权获得一切能引起社会团体、社会公众关注的重要信息。企业危机发生后，必然会引起新闻媒介的关注和兴趣，所以处理好与新闻媒介的关系，帮助新闻媒介客观、公正、全面地报道危机的事实真相，有助于缩小事态、缓和冲突、控制局势。企业在危机中要主动向新闻媒介提供真实的信息，与记者保持密切的联系。

（1）与记者取得联系。

危机发生后，企业要及时与记者取得联系，从缓和冲突、平息事态的角度出发，尽可能向他们提供一切可能提供的信息，要创造条件，让记者深入到危机现场进行采访。

(2) 迅速回答记者的提问和质疑。

迅速两个字对记者十分重要。企业迅速回答记者的问题和质疑就是对记者工作的最大支持。因为危机发生后，社会公众都在等待危机消息，所以记者必须赶在截稿前发出消息，否则会延误发稿，不能及时向社会发出信息。

(3) 对记者抱谅解和合作的态度。

企业危机发生后，社会对危机信息需求剧增。频繁地采访写稿难免会影响记者的情绪，有时会出现一些语言和情绪上的冲动。这时，企业接待人员要保持清醒和冷静，不应计较记者的态度，而应善言对待，抱谅解和合作的态度，尽可能与他们保持良好的协作关系。须知，在危机中往往是"成也记者，败也记者"。

(4) 一时难以回答的问题，争取推迟回答。

如果记者提出的问题使企业一时难以回答，而这个问题又牵涉到危机的事实真相，此时，企业决不能胡乱作答，而应推迟回答。在推迟回答的这段时间里，企业应积极地与有关部门、有关人员联系，了解情况，仔细推敲回答的口径，然后将有关的回答和信息传递给有关的记者或新闻媒介。企业在与新闻媒介打交道时，对一些疑难问题要有先见之明，作好充分准备。这样，企业在答记者问时，就能做到从容不迫、应付自如。

(5) 尊重新闻媒介。

在企业危机中，新闻媒介会不断发出报道。此时，企业千万不能提出要审阅记者的报道稿，而应充分尊重新闻媒介，理解新闻媒介的工作程序。如果担心报道失实，应通过适当的途径、适当的语言，提请新闻媒介在某些报道要点上加以注意。必要时，可以将基本事实、基本观念打印成文供记者参考。一旦发现报道失实，立即与新闻媒介取得联系，讲清利弊，请新闻媒介自己作出更正。

(6) 一视同仁地对待每一家新闻媒介。

企业在发布信息时，应邀请所有对危机关注的新闻媒介，要一视同仁地对待每一家新闻机构、每一位新闻记者，决不能有明显的有亲有疏，否则会节外生枝。在企业危机中，企业是“多一个朋友，多一份力量”，尽可能减少对立面。

五、如何处理企业危机中的谣传

企业危机一旦产生，特别是严重的危机发生后，谣传是毁坏企业形象、破坏企业组织的恶魔。谣传产生的恶果有时更甚于危机本身。谣传可以使企业一夜之间变成“人人唾弃”的“孤家寡人”。“人言可畏”实是警世良言。因此，在危机中，企业要预见谣传产生的可能性。谣传一旦产生，企业应沉着应战，力挽狂澜，全力以赴地把谣传消灭在萌芽状态之中。

1. 企业危机中产生谣传的主要因素

（1）缺乏可靠的、来自正常渠道的消息。正常渠道消息不灵，必然会使非正常渠道的消息泛滥。社会公众得不到正常渠道的消息，就会向非正常渠道获取，这样难免谣传纷起。

（2）缺乏完整的危机信息。不完整的信息会给一些人留下想象和捏造的空间，从而产生谣传。如报道说，××产品被判为不合格产品。这类笼统的报道很容易产生谣传。人们看了报道后，不禁会想是什么原因使产品不合格，是包装还是质量？是假冒还是其他？这些信息如不加以及时补充，人们就会凭自己的想象加以补充，这样势必产生谣言。1991 年 3 月 15 日，“霞飞”产品因为三个产品的小包装上没有注明中文“合格”字样，被中央电视台曝光于天下。不明内情的消费者将之误认为劣质产品。上海霞飞日用化工厂后来采取种种公关手段，向社会公众公布事实真相，进行全面的、客观的信息交流，消除社会的误解，终于使企业转危为安。

（3）危机形势紧迫，导致人们的担忧和恐惧日增，感到危机形势无法控制，对解决危机的前景丧失信心，悲观失望，任由危机发展而产生各种谣传。

（4）对一些重大问题的处理犹豫不决，举棋不定。企业的重大决策不可能密不透风，当人们得知企业将要采取行动而不见动静时，种种推测就会平地而起。这些推测一旦在社会上流传、扩散，就成为谣传。同时，当人们认为企业应该采取某种行动而企业犹豫不决时，人们就会从自己的角度考虑解决危机的方案。这些所谓的方案通过几个层次的传递后，就会成为谣传。

(5) 企业内部人员互相指责，对企业危机的看法存在严重分歧。企业内部思想不统一，必然导致行动上的不协调。人们从同一个企业听到不同的声音，自然会产生疑虑，这种疑虑是产生谣传的温床。

(6) 传闻失实，小道流传，使人们对正常渠道的信息产生怀疑，这种怀疑使一些人信谣和传谣。

不容置疑，消除谣言首先要消除产生谣言的气候和土壤。在企业危机中，企业要运筹帷幄，从宏观上把住危机发展的趋势，从根本上杜绝以上情况的发生，积极打通各个信息渠道，积极做好信息补救工作，铲除一切可能产生谣言的苗子。

在企业危机中，一旦产生了谣传，不要惊惶失措。应“事当危至须从容”，以积极、慎重的态度果断地处置谣传。

2. 企业危机中辟谣的对策

(1) 制定辟谣方案。在制定辟谣方案时，分析谣言流传的范围、造谣者的意图，以及谣言给企业、社会造成的影响。在认真分析的基础上，寻求防止谣言流传、扩散的最佳方案。

(2) 分析谣传的起因，有的放矢地进行信息发布。必要时，可以揭露谣传的阴谋。对于有些无足轻重的谣传可以置之不理，让其自生自灭。如谣传企业只给予50%的产品质量赔偿，而实际上企业将给予60%的赔偿，类似这种谣传，只要将事实公布，就不攻自破了。

(3) 选择恰当的媒介，及时提供全面的、确凿的危机真相，澄清社会上的误传。

(4) 对危机中重大问题的处理既要谨慎，又要果断刚毅，不能犹豫不决，踌躇不前。辟谣的最好方法是让事实讲话，让行动证明。

(5) 邀请本地区行政首脑、知名人士、舆论界权威，以及一切有社会影响的人，共商辟谣对策，争取他们的理解和支持。

(6) 必要时，企业可动员一切力量，包括全体员工、全体员工的亲友、同事、朋友，以及一切对企业抱友好态度的人们，通过多渠道、多层次来宣传危机真相，对付谣言的流传。

(7) 一般而言，在发布事实真相时，不要重复谣传的内容，否则无异是在扩大谣言的流传，加深谣传对人们的印象。哪里发现谣传，就在哪里及时地公布事实真相，不要盲目扩大辟谣的范围。

(8) 认真听取企业员工的各种意见，在企业内部广泛地开展双向信息交流，增加企业的凝聚力，使全体员工提高辟谣的信心。

企业有多少成功，就有多少失败，有多少机遇，就有多少挑战，企业危机客观地存在于企业发展的各个阶段。因此，现代企业必须要增加危机意识、危机管理计划，尽量避免或减少企业危机的发生。这样，“任凭企业风浪起，稳坐经营钓鱼台”。须知，“居安思危”是现代企业的至理名言。

第九章 营销管理

营销对企业的发展有着独特的作用，因为唯有营销能直接创造收益。当然，企业利润的获得是企业各部门、各功能协调、配合的结果。营销作为企业功能的一部分，同其他功能一样，必须要按照管理分析、计划、组织、执行、控制等职能展开和进行。

第一节 营销管理的概念

营销管理是围绕着发展、扩大和满足目标顾客的需要，通过分析、计划、组织、执行和控制等职能，实现企业目标的过程。

从上述定义中可见：

一、营销管理围绕着目标顾客的需要进行

有些人认为，营销管理就是为企业生产的产品寻找更多的销路或提高销售的效率。这种理解是片面和狭义的。营销的本质决定营销管理必须围绕着目标顾客的需要进行。如果一个企业的营销部门在管理组织、制度、控制上很健全，但却不知道谁是自己的顾客、顾客的需要是什么，它很可能陷入“盲目营销”。

二、营销管理要围绕企业目标进行

在市场经济条件下，决定企业效益好坏有许多因素。但营销是最主要的因素之一。因为企业所关心的主要目标，如投资收益率、利润等，都直接与营销有关。因此，营销作为企业的主要功能之一，必须围绕企业目标而进行。

三、营销管理按管理的职能展开

营销管理必须按管理的分析、计划、组织、执行和控制的职能来进行。同时，由于营销环境的动态性，对营销一定要实行动态管理。

实践证明，营销管理讲到底就是对产品、促销、渠道、定价的管理，以及人对这四个要素产生作用的管理。

第二节　产品管理策略

什么叫产品？人们站在不同的角度对产品作出不同的解答。从经济学角度分析，产品是指人们为了生存的需要，通过有目的的生产劳动而创造的物质产品。从市场营销的观点来说，这是一种狭义的产品概念。传统的市场学认为产品是指向市场提供能满足人们生活需求的物质和服务产品。这是一种广义的产品概念。狭义的产品仅仅指物质产品。广义的产品不仅是指物质产品，而且包括各类服务产品。随着现代社会的发展，现代市场营销产品的概念进一步拓宽为物质、服务、信息三个方面。

一个产品要走向市场，能被社会公众接受，它必须具有一个完整的产品概念。这种完整的产品概念包括三部分的内容：

1. 产品应具有良好的使用意义，能向消费者提供某种使用价值，满足消费者的需求。

2. 产品应具有良好的形式，这种形式包括产品的设计、产品的包装、产品的色彩等。产品的形式能给予人们某种心理、精神、观念上的满足。

3. 产品应具有良好的服务性，这种服务性包括产品的介绍、产品的维修、产品的保质期、产品的售前、售中、售后服务等。因为消费者购买产品时，不仅购买产品本身，同时也希望得到产品的服务。

一、产品构成的要素

现代企业要在旷日持久的市场营销中，保持和发展自己的优势，在市场竞争中占据有利的市场定位，就必须认真研究企业的产品。产品构成的要素是现代市场经营者研究产品生产的基础。

（一）质量(quality)

产品竞争看质量，质量是产品的生命。产品营销以质取胜，没有质量的产品是没有市场竞争力的。曾经有一段时间，锦州啤酒厂生产的啤酒质量不稳定，失去信誉，大批外地啤酒乘虚而入。后来锦州啤酒厂进行整顿，提高了产品的质量。但消费者仍然不敢问津锦州啤酒。为此，锦州啤酒厂决定让消费者亲口尝一尝，以质量来争取消费者的信任。他们在锦州几家大商场门前摆设啤酒摊，把外地的啤酒和锦州啤酒同放摊桌上，免费让人们品尝。关心啤酒质量的消费者纷纷来摊前品尝。由于锦州啤酒的质量确实好，锦州市场终于承认了它。锦州啤酒又开始畅销了。

（二）外观(feature)

产品的外观是产品的灵魂。外观精美高雅的产品会得到消费者的青睐，从而产生拥有心理。外观粗糙，设计笨重的产品即使有好的质量也无法吸引消费者。美国吉列公司是生产刮胡子刀的专业公司。进入 20 世纪 70 年代，吉列公司已成为销售额达 20 亿美元的跨国公司。然而，吉列公司的领导并不为此满足。为了争取更多的用户，吉列公司在市场调查的基础上推出了面向妇女的专用“刮毛刀”。因为在美国 30 岁以上的妇女中有半数以上为了保持美好的形象，要定期刮除腿毛和腋毛。过去基本上都是用刮胡刀来刮除的。为了赢得这部分妇女的“芳心”，吉列公司精心设计了一种外观精美的新产品。新产品的刀头部分和男用的无甚两样，采用一次性的双层刀片，但刀架选用了色彩鲜艳的塑料，并将柄改为弧形，便于妇女使用。握柄上还印制了一朵雏菊图形。由于新产品符合了市场的需要，新产品的设计显示了女性的特点，因此，“雏菊刮毛刀”一炮打响，迅速畅销全国。

（三）款式(style)

产品的款式必须适合各类消费者的消费特征、行为特征和心理特征。比如对孩子的产品，款式要活泼，颜色要鲜艳；对老年人的产品，款式要庄重，色彩反差一般不宜太大。

（四）产品的商标、名称(brand name)

产品的商标要简洁易懂，给人以美好的想象，产品的名称容易上口，音节响亮，有良好的意义。一个好的产品是产品名称与产品实质的统一，如可口可乐等。产品商标、产品名称的好坏往往会影响这个产品的营销。具有80年历史的云南“六果液”是我国唯一的用橘子、菠萝、石榴等多种果汁酿成的果汁酒。尽管酒质优良，营养丰富，但原名为“杂果酒”时，却无人问津，造成产品大量积压。问题的根源出在“杂果”两字上。顾客认为“杂果”，顾名思义是杂七杂八的次果品，用“杂果”怎能酿出什么好酒来。后来，“杂果酒”改名为“六果液”，由于名称改得好，它赋予产品以新的、好的概念，因此投放市场后反应奇佳，销量大增，并被国家选为参加亚太地区博览会的优质名酒。

（五）包装(package)

好的产品要有好的包装。没有好的包装的产品会使产品失去韵味和情趣。洋酒冲击中国市场，除了其他因素外，洋酒以包装精美而使其品牌名贵是重要因素之一。我国有些产品在国际上不能畅销的原因往往不是它们的质量而是它们的包装。包装粗糙、简陋使它们得不到国外消费者的喜欢。

（六）买卖形式(option)

产品买卖的形式应有利于消费者选择，有利于消费者购买，有利于产品营销。这种买卖形式的核心是保证买卖双方的合法权益。日本的麦当劳快餐店在江之岛快餐分店首创了“开车通过”售货方式，使它的形象更添魅力。江之岛分店是一个距车站约一公里，游人又极少的偏僻小店。按做生意的眼光看，这里根本没有好的饮食业市场。但该店的领导却独具慧眼，看到了这块潜在的市场。这里每天有1.4万辆汽车经过，由于地处交通要道，一般人来去匆匆，不愿停车进店，吃完饭再开车离去。据此，该店大胆设想，改变销售形式，让顾客开着车进来，坐在车上就能购买自己所需的食品，然后可迅速开车离去。随后，他们采用了一种新的电话传真系统，服务员通过此系统接受车里顾客订货的信息，便把东西准备妥当，车一到店就可交货。这种“开车通过”购买形式使江之岛分店创下了月销售9 500万日元的纪录，使全日本的餐饮业目瞪口呆。

(七) 规格(size)

产品规格大小的依据来自市场。牛奶包装规格大小，电池两节、四节、六节包装，各类饮料的包装规格等基本上都是依据了消费者的需求。产品规格的大小不是由企业决定的，而是由市场决定的。美国的“高升”啤酒瓶装12盎司，容量过大，使相当部分的女性和老年消费者对它不大感兴趣。因为一次开瓶喝不完就浪费了。为此，公司针对这批特定消费者，推出了七盎司的瓶装啤酒，这样，使“高升”啤酒占领了这部分消费者的市场。

(八) 服务(service)

产品竞争看质量，同等质量看价格，同等价格看服务。优质服务是企业良好信誉的基础。一个产品的完整概念包括产品服务。良好的产品服务能使消费者对产品产生信心，从而产生购买的欲望。名闻遐迩的IBM公司成功的经验之一就是要提供世界上最好的产品服务。IBM不是专业的搬家公司，而当一个大顾客决定搬迁时，它的服务人员总是尽心尽力地提供帮助。当麦道自动化公司把其设在圣路易斯的总部搬进一座七层楼的学校时，为了重新安装麦道公司的电脑系统，IBM 的 24 名工作人员分三组，每天 24 小时连续换班，用 1 700 多个工时，完成了这项巨大的系统联接工作。

(九) 退货(return)

不合格的产品要给予调换，消费者不满意的产品应给予退换。企业在这方面要遵守产品合同，保证产品质量，产品服务。美国克莱斯勒汽车公司总裁艾科卡是世界著名的大企业家。几年前他宣布："如果你对我们的汽车买后不满意，可在 30 天内或 1 000公里行驶里程内退车还钱，也可另换一辆。"不满意可退钱或换货的做法，使买车者感到没有风险，从而使艾科卡的汽车获得良好的声誉，销路稳步上升。

二、产品的生命周期

产品的生命周期是市场营销的一个重要概念。任何一个产品都有它的生命周期。产品的生命和宇宙的生命一样都要经历诞生、成长、成熟和衰亡的过程。从客观上讲，在生产力发展比较缓慢的社会里，产品的生命周期比较长。在生产力发展比较快，市场竞争激烈的社会里，产品的生命周期比较短。就一个具体产品而言，如产品适应市场面比较广，潜力比较大，竞争对手一下子又难以完全模仿的，那么该产品的生命周期就会相对长些。产品适应市场面比较窄，市场容易趋向饱和，竞争对手容易模仿制作，那么该产品的生命周期就会相对短些。因此，产品的生命周期仅仅是一个概念，是产品发展的一个客观规律。每一个产品生命周期的长短，各个产品生命周期中有哪些重要环节，都是随着时间、地点、条件、产品本身的不同而变化的。以静止的观点去看产品的生命周期是一种形而上学的市场观点。

(一) 产品介绍期及其对策

1. 产品介绍期

产品介绍期是指产品已经形成，准备推向市场或刚进市场阶段。在这个阶段，企业的经营重点是逐步完善产品的设计，提高产品的质量，提高产品的知名度，努力去占领市场。

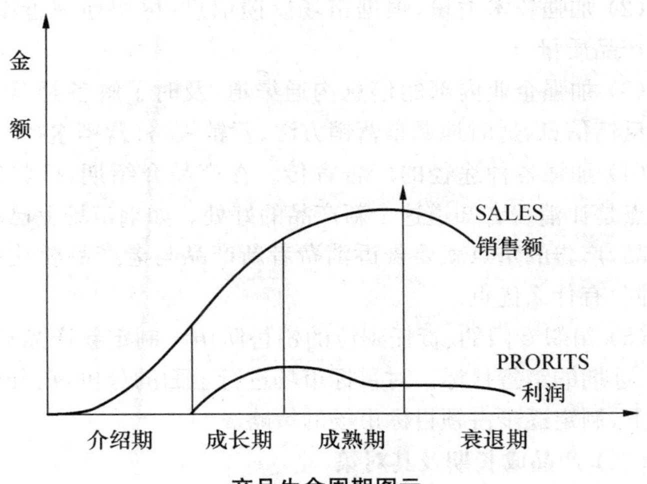

产品生命周期图示

这个阶段的主要特征有：

(1) 产品的数量有限。产品有可能在一个工厂，甚至在试验室里生产。因此，产品制作的成本较高。

(2) 产品生产的方法有可能没有完全定型。企业要根据市场对产品的反馈信息来改进产品设计，提高产品质量。

(3) 产品的质量不稳定，存在着时好时坏的现象。由于产品处于介绍期，因此，在对产品生产的各个环节的把握上尚达不到完善的地步，有时会出现废品。

(4) 由于产品在市场上没有知名度，因此，有可能市场销售量不大，在产品的介绍期企业通常不能获利。

(5) 产品的广告费和产品开拓的费用会显得比较高。由于消费者还不了解产品的特征，有可能拒绝使用新产品。为了让消费者了解产品的特性和好处，企业必须花钱做大量的广告，花钱进行市场开拓。

2. 产品介绍期的对策

(1) 强化市场信息收集工作，建立市场信息网络，及时地、精确地、全面地了解市场对新产品的反馈信息。

(2) 加强技术力量,根据市场反馈信息,尽快地完善设计,稳定产品质量。

(3) 加强企业内部的信息沟通渠道,及时了解各经营渠道上的反馈信息,适时地调整营销方法、营销策略、营销途径。

(4) 加强各种途径的广告宣传。在产品介绍期,广告宣传的重点是让消费者知道这个新产品的好处。如果市场上已有同类产品,广告的重点就要告诉消费者新产品与老产品相比有什么不同,有什么优点。

(5) 组织专门的、责任到位的销售队伍。制定新产品近期、中期、远期的销售目标。对目标市场进行全面的分析,在分析的基础上,制定逐步占领目标市场的策略。

(二) 产品成长期及其对策

1. 产品成长期

产品成长期是指产品已经被市场所接受,产品已从准备进入市场到了全面进入市场阶段。产品的成长期是产品的黄金时代。正确、客观地把握住产品的成长期,就能使产品在可能的范围内为企业创造更大的社会效益和经济效益。这个阶段的主要特征有:

(1) 由于顾客已经了解产品,对产品有了需要并加以购买,因此,产品的销售额会以最快的速度直线上升。

(2) 产品的设计已经定型,产品的质量已稳定。因此,产品可以进行批量生产。由于产品进行批量生产,生产的成本可以降低。

(3) 通过产品介绍期的大量广告,产品已经为广大顾客所了解和熟悉。因此,这个时期的产品广告与介绍期相比可以有大幅度的下降。

(4) 开始有同类产品的竞争。在产品的成长期,一些企业看到新产品有比较好的经济效益会纷纷模仿、抄袭。同时,在产品的成长期,由于产品的关键技术问题已经解决,设计已经定型，所以生产已显得不那么复杂。这样就为竞争对手创造了模仿和抄袭的条件。通常，模仿、抄袭成长期的产品是获利最高的。

2. 产品成长期的对策

(1) 仍然需要做适量的广告。成长期的广告重点是介绍产品的质量，产品使用和维护的方法。

(2) 加强与顾客的联系。通过消费者信箱、电话访问、走访、座谈会等形式不断听取消费者对产品的意见。必须客观地看到，加强与顾客联系的本身就是在扩大产品的宣传和影响。

(3) 举办一些以产品命名的社会活动，提高产品的知名度，扩大产品的影响。还可适当地搞一具有一定社会影响的企业赞助。

(4) 履行产品合同，加强售后服务，为消费者提供更多的服务，如上门安装、定点维修、产品知识讲座等。

(三) 产品成熟期及其对策

1. 产品成熟期

产品成熟期是指产品的发展已到了“强弩之末”。用“夕阳无限好，只是近黄昏”的这种境界形容产品的成熟期是十分形象逼真的。这个阶段对于企业来说十分重要。倘若把握得好，就可以减缓产品“老化”的速度，使产品继续占领市场。产品成熟期经历的时间一般比以前各阶段长。产品成熟期的特征有：

(1) 产品的销售额还会有增加，但速度比较缓慢。

(2) 现有市场有可能已经饱和。人们对产品的兴趣逐步开始转移。在这个阶段，人们仍然会购买产品，但大多数是一种替换购买。如冰箱用旧了，电扇用旧了需要更新替换等。

(3) 市场上会出现许多同类产品，产品的市场竞争十分激烈。

(4) 销售额下降使企业原有的生产能力过剩，生产能力的过剩使产品成本上升。因此,在产品进入成熟期阶段,企业的利润已很难维持快速增长的势头。

2. 产品成熟期的对策

(1) 做大量的公共关系广告,广告的重点是突出企业的信誉和形象。因为产品到了成熟期,人们对产品的购买,已从购买需要转为购买安全感。这个时期,企业形象,产品品牌对产品的营销起重要的作用。

(2) 积极开拓新市场。产品进入成熟期后,市场竞争十分激烈。市场竞争的结果使企业丧失部分市场。因此,企业的经营者要采取积极的市场营销攻势。在市场营销的攻势中,力争维持现有市场,占领新市场。企业部分市场的丧失必须在部分市场的争得中予以弥补。

(3) 开展以旧换新的服务。

(4) 在产品成熟期,企业经营者必须树立"人无我有,人有我优,人优我变"的经营思想,努力开拓系列产品。以开拓一批来逐渐取代已经成熟的一批,保持企业的市场营销活力和市场竞争能力。

(5) 以市场需求决定产品生产的数量,尽量减少产品积压,减少企业生产资金的投放。

(四) 产品衰退期及其对策

1. 产品衰退期

产品衰退期是指一个产品的生命已走到了尽头。由于市场竞争,产品价格下降,消费者兴趣转移,市场变化等原因,使一些企业在无利可图的情况下只得停止生产。但即使到了产品衰退期,只要企业经营得法,仍然可以在一个阶段里维持最低利润,或者及时地将积压的产品销售出去,为企业开发新产品创造一个良好的资金环境。产品衰退期的特征有:

(1) 顾客消费兴趣已经转移,对老产品逐渐失去兴趣。

(2) 由于经过产品成熟期中的激烈竞争,产品价格已压到极低的程度。在这一时期,有可能出现新产品。老产品与新产品相比，消费者可能会认为老产品的价格太高，因此，有可能对老产品的价格压力很大。

（3）由于同类产品竞争，市场已十分饱和。因此，产品的销售额会直线下降。

2. 产品衰退期的对策

（1）加强产品的技术改造，进一步降低产品的生产成本，增加产品的竞争力，维持最低利润。

（2）举办展销会等，以轰动效应来促进产品的营销。

（3）做提示性广告，告诉消费者本产品还存在。

（4）降低价格销售或进入跳蚤市场，尽可能收回产品的生产成本。

（五）延长产品生命周期的方法

任何一个产品进入成熟期后，销售量和利润率的增长都会逐渐变得缓慢。按产品发展的规律而言，它们将不可逆转地走向衰退，直至退出市场。然而，产品的生命周期只是产品发展的一个规律，它并不能确切地告诉某个产品的生命期限。现代市场营销者若能发掘产品生命周期的规律，在实践中加以运用，变抽象的规律为积极的、生动的营销能力，就能在实际的市场营销中做到未雨绸缪，努力开拓产品使用的新领域，扩大产品营销的空间，从而达到延长产品生命周期之目的。从国内外营销理论与实践分析，延长产品生命周期大致有四种方法：

1. 对产品进行重新设计

对产品进行重新设计，使之有新的用途，这是延长产品生命周期的有效方法。

尼龙是美国杜邦公司开发的。最初用于军事上，如降落伞、绳索等。因此，销售量有限，很快趋于饱和而进入成熟期。但杜邦公司后来对尼龙进行了重新设计，使它能做衣料，特别适用于针织品，于是尼龙进入了针织品市场。以后它又作为衬料进入汽车轮胎市场、地毯市场等。每一次新的设计，都能使尼龙产品从成熟期进入新的成长期，这种状况至今不衰。

2. 开拓新市场

一个产品在一个市场饱和，并不等于在全部市场饱和。特别像中国这样一个地域辽阔的国家，对于产品的市场开拓是大有作为的。实践证明，一个产品在原有市场饱和而进入成熟期，但进入新的市场后，往往可以成为成长期的产品。如黑白电视机在中国各大城市已进入成熟期，但对于边远山区农村而言未必都已饱和，它仍有一个发展的过程。一个产品在国内市场已经饱和，转入国外市场有可能是成长期产品。比如美国的可口可乐，在美国已经成熟，但对于某些国家和地区而言却是成长期的产品。

3. 转移产品生产的地点

对于企业而言，衡量一个产品是否到了成熟期、衰退期的主要标志是销售量和利润。销售量和利润之间，利润是主要的。一个产品在原市场生产，可能由于劳动力成本、原材料成本、销售成本较高的原因造成利润下降，甚至下降到难以维持的地步。此时，企业可以采取转移产品生产地点的方法来降低各种生产成本，保持产品的一定利润。世界上一些发达国家在一些产品进入成熟期后，往往将产品转移到生产成本较低的国家和地区进行生产，以此达到延长产品生命周期、争取产品最大利润的目的。

4. 市场营销组合改革

市场营销组合改革是指对产品营销产生重大影响的四大要素即产品生产、产品定价、产品流通和产品促销进行改革。通过改革，加强产品营销攻势，刺激社会消费，争取良好的产品市场定位。通常采取的方法是：

(1) 改变广告宣传的方法。新的广告宣传要给人一种“异军突起”的印象，要让消费者进一步认识产品，增强消费者对产品的认同态度，改变消费者对产品的不认同想法，进一步扩大产品的知名度。

(2) 采用更灵活的定价手段。如季节性、假日性降价，适量的有奖销售、分期付款等。

(3) 加强销售渠道的调研，重新确立市场营销目标，加强销售组织、销售人员之间的信息沟通，在销售目标、销售方法上重新达成共识。

(4) 提供给消费者更多、更有效的售后服务。

三、产品组合

(一) 产品组合的概念

产品组合是指一个企业生产或经营的全部产品线、产品项目的组合方式。它不同于市场营销组合。产品线是指一组密切相关的产品项目。产品项目是指产品目录上所列出的每一个产品。产品组合包括三个可变因素即:产品的宽度、产品的深度和产品之间的关联性(见图 1)。

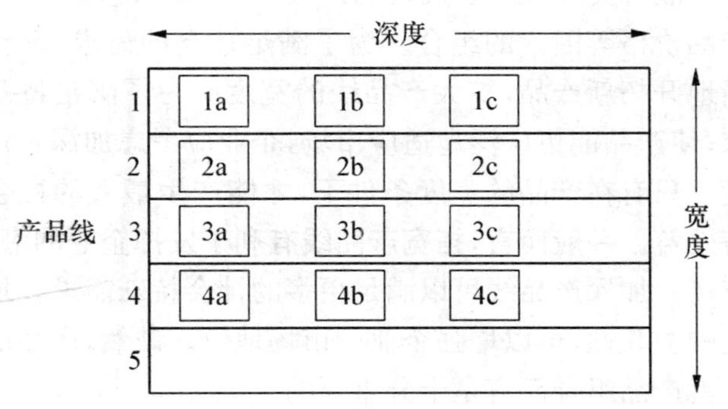

图 1　产品组合

所谓产品的宽度是指企业所拥有产品线的数目。例如某飞机制造厂生产运输机、客机、直升机，那么这个飞机制造厂就拥有三种产品线(见图 2)。产品深度是指一个企业在每一种产品线上所具有的产品项目。从图 1 中可见，这个企业在每种产品线上有三个产品项目。因此，就产品的深度而言，图 2 中的这家飞机制造厂是欠缺的。

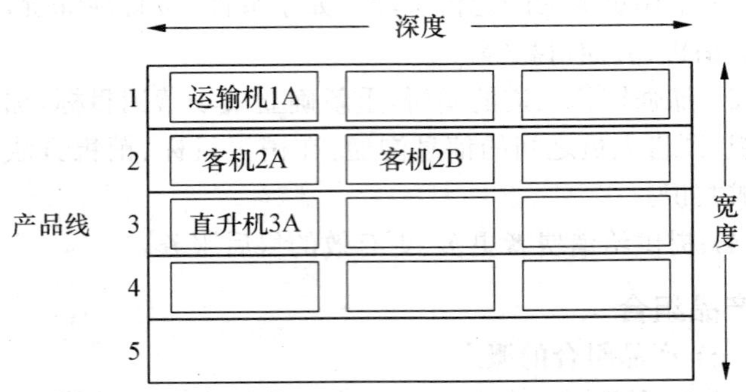

图 2　某飞机制造厂产品组合

产品的关联性是指各产品线之间在最终用途、生产条件、销售渠道等方面的相互作用和相互关联的程度。

产品组合从理论上讲是一个比较复杂的表述,但通俗地讲,它是指产品种类、产品型号、产品的尺寸、产品的色彩、产品功能以及产品价格等因素的组合。为了满足社会的需求,现代企业要不断地开拓新产品,扩大产品线的宽度。为了满足特殊顾客的需求,使产品能更广泛地适应市场,企业应考虑加深企业产品线深度。只有在产品的宽度条件下,才能产生最大的社会效益和经济效益。一般而言,拓宽产品线有利于发挥企业的潜力,开拓新市场。加深产品线可以满足更多的社会特殊需求。加强产品线上的关联性,可以增强企业的市场地位。诚然,产品的深度和宽度就产品组合而言是十分重要的。

(二) 产品组合的原则

产品组合是企业生产经营的重要组成部分,它必须经过实践以检验其正确与否。但是产品组合的实践基础是由产品组合基本原则指导的。产品组合的基本原则有三条:

1. 产品组合有利于促进产品的销售,增加企业的利润

这条原则要求现代企业经营者给予消费者各种产品的选择,在产品的深度方面尽可能满足不同类型顾客的需求。如汽车制造厂可以在不增加大量投资,在一种产品线上生产多种型号的汽车，满足社会各种需求。这种产品组合形式往往能促进产品销售，增加企业利润。我国的一些商店由于太拘泥商店特色，往往很难在更大的范围里推销各种产品。作为消费者总是希望能在提供多种商品选择的商店里购买商品。所以这些商店应该在坚持传统，坚持特色的基础上，拓宽产品销售的面。现代超级市场就是根据人们的消费心理，提供各种产品服务而闻世的。现代超级市场在带给消费者方便的同时，也给自身带来了利益。

2. 产品组合有利于消费者购买

这条原则要求现代企业经营者在产品组合中，要考虑一些合理化的因素。在产品销售中，整批、整体的推销有利于提高企业的利润，但往往不利于消费者的购买。因为消费者需要的不仅仅是合适的产品，它还包括合适的商品的量和商品的功能。为此，现代市场营销者可以将 50 克一瓶香水分成两盎司一小瓶去推销，成打销售的牛奶分为单瓶推销，药片可以袋装，亦可片装，随身听可以多功能亦可单功能等。在产品组合中，现代企业经营者一定要考虑消费者合理化的消费。

3. 产品组合有利于形成产品的标准化和系列化

为了有利于消费者购买，产品组合要有利于形成产品的标准化和系列化。产品要采用标准化的尺寸、标准化的包装。产品的标准化和系列化能鼓励消费者敢于购买和重复购买。比如汽车轮胎、电源插座、家用电器的标准电压等。产品组合的标准化实际上是将产品简单化。凡是简单化的产品，消费者就敢买、敢用。这样就有利于拓宽产品营销的范围。

(三) 产品组合策略

产品组合有多种策略，企业经营者可以根据企业实际情况，选择适合企业产品发展的策略。总体上说，产品组合有以下几种策略：

1. 全线全面型产品组合策略

这种策略的特点是尽可能向任何顾客提供其所需的一切商品。采用这种产品策略的企业一般是跨行业、跨地域的大型企业。这种企业有能力照顾到整个市场的需求。广义的全线全面型产品组合策略就是在一切可能的范围内增加产品组合的宽度和深度，不受产品线之间关联性的约束。如国内有一家企业集团，它既生产家用电器，也生产建筑材料、食品、饮料、玻璃、陶瓷等。产品与产品之间没有任何关联。狭义的全线全面型产品组合策略，是指向顾客提供在一个行业内所需的全部商品，这就是说产品线之间有密切的关联性。如日本的松下公司、索尼公司等，产品线很多，但几乎都和电器有关。

2. 加深产品线产品组合策略

这种策略是指在每一个产品线的系列中增加产品的花色品种，增加产品的市场渗透力。这种策略的特点是能向特殊顾客提供所需的各种产品。比如本田公司在美国市场立足后，针对人们对不同型号摩托车的需求，不断扩大产品的种类，加深产品线的深度。这种产品组合策略要求企业经营者能审时度势，竭尽全力发展企业在某专业领域里的产品。

3. 市场专业型的产品组合策略

这种策略是指企业尽可能向某类顾客提供其所需的各类产品。这种策略的特点是向特定顾客提供一条龙的配套产品和配套服务。如旅游公司采用这种产品组合的策略，就必须考虑旅游者所需的一切产品和服务，它包括住宿服务、订票服务、饮食服务、交通服务、导游服务、文化娱乐活动等。除了以上服务，它还应能提供实际的产品，如旅游纪念品、照相器材、胶卷、胶卷洗印等。

4. 有限产品线专业型的产品组合策略

这种策略的特点是企业可根据自身的专业特长，集中经营有限的，甚至是单个产品线，以求在某个特定的细分市场上提高产品的市场占有率。如有的空调机厂只生产供家庭用的中、小型空调机，而不生产供其他用途的大型空调机。

5. 特殊产品专业型的产品组合策略

采用这种产品组合策略的企业可根据企业自身的专业特

长，集中经营某些特殊产品项目，这些产品项目由于其保密性和技术性而具有特殊的市场地位。如某些具有特效的药品、风味独特又获得专利的食品等。一般而言，这些产品所受的竞争威胁很小。

以上五种产品组合的策略可供现代企业经营者选择。但是，现代企业经营者在选择产品组合策略时，一定要从企业本身实际经营状况出发，不盲目，不攀比，不人云亦云，不好大喜功，不一哄而起。要时刻注意市场变化。市场变化会带来机会，也会带来风险。选择产品组合的过程，也是现代企业寻找市场机会的过程。现代企业经营者要在把握市场机会的同时，将市场风险降到最低程度。

第三节　促销管理策略

产品促销是产品营销的重要内容。促销是否成功关系到企业的前途和命运。什么叫促销？它是指企业通过一定的形式把产品或劳务的信息传递给消费者，以帮助消费者了解、熟悉企业的产品，并产生兴趣，激发其购买欲望，促进其购买行为。促销的实质是说服消费者购买。因此，促销的内容必须有说服力和感染力，要注意促销技巧和语言技巧的运用。消费者是促销的对象，市场是促销的空间和舞台，社会效益和经济效益是促销的动力。

一、广告宣传

实践证明，广告宣传对于现代企业来说至关重要。成功的企业，一般都是借助广告来达到开拓市场，促进销售，提高企业的知名度和信誉之目的。在我国，随着社会主义市场经济体制的逐步完善，广告宣传有了更为灿烂的前景。现在越来越多的企业开始认识到广告宣传的重要性。“酒香不怕巷子深”的传统营销观念逐渐被“成功在于广告”的现代营销观念所代替。“成功在于广告”，这是美国可口可乐公司的经营口号。可口可乐公司在广告宣传方面可谓独具特色、独具匠心。公司几乎每年都推出一个新的广告主题，保持其市场知名度，维持其与消费者的良好关系。

尽管广告的定义众说纷纭，但经过长期的营销实践，还是产生了比较一致的定义。西方营销界认为：

广告不是人际的信息交流，它是由广告制作者通过各种各样的媒体，以说服的方式来推销产品或服务的。通常，广告是要支付费用的。

我国营销界也给广告下了一个比较客观的定义：

广告是有计划地通过各种媒体介绍产品或服务，以沟通信息，指导消费，扩大产品的销路和服务的范围，它是一种促进公众明显或潜在需求的宣传手段。

（一）广告的作用

当今市场，竞争异常激烈。广告，作为一种竞争手段已引起现代企业的高度重视。但企业在运用广告作为竞争手段时，务必倾听市场的呼声，把握产品市场的脉搏，在为消费者服务，为社会服务的环节上下功夫。要使广告独具成效，必须要研究广告，运用广告，发展广告。总体上说，广告在市场营销中具有以下基本作用。

1. 传递产品的信息，提高产品的知名度

传递产品信息，将产品信息“广而告之”，让消费者了解企业的产品或服务，了解这些产品或服务的特色，在了解的基础上产生注意，引起兴趣，这是广告的最基本作用。就营销而言，传递产品信息是促进销售的一种形式，是企业与消费者进行信息沟通的有效媒介。通过反复的产品信息传递，就能加深人们对产品的认识，从而提高产品的知名度。

2. 指导消费，引起购买

广告以介绍来宣传产品。通过介绍，消费者可以了解产品的主要功能和特点，然后，根据自己的需要，选择产品，购买产品。在现代社会里，就大多数消费者而言，广告是他们选择产品，购买产品的第一步。很多消费者，在看了或听了广告后，会到商店向营业员指定购买某一品牌的产品，或直接到超市主动从货架上取货购买。显而易见，广告在促进消费，指导消费，引起购买方面能起积极的作用。

3. 促进产品流通，缓解供需矛盾

产品流通的前提是供需双方都了解产品，并知道产品适应的范围和对象。反之，产品就会在流通过程中受阻。有些企业出现产品滞销现象，往往不是产品和市场的原因，而是因为消费者不了解产品所致。比如，一个企业需要生产原料以维持生产，而另一个生产原料的企业却找不到销路形成原料积压，通过广告宣传，就能解决它们之间的供需矛盾，实现产品流通的目的。

4. 扩大产品的销售

广告以反复宣传来强化人们对产品的认识。通过不断的广告宣传，其一可以让消费者经常记住产品的品牌，产生反复购买的行为；其二可以不断吸引潜在的消费者，并使他们尽快地成为现实的消费者；其三可以在一定的程度上保护现有产品的市场，并以现有市场为基础去开拓新的市场，从而扩大产品的销售。新产品上市，一般都是以广告宣传来扩大产品的销售的。

5. 树立企业良好的形象

企业为了在市场竞争中求得生存和发展，必须与消费者建立良好的关系，树立企业良好的形象。成功的广告在宣传产品的同时，还要宣传企业精神、企业文化和企业的优势，以提高企业的知名度和企业的声誉。这是广告效应的延伸和放大，它是广告价值的重要体现。众所周知，现代企业的竞争，不仅是产品竞争，更重要的是企业形象、企业信誉的竞争。在这方面广告有着不可替代的作用。

6. 美化生活，美化环境

广告是一种艺术。为了吸引更多的消费者，广告必须在艺术上下工夫。广告的艺术形式包括霓虹灯、彩色广告牌、流动广告车、歌曲、文艺演出等。一则艺术性强的广告可令人百听不厌，百看不厌，给人留下深刻的印象。广告宣传要力所能及，使其艺术性尽可能达到完美，因为广告对美化人们的生活、生活环境能起一定的促进作用。

（二）广告制作的原则

通俗而言，一个产品的流行取决于两个要素，即产品的质量和产品的知名度。在消费人群中，对产品持极端流行或不流行态度的只占很小部分，大部分消费者是随大流，只要大家认为好，自己也就认为好了。一个产品在社会上的兴起、发展、流行除了产品质量这个基本要素外，关键在于广告。大部分消费者对产品不可能有直接的感受，他们对产品的印象，主要是通过间接的广告渠道。因此，重视广告的作用，坚持广告的制作原则，这是广告产生最大社会效应，形成产品风行的基础。广告制作的基本原则是：

1. 情感性原则

广告制作应从关心消费者，为消费者提供方便着手。广告语言要充满生活气息，富有情感。一则好的广告，犹如老朋友的谆谆告诫，倾心交谈。原河南省三门峡市的《三门峡日报》记者为该市延源氨基酸有限公司写了一则广告，广告词是“孝心献给父母、爱心献给孩子、关心献给朋友”，由于广告词充满情感，产生了良好的社会效应。广告的情感原则要求广告宣传一定要为消费者着想，为消费者服务，引起消费者的心灵共鸣。

2. 艺术性原则

广告的艺术性原则是指广告要给人以美的享受，艺术的熏陶，富有艺术魅力。只有艺术性强的广告方能对消费者产生巨大的吸引力。比如广告色彩的选择，就要遵循这一原则。通常，在广告色彩中红色表示快活、温暖（但与危险联系在一起），黄色表示满足、富贵，蓝色表示梦幻、遥远，紫色表示温文尔雅、威严庄重，白色表示纯洁。各种色彩表达的基本思想要通过艺术手段加以强化。为此，孩子的产品一般以暖色为主，即红、黄、橙为主，高档的妇女服装以紫色或黑色为主，新娘的婚礼服装以白色为主。如果电热毯选青色的,电扇选红色的显然就不太合适。因为青色是冷色调,冬天里看到青色不会有温暖的感觉,而红色是危险色、暖色,人们用到电扇就想到热,想到触电危险,可想而知在这种心理作用下会产生什么样的感觉。

推而广之,一些形象鲜明的事物,如盛开的鲜花、绚丽的阳光、奇异的风光、秀美的山川都可以用作广告以增加广告艺术魅力。

3. 适合性原则

广告制作必须适合当地消费者的习俗和爱好,将广告融入当地的文化之中,否则后患无穷。据说在国际产品广告中,我国有一家企业用了一句“low and cheap price”(物美价廉之意),引起了国外人士的误解。他们误解这种产品是一种“低质”的廉价品。在国际市场上,“廉价品时代基本上已经结束”。现在仍以廉价品的形象出现在国际市场上的企业很少有成功的。物美价廉对大多数中国消费者来说是可以接受的,因为其意思是质量过关、价格公道。西方人实际上也能够接受“物美价廉”,关键是翻译要确切。物美价廉应译为“good quality, reasonable price”为好。

广告是靠重复产生刺激的。但重复也要有一定的适度。对于不同的广告对象要采取不同的度,曾记得在20世纪80年代中,上海电视台播放香港电视剧《上海滩》,电视剧相当精彩,达到了相当高的收视率。但在满意之余,上海市民仍怨言纷纷,不少人写信、打电话给报社、电台、电视台反映不应在电视剧播放过程中频频穿插广告。当时的争论令人们记忆犹新。其实,争论的中心问题就是广告的重复率,即广告重复率的适度如何把握。当时,上海市民不习惯在电视剧播放中频频穿插广告。这就是当时的现实,违背这个现实,公众就会讨厌。在这种讨厌的情绪下,广告的效应也就可想而知了。

广告的布局要有一定的适度,广告宣传的形式必须为广告宣传的内容服务。聘请俊男靓女、名模歌星上广告画面容易引起消费者的兴趣,产生深刻印象。但必须要有一定的度。如果过分强化俊男靓女、名模歌星的个人行为，就有可能喧宾夺主，影响广告信息的传递。

4. 创新原则

广告制作要内涵深刻，形式清新，以创新取胜，以奇取胜。这犹如一场高水平的球赛，如拿不出“怪招”，就很难在比赛中获取胜利。当然，广告制作上的“怪”和“奇”必须建立在遵守当地广告管理法规的基础上，不能乱来胡来。日本西铁城表在澳大利亚促销时，曾动用飞机做广告。飞机从高空中将表直接投到地上。美国太麦克斯表的广告是将表直接扔到水中。日本光环汽车的广告是进行破坏性的撞击试验，让消费者直接感受汽车的质量。这些创新的广告都取得了预期的广告效应。

5. 真实性原则

广告内容必须真实、可靠。虚假的广告结果只能自毁信誉。不言而喻，广告可以运用夸张、拟人等手法，通过艺术夸张使消费者认识产品的存在，提高产品的知名度，增强对产品的认同感，从而唤起人们的兴趣，启发欲望，导致购买行动。但这些都是以真实的广告内容、可靠的产品质量为基础的，如失去真实、可靠，留下的只是夸张，那么无疑是骗人的谎言。

(三) 广告的三大要素

任何一则完整的广告都是由三个基本要素构成的，即画面、广告标题、广告正文。这三个要素构成的广告主要适用于报纸、杂志等书面广告。

1. 广告画面

广告画面亦称图解、照片等。广告画面是整个广告中最容易体现艺术性的部分。它可以运用艺术形象生动地展示产品的优点。好的广告画面会给人留下难以磨灭的印象。广告画面的制作要求是：

(1) 运用色彩反差，形象地突出广告的主题思想，使产品的主要信息处于醒目的地位。霓虹灯制作就是运用了色彩反差的原理，使它在夜色中特别引人注目。

(2) 广告画面的布局力求和谐匀称，给人一种总体平衡感。和谐匀称的画面就是美和艺术性的反映。

(3) 广告画面要丰满，避免单调。整个画面要给人一种立体感觉。要保持画面和文字的适当比例。但丰满不等于拥挤，避免单调不等于内容越多越好。字体的选择要与画面布局相当。

(4) 广告画面的线条要流畅，点面之间的衔接要自然。静态、动态结合。静中见动，动中见静，以小托大，以大衬小。

(5) 广告画面健康高雅，要有利于社会主义精神文明建设。决不能用低级趣味的东西来迎合一些人的不健康要求。

2. 广告标题

广告标题是广告信息中最基本的东西。广告标题是大多数广告的重要组成部分。实践证明，有些人在阅读广告时，正文可以不读，但广告标题是一定要看的。有人做过粗略的统计，消费者读广告标题是读广告正文的五倍。由此可见，广告标题对消费者影响是很大的。一个好的标题可以流传百年，乃至千年。由于广告标题在广告宣传中有着如此重要的作用，所以不少企业将广告费的大部分投在广告的标题上。广告标题大致有以下几种形式：

(1) 报道式。报道式标题等于在标题中传播一种新的信息。这种报道式标题特别适用新产品上市。如"××研究所开发了新一代抗菌素，癌症患者不用发愁"、"近视眼患者的福音，一滴清眼药水上市了"。报道式标题以"新"见长，容易引起人们的兴趣，不少人在读了标题后会继续读广告的正文。

(2) 启发式。启发式标题一般以提出问题的形式来引起消费者的共鸣。但是，启发式标题中提出的问题必须入情入理，富有同情心。结论应由消费者自己作出。如"为什么还要苦熬一个夏天?"、"宝宝已经六个月，妈妈应该给宝宝什么?"启发式标题吸引消费者读广告正文，帮助消费者下决心采取购买行动。但是，启发式标题要富有想象力，夏天用的产品要给予冬天的想象，孩子用的产品要启发母亲的想象。

（3）叙述式。叙述式标题能将产品内容如实地加以说明。这是一种开门见山的广告标题，使人一目了然。如“××学校招生启事”、“××出版社新书介绍”等。这种广告标题比较严肃庄重，给人一种俭朴厚实，诚实可靠的感觉。

（4）劝告式。劝告式标题能针对消费者的心理，突出产品的效能，劝说消费者不要忘记购买。劝告式标题的特色是，能直达顾客的消费需求核心。如“××护肤霜能使35岁以上妇女更年轻”、“50岁以上男子补气、补脑不如补肾”。有些劝告式标题表示某产品正在以优惠价上市，给人一种机不可失、时不再来的感觉，以此劝告人们赶快购买。

（5）对比式。对比式标题就是用同类产品作比较来说明某产品的优点。对比式标题成功的关键是两物之间的比较要合理，而且要使消费者也能接受这种比较。如“新型的G5型电视机的清晰度是G4型的五倍”等。

为了使广告标题起到画龙点睛的作用，一些营销专家认为在制作广告标题时，务必要注意：

（1）产品的名字或内容最好在广告标题中反映出来，目的是吸引读者，让他们产生兴趣。

（2）读者看了广告标题后，能真切地感受到产品确实会给他们的生活、工作带来好处。

（3）在广告标题中尽可能引入新的产品内容，使读者看后能区别于其他的同类产品。

（4）广告标题的语言必须简练有力，明确无误，一目了然，直达产品的核心部分。

（5）广告标题中不能出现否定词，如“没有”、“不”等字样，以免产生相反的作用。

（6）广告标题的字数可以根据产品的内容可多可少，一般在10个字左右为好。但应避免空泛冗长。

（7）广告标题应带感情色彩，以引起读者的共鸣。

(8) 广告标题应给人一种言犹未尽的感觉，引导读者读正文。

西方营销界认为，一则好的广告标题必须让读者产生一定的心理反应。这种反应的过程分为五个阶段，即注意(Attention)、关心(Interest)、欲望(Desire)、记忆(Memory)、行动(Action)。这五个过程又称之谓广告制作的 AIDMA 原则。

3. 广告正文

广告正文是具体介绍产品的重要部分。广告正文的写作可以因强调的内容不同而有所差异。商标、产品性能、企业名称、销售地点、销售方法、售后服务和联系方法都应该包括在广告正文中。广告正文通常有以下几种体例：

(1) 新闻体。以新闻报道的方式来介绍产品，以此增强产品的可信度。

(2) 布告体。以布告的形式来介绍产品，以此增强产品的清晰度。这类广告正文比较适合招聘广告、开业启事等。

(3) 证实体。以证实的形式来说明产品的可靠性。证实体广告正文一般都是以专家、权威的评价、鉴定作为后援和支撑的。

(4) 问答体。以问答形式来消除读者对产品的疑虑。要写好问答体的广告正文，必须进行大量的市场调研，在市场调研的基础上，才能有针对性地提出问题和解答问题。

(5) 论说体。以论说的形式来介绍产品。论说体的广告正文有较强的逻辑性、理论性。因此，它具有一定的说服力，它比较适合一些理性的读者。

(6) 格式体。以广告的规定格式来介绍产品。这种文体格式一般顺序是产品、规格、用途、销售方式、销售地点、电话、电报挂号、开户银行和银行账号等。

(7) 艺术体。以艺术形式来介绍产品。这种广告正文有较强的艺术感染力。这种艺术形式包括诗歌、歌曲、图画等。

一篇完整的广告正文有三部分组成：

(1) 引子。引子要用概括性和过渡性的语言回答广告标题所提出的产品内容以引出后文。

(2) 中心段。要用具有说服力的语句来证实产品的事实，充分阐述产品或服务的特色。

(3) 结尾。要使用具有说服力的词来结束正文，敦促人们采取购买行动。同时交待购买方式、购买时间、购买地点。

一篇好广告的正文必须是段落衔接自然，强化主要信息突出主题思想，语言简练生动，通俗易懂。

(四) 广告策划的原则

广告是一项复杂的系统工程，它包括一系列的决策行为。如广告主题、广告的对象的确定、广告媒体、广告内容的安排、广告费用的预算、广告效果的评估。广告策划是指广告制作过程中的各种规划和决策，如广告周期、广告范围和广告时限策划。创新意识是广告策划成功的关键。创新的广告能紧紧抓住特定消费公众的心态，以真情拨动他们的心弦，引起共鸣，从而烘托广告的社会效益达到推销产品或服务的目的。毋庸置疑，任何一则成功的广告背后都有一个成功的广告策划。广告策划对于广告宣传的成功独具成效。

广告策划的基本原则有：

1. 信息原则

广告策划是众多决策的综合。信息是各种决策的基本。没有丰富的信息就不存在广告策划。因此，企业在制作广告时，必须广泛地收集信息，扩大信息来源，建立可靠的信息网络。广告策划的基本信息有：

(1) 产品信息。它包括产品的历史、产品的性能、产品的价格、产品的包装、产品的商标、产品的售后服务、产品的销售范围。产品信息是产品广告定位的基础。

(2) 市场信息。它包括市场的范围、市场消费群体的构成、市场同类产品竞争的状况、消费者对产品接受的程度、市场发展的趋势。市场信息是产品广告定位的核心。

(3) 企业信息。它包括企业的历史、企业在发展过程中的重大事件、企业对社会的贡献、企业管理的特色、企业经营的目标、企业的作业区环境。企业信息是反映产品广告特性的根本。

2. 客观性原则

广告策划必须客观，能比较全面地反映企业、社会、消费者三方面的需求。可行性是客观性的真实反映。任何一则广告都不能脱离企业、社会、消费者的实际。脱离企业实际的广告是不足取的，比如广告制作费用大，高于企业的承受能力，则会使企业陷入财经困境。脱离社会实际的广告是产生不了社会影响的，比如广告制作的文字画面违反社会普遍道德，则会使企业声名狼藉。脱离消费者实际的广告是无的放矢的，它根本无法引起消费者的注意，更无从谈起产生购买的欲望。因此，客观性原则是广告策划现实性和科学性的重要体现。

3. 群体性原则

广告策划是一项群体性的工作。在现代社会里，任何一个个体都无法独立完成广告策划。"少数服从多数，个体服从整体"是广告策划的基本工作原则。因此，从事广告策划的群体，必须相互支持，相互配合，取长补短，协调发展。过分强调个体作用，可能会削弱整体的配合力度。

4. 系统性原则

广告策划是一项系统工程。因此，要从系统概念出发，把握广告策划的整体和全局。每一个局部都要服从系统的利益，每一个变化都要纳入整体的变化之中。系统性原则要求广告策划统筹安排，合理地组合系统中的各个要素，实现整体的最佳组合。这种组合包括广告的对象、广告的传播目标、广告的制作策略、广告媒体的选择、广告费用和广告实施。

5. 效益性原则

效益性原则是广告策划的基本原则。效益是指社会效益和经济效益的统一。成功的广告策划能产生良好的广告效果。这种广告效果集中反映在指导消费、鼓励消费、创造消费上。广告策划是否成功，效益是检验的唯一标准，没有效益的广告，即使形式再好，也是失败的广告。

（五）广告语言

广告是一门综合艺术。语言是广告中最具灵活性、应用性和表现力的艺术。广告语言是构成广告形象的重要因素。因此，它在广告中有着特殊的地位。广告语言包括有声语言和无声语言。有声语言是指听众通过听觉器官来感知语言的声音，并通过声音来接受广告的内容。无声语言是指读者通过视觉器官来感知语言的符号，并通过符号来接受广告的信息。不管采用何种语言形式，目标都是为了传播产品信息，加速产品流通，指导产品消费。

1. 广告语言必须通俗易懂

广告语言是一种艺术，一种技巧。它必须能让消费者一看明了，一听就懂，并能留下深刻的印象。因此，广告语言必须通俗易懂。所谓通俗易懂是指：

（1）广告语言中避免使用冷僻、深奥的词汇，多用口语、惯用语、成语以及人们熟悉的语言。浙江湖州电梯总厂的电梯广告是：巨人电梯，步步高升。这则广告用步步高升这个人人熟悉的惯用语来衬托产品的名称——巨人电梯。这种语言的表现手法无疑增强了产品的宣传力度。

（2）广告语言中尽量少用专业词汇，应将专业词汇转变成人们能理解的语言。比如克隆羊还不如说无性繁殖羊，海洋生物还不如直接说黄鱼、带鱼等。

（3）广告语言中避免出现庸俗的俚语和口头禅，这会影响产品和企业的形象。使用口语化的词汇，必须要有良好的意义。“请大家告诉大家”，这是生生皮鞋的广告词。此句广告稍加修改已被广泛地引用，如“请小朋友告诉小朋友”、“请朋友们告诉朋友们”、“请同学们告诉同学们”。这句广告词的成功告诉我们，广告词不一定在修辞上十分讲究，可运用现成的口语、俚语。运用口语化、通俗化的广告语言，往往会取得意想不到的成功。

（4）广告语言中句子的使用可以灵活多样，但以短句为主，句子必须简洁精练。“味道怎样好？一吃就知道”，这是广东东莞市石龙通达工业公司为其港龙饼干做的广告。这句广告词用问答句法的变化来引起消费者的注意和兴趣，劝慰消费者亲口尝一尝，从而达到宣传和推销产品的目的。

（5）广告语言必须符合语言的逻辑，能让人得出正确的推理。“听众朋友，你想使自己的皮肤保持光滑柔嫩，爽洁舒适吗？你想使自己的头发保持光泽柔软，富有弹性吗？”这是上海制皂厂“蜂花液体香皂”的电台广告词。这两个疑问符合语言的选择，它让消费者推理出，使用“蜂花液体香皂”是一种明智的选择。

2. 广告语言必须准确真实

准确真实是广告成功的基础。诚然，广告可以运用超现实的夸张，目的是为了产生强烈的艺术感染力，以此打动观众。但这种夸张必须符合产品服务的真实性。如果失去准确与真实，就背离了广告宣传的基本原则。广告语言必须准确真实主要反映在：

（1）广告语言必须反映产品的客观情况，它是产品内容与产品宣传的统一。“晶晶亮，透心凉”，这是可口可乐公司生产的“雪碧”饮料的广告词。凡是喝过“雪碧”饮料的人，再回过头回味细想一下这条广告词无不拍手叫绝。这条广告词的成功之处就是能准确、真实地反映产品的特征。公司选用绿色的塑料瓶盛装的“雪碧”就是晶晶亮的，喝到肚里使人感觉透心凉。盛夏季节，每当人们看到这条广告词，丝丝凉意，就会油然而生，从而督促人们去购买“雪碧”。

（2）广告语言必须贴切，应以中性词为主。尽量避免使用最高级的极端词，如“惊人的发现”、“最最先进的”、“举世无双的”等。广告的艺术夸张不等于是语言的夸张。广告语言的中性词是相对于极端词而言的词，如“有一定的发现”、“迄今为止尚属……”、“有一定的提高”、“质量可靠”等。“清香醇纯，回味无穷”是江西“四特酒”的广告。这则广告做得比较成功在于没有用极端词来神化“四特酒”，而用“清香醇纯”四字来反映酒的四个特点，而"回味无穷"只是一种抽象和含蓄的说法。

(3) 广告语言必须能正确地反映词语意义。广告语言决不能为了追求"新潮"而失去词语的正确意义。如"迷你"原来是英语"Mini"的译音，词的原意是小的意思。"迷你裙"意为短裙，"迷你电视"意为微型电视。"迷你"决没有吸引人，迷住人的意思。广告中若出现"迷你歌声"、"迷你环境"的字眼显然是词不达意，令人啼笑皆非。

3. 广告必须生动创新

生动创新的广告语言是指新颖别致，不落俗套，既有鲜明的产品个性，又能展示产品内在魅力的语言。"以奇为贵，以奇制胜"，这是广告语言生动创新的基础。

(1) 逆向性广告语言。这种广告语言以反逻辑的思维形式和语言形式产生广告的魅力。"今年 20，明年 18"，这是上海制皂厂白丽美容香皂的广告妙语。这则广告紧紧地抓住了人们的爱美之心，它反逻辑的夸张引起了人们的极大好奇。尽管香皂不可能有这么大的效用，但人们完全能理解和接受这种说法。因为它的逻辑推理是人人所希望的——越活越年轻。

(2) 劝导性广告语言。这种广告语言以劝导的方式，鼓励人们直接采取购买行动。"别把今日的苦恼留给明天"，这是一则保健产品广告。广告用婉转曲折、礼貌恭敬的语言劝诱消费者要告别昨天，为家庭的幸福和美满，现在就采取购买行动。

(3) 换字型广告语言。这种广告语言是利用一些约定俗成的词，然后加以巧妙地换一个同音字，如此赋予原词义新的含意。"换然一新"，这是蒙妮坦换肤霜的广告词。这则广告词套用了成语"焕然一新"，将"焕"字改为"换"，它既符合了换肤霜的含义，又符合了原成语的大概意思，即崭新的面貌，从而生动地体现了换肤霜的作用。当然，换字一定要字斟句酌，否则弄巧成拙。

(4) 功能性广告语言。这种广告语言能紧紧抓住产品的特征，生动地反映产品的效能，以此达到宣传产品的目的。“一杯在手，唇齿留香”，这是河北省青县枣茶厂生产的“滇红枣茶”的广告词。这则广告词好念、好记、好理解，一看就明了是什么产品。“唇齿留香”这四个字生动地反映了产品的特征，恰到好处地向消费者宣传了“滇红枣茶”饮料的美味香醇。读这则广告犹如品尝了芳香四溢的枣茶。

(5) 询问性广告语言。这种广告语言用询问的形式引起消费者的注意，以此产生广告的宣传效果。“男人为什么要用女人的香波”，这是上海家用日化厂高夫香波的广告词。高夫香波是专为男人设计的，具有松针香味的洗发剂。这则广告形似提问，答案实际上已在问话中。它不显单调，引发人们思考，并带有几分幽默。

(6) 否定性广告。这种广告语言是在固定搭配的成语和说法中加入否定词，以形成新的词意，达到奇妙的广告宣传效果。“聪明不必绝顶”，这是上海家用化学品厂美加净颐发灵的广告。这则广告词在“聪明绝顶”词中巧添否定词“不必”，形成对原来词意的否定，以此令人产生好奇心理，品味个中奥秘，加深对产品的认识。它带有轻松、幽默的色彩，既隐含对消费者的赞美，又宣传了“颐发灵”的效能。当然，在使用否定性广告语言时，必须慎之又慎，稍有不慎，就有可能成为画蛇添足。

(7) 正话反说的广告语言。这种广告语言是用正话反说的方式来介绍产品的特性，表现产品的功能，引起人们的好奇心，加深对产品的印象。“该大衣唯一的缺点是——将使你不得不忍痛扔掉以前购买的内衣”，这是瑞典一种名贵裘皮大衣的广告词。这则广告实际上告诉读者，这种裘皮大衣保暖性特别强。广告词中所说的缺点是不存在的，只是变换角度，用正话反说的形式来宣传产品而已。正话反说的广告语言幽默风趣，留出思维空间，耐人寻味。

(8) 重复性广告语言。这种广告语言用语言重复来增强广告语言的力度，引起人们的注意，加深对产品的印象。“永生永生,信誉永存”,这是上海永生金笔厂的广告。“1090——要灵就灵”,这是上海延中复印机广告词。“感冒清,感冒必须清”,这是“感冒清”广告。以上这些广告词都是以语言的重复来产生广告的艺术感染力,它们的广告效应是不证自明的。

(9) 联想性广告语言。这种广告语言是用情景交融的语言艺术来烘托产品的特征。“共创清新世界,永享绿地温馨”,这是北京市绿地新技术开发公司空气清新器的广告词。这则广告词十分巧妙,含蓄地告诉读者产品的功能和商标。广告词给人以美好的联想:清新的空气、清新的世界、绿色的草坪。由此产生购买的欲望。

(六) 广告媒体

广告媒体是指产品宣传的传播途径。研究各类广告媒体的特点和作用,是为了正确选择广告媒体。正确选择广告媒体,有助于广告宣传,扩大产品的销售。随着我国社会主义市场经济体制的逐步形成,随着科学技术的不断进步,广告媒体已呈现出多层次、多网络、多样化的发展趋势。面对变化纷繁的广告媒体,如何进行正确的选择已成为广告制作者、市场营销人员不得不认真研究的一个课题。

1. 报纸媒介

报纸媒体是广告媒体中的主体。它的特点是传播面广、传播速度快、信息量大、保存性强、重复率高,能给人留下明确、深刻的印象。有些报纸具有一定的权威性和社会影响力,借助这些报纸媒体的信誉,能产生理想的广告效应。在选择报纸作为广告媒体时,务必考虑报纸的发行量、报纸的发行范围、报纸的发行时间、报纸的读者对象、报纸的权威性等。不同的报纸会产生不同的广告效果。通常而言,日报宜刊登任何性质的广告,晚报宜刊登消费品广告,专业报纸宜刊登专业性产品的广告。报纸广告的缺点是广告寿命短,时效性差,视觉刺激差。同时,报纸广告形式单调呆板,无法对产品进行生动反映。消息众多,主题分散,不利读者迅速作出产品选择。

2. 杂志媒体

杂志广告是以杂志为媒介的产品广告。杂志广告的特点是针对性强、图文并茂、形象生动、稳定性好、便于保存、可以详细介绍以表现产品的优点。特别是一些专业性杂志，读者多为长期订户，且具有一定的文化水平。在这些杂志里做广告，有利于产生好的广告效应。一些专门性的产品，在杂志上做广告不失为明智的选择。比如在《老人天地》做老年人的产品广告，在《青年一代》做青年人的产品广告。在杂志上做广告的产品一般是比较高档的产品。杂志广告的缺点是出版周期长，信息传递速度缓慢，读者面窄。针对杂志广告的这些弱点，现代企业要注意选择消费季节较长的产品做杂志广告。

3. 广播媒介

广播广告是通过语言、音响，用电波传递信息的产品广告。广播广告是一种听觉媒体。它是广告媒体中最灵活的一种媒介。广播广告的特点是传播迅速、收听方便、覆盖面广、针对性强、听众可以不受教育程度的限制。广播广告形式多种，如直播式广告、对话式广告、小品式广告和歌唱式广告。根据广告的种类，广播广告可以分为普通广告、特约广告、专题广告、专栏广告、赞助广告和公益广告等。广播广告一般适合于展销会广告、鲜活产品广告、供销信息广告、招聘广告等时间性较强的广告。用广播媒介来做产品知名度广告是十分有效的。广播广告的缺点是播音时间短、不便记忆、无法展示产品的实体形象，广播效果受距离、地形的影响。通常，平原地区较山区清晰，靠近发射台地区较远离发射台地区清晰。

4. 电视广告

电视广告是通过电视屏幕传递产品信息的广告。随着现代社会的发展，电视已成为最具潜力、影响力最大的媒介之一。电视广告的特点是传播面广、表现力强、重复性好和影响力大。它具有视听兼备、声画统一的功能，能逼真地、形象地展示产品的性能，使观众有身临其境的感觉。一则好的电视广告，不但使消费者获得产品信息,又能得到美的享受。电视广告按播出方式基本分为:节目型广告、插播型广告、赞助型广告和转借型广告(指的是其他媒体的广告,出现在电视的非广告节目的画面中,如转播球赛时,球场周围的广告牌等)。电视广告的缺点是广告费用高、信息量少、储存性差。此外,它还受时间、地点、环境的影响,如收视条件差、电视普及率不高,电视节目单调等都会限制电视媒介的效益发挥。

5. POP广告

POP广告(Point of Purchase Advertising)是一种新兴的广告媒介,可确切译为售点广告。售点广告内容十分广泛、丰富,几乎涵盖了所有的广告手段。售点的所有地方,都可以成为广告宣传的场所和媒体,如售点的建筑物、店名、彩带、锦旗、霓虹灯、招贴、海报、录像、产品陈列、广播、产品宣传小册子和电动广告装置。POP广告的特色是能渲染气氛,增加识别,诱发购买。事实证明,POP广告投资少,见效快,形式灵活,表现生动。它是当今零售业采用最为普遍的广告形式。

6. 户外广告

户外广告是设在户外的广告物,它是一种地区性的广告媒介。它们分为交通广告、招贴广告、路牌、壁画广告、霓虹灯广告和活动模型。户外广告的特点是设在繁华的商业区,让来往的行人随时都能看到,以此引起注意,产生影响,形成购买的潜意识。这种感染力,能被大多数人接受。户外广告对提高企业和企业产品的知名度能起积极的促进作用。特别是设在宾馆、车站、码头周围的户外广告,广告效果更佳。户外广告的缺点是要受空间、地理位置的限制,有些户外广告制作的费用比较高。

除了以上六种广告媒介外,还有散发性广告、邮寄广告、包括广告、展览会广告等。这些广告媒介也各具特色,各具成效。

二、产品推销的三个环节

推销是整体市场营销的一个部分。它是市场变化的先兆,是观察市场动向的晴雨表。产品推销是企业适应市场,引导市场，创造市场的重要环节。正因为如此，现代企业普遍重视产品推销。企业以市场为导向，在一定程度上就是以产品推销为导向，以产品销售为企业经营的突破口。现代企业要想在市场竞争中保持优势地位，都必须借鉴成功的推销经验，研究成功的推销，学会成功的推销。因此，学习和掌握产品推销的三大环节，是产品推销走向成功的基础。它们环环相扣，互为因素，互为条件。

（一）产品是产品推销成功的核心

从市场营销学的观点分析，产品不仅指有形的物品，它还包括无形的、具有服务功能的劳务。推销依靠产品而存在和发展。失去产品，推销就失去了全部的意义。产品是产品推销成功的核心。产品本身包括三个要素，即产品的品种、产品的质量、产品的服务。这三个要素直接影响产品推销。

1. 产品的品种

企业拥有多层次、多规格的产品的品种，就能向消费者提供较多的产品选择和产品服务。这不仅能让消费者受益，也能使企业扩大经营的范围，增加产品推销的力度。

上海天真摄影经营公司是一家专业的照相公司，原来经营的品种比较单一，影响了企业两个效益的发挥。从1994年起，这家公司扩大经营品种和范围，打破品种单一的经营模式。如成立摄影器材销售中心，专门销售摄影器材，增设婚纱摄影和广告摄影，开展艺术摄影，利用中国的传统节日，开拓生肖特色的摄影，并运用电脑技术首创“梦幻彩绘”的摄影方法。如此，使公司在产品推销上取得了极大的成功。

2. 产品的质量

市场经济的竞争规律是物竞天择，优胜劣汰。产品的质量是产品竞争的重中之重。产品销售要取得成功，产品质量是关键。优质产品是走遍天下的通行证。

上海老城隍庙童涵春国药公司是一家以质量取胜的企业。这家公司的全体员工树立精品意识，在质量上精益求精。他们在药材的质量上把住五道关。一是进货关，二是来货验收关，三是加工整理关，四是上柜复核关，五是消费者监督关。童涵春的产品质量关不仅使企业推销了产品，更重要的是赢得了社会的信赖。

3. 产品的服务

现代市场营销的产品服务是一种全方位的服务，它贯穿于产品销售的各个过程。凡是重视产品服务的企业就会取得产品推销的成功。产品服务是产品推销的保证。推销的最基本准则是向消费者提供服务。最优化的产品服务实际上就是产品推销艺术的全部精髓。

西德奔驰汽车公司是一家具有百年历史的汽车制造厂。这家公司产品推销成功的秘诀就是系统化的产品服务。在售前，人们可在奔驰汽车推销点看车的图样，了解汽车的性能和特点，这样，消费者可以进行充分的比较和选择。在售中，消费者不仅可以随意挑选，而且还可以提出自己的特殊要求，如车的颜色、空调、音响设备、保险车门钥匙等。公司设法给予满足。在售后，奔驰公司建立了遍布各地的维修网点随时提供服务。

(二) 队伍是产品推销的保证

推销活动总是和人联系在一起的。一流的推销必须要有一流的推销队伍。由推销人员素质等综合而成的推销队伍素质对推销的成功起保证作用。推销人员一般应具备以下基本素质：

1. 服务意识

推销人员必须具有良好的服务意识，要为消费者所想，对消费者负责。提倡诚实推销，信用推销，互惠推销，和气生财，成人之美的推销观点。千方百计地满足消费者的需求，这是产品推销真正价值的体现。任何一种推销方法都不可能是万能的，唯有真诚服务永远能得到消费者的青睐。

2. 业务知识

推销人员的业务知识面十分广泛，总体上说，它们包括：

(1) 产品知识。推销员要了解产品的性能、用途、使用和维修的方法。一个合格的推销员除了了解自己的产品外，还应了解社会上其他同类产品的情况，并能区别它们之间的不同，以便能如实地向消费者作恰如其分的产品介绍。

（2）市场知识。推销员不但要了解产品的市场分布、市场竞争、市场发展趋势等情况，还要随时注意消费者的消费习惯、购买习惯的变化，使产品推销能随消费者的消费习惯、购买习惯的变化而变化。

（3）企业知识。推销员要熟悉企业的历史、企业经营的目标、企业经营的方针、企业管理的特色、企业对社会的贡献。

（4）法律知识。推销员要有一定的法律知识。一切推销活动应在法律许可的范围内进行。遵纪守法的前提是学法和懂法。

3. 推销技巧

推销人员应具有一定的推销技巧，这种技巧集中反映在：

（1）说服技巧。推销员要以适当的语言去吸引消费者、打动消费者，使消费者乐于购买产品。因此，推销员能因时、因地、因不同的对象选择不同的词汇和语言，借以说服消费者。

（2）听的技巧。推销员要善于听取消费者的意见。听是一种谦和的姿态。只要推销员在听上下工夫，就能发现消费者的需求。有时单靠认真听取消费者的叙说，就能获得消费者的好感。

（3）问的技巧。推销员通过提问引发交谈，加深了解，发现问题，发现需求。

（4）社交技巧。推销员要想有效地推销产品，首先必须推销自己。好的推销员一般都能通过自己的言谈举止，给消费者留下良好的印象，从而使自己成为消费者的朋友。因此，在社交场合中，推销人员应该整洁文雅，平易近人，态度从容，谈吐幽默。这些都要求推销员有一定的中国传统文化和西方文化的底蕴。

4. 应变能力

市场瞬息万变。推销员必须深谋远虑，根据市场的变化，作出通盘规划，及时地调整营销方针、营销方法以适应变化的市场。一个成功的推销员既要遵循企业的推销原则，但又不能墨守成规。这样就能在变化的市场中，捕捉市场信息，借用一切力量，扩大和创造推销机会，不断地学人所长，补己之短，不断地翻新自己的推销方法，推进产品的销售。

5. 决策能力

任何市场都是机遇与风险共存。推销员要抓住机遇，降低风险。面对市场的机遇与风险，推销员必须反应灵敏，判断正确，及时地作出决策。优柔寡断会丧失市场机会。当然，果断决策决不是随心所欲，胡来乱来。决策的基础是科学的市场分析，符合逻辑的市场推理，理智的客观判断。为此，推销员应有较强的独立工作能力和独立思考能力。

6. 身体健康

推销工作是一项十分艰苦的工作。推销员要承受身体和精神的双重压力。推销员对于环境能随遇而安，对于生活能入乡随俗，对于推销目标能锲而不舍，对于成功与失败能“拿得起，放得下”。

7. 意志坚强

推销员对企业要忠心耿耿，对事业要有执着的追求，对推销的目标要始终如一，对困难和挫折要百折不挠。这些都是一个推销员意志力的具体体现。推销员没有坚强的意志，推销就不能取得成功。

(三) 管理是产品推销成功的基础

认真做好推销人员的管理工作是推销成功的基础。推销人员的管理工作大致有：招聘、岗位职责、评估标准和激励机制。

1. 招聘

推销员的招聘是一项十分严肃的工作。因此，企业要根据推销工作的需要确定招聘的名额和录用的标准。要统筹安排好招聘中的各项工作，如广告、报名、面试、签约等。招聘工作应在企业主管直接领导下，由专门的招聘领导小组具体实施。通过一定的程序，招聘具有一定推销员素质的人来担任推销工作。新录用的推销员，在上岗前必须经过培训。

2. 岗位职责

明确岗位职责，努力做到推销员“责、权、利”的统一，这是做好推销工作，产生推销效益的有效途径之一。尽管每一个企业，甚至每一个推销员，由于推销的对象、推销的产品不同，而在推销方法上会有差异，但一些基本的岗位职责却是共同的。

3. 推销的评估

推销没有评估很难产生最佳的推销效益。评估是为了加强对推销工作的管理，使企业的产品推销在不断总结经验中取得进步与发展。对推销员的评估方式主要有：

（1）电话联系。企业定期地用电话与推销员取得联系，听取他们的工作汇报，了解他们的推销情况，及时地帮助他们解决困难或协调他们之间的推销工作。

（2）工作日记。企业要求推销员保留工作日记，经常记录推销工作的情况，真实地反映产品营销、产品市场的变化。企业定期或不定期地查阅这些推销日记，就能从一个侧面来检查、评估推销员的工作。

（3）书面报告。企业要求每一个推销员定期以书面形式向企业报告推销情况。同时，企业也可制定统一的表格，让推销员定期填写，以便对他们的推销工作有一个整体的了解。

（4）访问。企业用定期或不定期的、明访或暗访的形式来实地考察和了解推销员的工作情况，以具体的考核指标对推销员的工作进行客观评价。

（5）讲评。企业在调查研究，掌握大量素材的基础上，对全体推销员或部分推销员开展工作讲评。讲评会就是工作考评会。在讲评会上，企业要表扬先进，批评后进，肯定推销中好的做法，指出推销中存在的不良倾向。成功的讲评一定会对推销工作起到促进的作用。

（6）消费者评价。企业通过一定的渠道听取消费者对推销员的反映。消费者的反映往往是对推销员工作的一种最直接、最客观的评价。

4. 激励机制

在现代市场营销中,激励机制的实质内容就是奖励制度和取酬制度。企业要制定适当、合理的奖励制度和取酬制度,这样才能最大限度地调动广大推销员的积极性。

第四节　分销管理渠道

能否将产品通过快而有效的渠道送到消费者手中,这是区别成功营销与失败营销的分界线。在市场营销中,唯有快而有效的销售渠道方能降低产品成本,增加利润,提高服务质量。商海茫茫,几多风浪,销售渠道犹如商海中的航道,营销之舟只有沿着正确的航道,才能快速、有效地抵达营销成功之岸。

一、销售渠道的类型

现代市场营销学中的 place 是指分销途径或称流通渠道。虽然提法不同,但实际内容都是指销售渠道。什么叫销售渠道?销售渠道是指产品从生产者向消费者转移过程中所经过的通道。它的实质是合理地选择产品销售渠道,减少不必要的中间环节,减少产品的周转时间和运输费用,在增加企业利润的同时,也为消费者带来购买上的方便和经济上的实惠。

销售渠道的形式不是固定不变的。它会随着地域、时间、行业的不同而有所变化。另外,随着时代的进步,过去曾经发挥过重要作用的销售渠道也会逐渐失去作用。但是,“万变不离其宗”,一切变化基本上都是在基本销售渠道模式上的变化和发展。从现代市场营销角度分析,销售渠道有以下几种基本模式:

(一) 直接销售

直接销售简称直销。直销是一种最简单的销售渠道,它省去了批发、柜台零售等环节,直接向消费者推销产品。直销的优点是缩短生产者与消费者之间的距离,减少商品流通环节,降低产品成本，便于企业直接掌握市场的变化，有利于产品开发，使企业与消费者同时受益。直销的方式有：

1. 上门推销

企业的直销员携带产品直接上门推销。这是一种便捷有效的营销方法。上门推销的形式适用便于携带容易变质的产品，如化妆品等。上门推销是直销中的一个较好方式，但它需要直销员有良好的文化素质和较强的交际能力，能灵活、熟练地运用各种推销技巧。当然，要使直销取得成功关键是赢得消费者的信任。

上门推销的优点是直接向购买者介绍产品，靠说服的方式来推销产品是最有效的。世界上最大的化妆品公司“叶波公司”就是用上门推销的方式把产品直接送到消费者手中而发展壮大的。“叶波公司”聘用的直销员有几个条件：

2. 邮购销售

邮购销售的主要媒体是信函、广播电视、购物热线电话等。当消费者通过不同的媒体了解产品的性能，产生购买欲望而和企业取得联系时，企业可以采用这种邮购方式直接销售产品。对于附近的消费者可以送货上门。

3. 展览会销售

企业可以在一定的范围里直接推销产品。消费者也可以根据所展产品的价格、质量、性能、服务直接选购产品。

4. 企业自办商店或自设销售点

这种直销形式适合中小型企业。这种形式的优点是取消中间环节降低产品成本。这是一种“前店后厂”的销售形式。这种销售形式使企业能以价格优势来战胜竞争对手。

在市场营销中，直销是较好的销售渠道。但直销往往会牵制企业的许多精力，束缚企业的进步发展。显而易见，当企业将大量精力放在直销上时，就有可能将自己销售的市场局限在一定的范围里。

(二) 生产者—零售商—消费者

有些营销专家将这种模式称为单一环节销售。这种模式的流程是企业将产品直接批发给零售商，由零售商直接将产品售给消费者。这种模式接触的市场面比直销型广，接触消费者的面比直销型宽，它有利于扩大产品的销路。这种模式的关键是选择好零售商。在这种模式中，零售商作为产品从生产者到消费者流通过程中的最后一个商业环节，对于保证产品的正常流通起着重要的作用。这种模式的销售形式有：

1. 企业把产品批发给百货公司

百货公司是一种大型的、综合性的零售企业。大型的百货公司在扩大产品销售，提高服务质量方面起主导作用。企业在选择百货公司作为销售渠道时，应仔细评估有关百货公司的市场地位、形象、地理环境、人员素质。选择各方面都较好的百货公司，不仅能及时地销出产品，而且也能提高企业本身的形象。

2. 企业将产品批发给超级市场

超级市场的特点是顾客自助服务、自选商品。由于商品直接面对消费者，消费者容易对商品产生"占有欲"。超市的经营方式改变了传统的封闭式或传递式的购货形式，它抛弃了商品买卖之间的中间媒介——营业员，让顾客直接与商品进行信息交流。由于超市具有能减少人员，降低成本，降低售价，商品预先包装标价等优点，消费者不仅能得到经济实惠，而且也得到了购买上的方便。现代超市是一个很有前途的零售行业。超市，它以薄利多销著称于世。因此，企业也能以薄利多销为原则来选择超市作为销售渠道。

3. 企业将产品批发给专营商店

专营商店是以专门经营某一特定商品为特征的零售商店，如中老年服装店、五金交电商店、妇女用品商店等。这类专业商店专业水平高，一般都能得到消费者的信任。具有特色的企业产品，通过专业商店销售不失为一种好的选择。

4. 企业将产品批发给综合商店

综合商店又称杂货店，它是以居民的一般消费需求，以经营居民日常生活用品为主的零售商店。综合商店的规模有大有小，大的就像百货商店，小的称“夫妻老婆店”。这种综合商店经营方式灵活，经营时间长，产品覆盖面广，具有很强的生命力。一些中、小型企业选择综合商店作为销售渠道无疑是明智之举。

(三) 生产者—代理商—零售商—消费者

这是一种多环节销售渠道。多环节销售特点是企业的产品经过一个层次或多个层次批发给批发商(站)，由批发商(站)将产品再批发给零售商，通过零售商将产品售给消费者。多环节销售的最大优点是发挥批发商、零售商的积极性。通过发挥他们的积极性去扩展市场，扩大用户，增加销售量。具体操作为：

1. 企业将产品批发给综合批发商

通常，综合性的批发商有较强的经销能力，能适应市场变化，能广泛接触市场，因此，他们在选择零售商时很有针对性。综合性批发商熟悉市场，且与零售商之间有着广泛的联系，所以，他们完全有可能帮助企业扩大产品的销售量。

2. 企业将产品批发给专用商品批发商

专用商品批发商将产品批发给各专业领域的用户或专门经销点，再由他们直接售给消费者。有些教科书的发行就是采用这种销售渠道，如出版社将教科书批发给经销店、代办站，由经销店、代办站将教科书批发给有关学校，由学校直接售给学生。由此可见这是一种简易、互利、颇受欢迎的销售渠道。

二、批发商和零售商

企业在选择销售渠道时，除了直销方式外，其他各种销售模式都与批发商和零售商有关。为了更好地选择销售渠道，在最大的范围里推销企业产品，作为企业经营者必须了解批发商和零售商。研究他们在市场流通领域里的普遍功能和特性。但是共性研究是基础。只有在了解他们共性的基础上，才能对他们进行个性研究，只有了解批发商和零售商的共性才能选好批发商和零售商，最大可能地发挥他们的积极作用。

(一) 批发商的主要作用

批发商作为生产者与零售者之间，以及生产者与其用户之间的中间商业环节，在现代市场营销中起着重要作用。

1. 销售

销售是批发商的最终目的，同时也是生产企业的希望，因为批发商销售量越高，就意味着他们向企业采购的产品的量也就越多。批发商的销售过程，往往也是产品的分配过程。

2. 采购

批发商根据市场需要，会预先从生产企业采购产品，以备销售。

3. 资金融通

批发商一般有较强的资金实力。在零售商资金暂缺的时候，批发商可以向他们提供信用进货，即赊销商品。同时，批发商也可以通过预付款项的方式资助企业进行产品生产。

4. 收集市场信息

批发商接触的市场面较广，能及时、精确、直接地从消费者、零售商处收集到对产品使用的反馈意见。这些反馈意见提供给企业后，可以使企业改善经营，加强服务，提高质量。

5. 储存

批发商利用储存来创造产品营销的时间差效能，即调节市场的淡季和旺季。当产品蜂拥而至时，它们择优储存。这样就使产品在各个时间段中都能均衡上市。批发商储存一定量的产品也可以随时满足零售商的小批量进货，以保持与零售商的长期合作关系。

6. 产品促销宣传

批发商为了发展自己的业务，开拓产品市场，一般都愿意配合企业进行产品促销的宣传活动，通过促销活动来提高企业、批发商、产品三者的知名度。

7. 运输

批发商根据市场、产品的特定情况，选择及时、安全、经济的运输形式，完成在采购、分配、销售过程中的产品空间移位活动。选择恰当、有效的运输形式是批发商降低成本，产生利润的有效途径。

8. 咨询

为了加强与顾客联系，批发商为零售商或产品的用户提供各种咨询，如产品定价、产品营销、产品售后服务等。

(二) 批发商的类型

批发商的类型很多，可以从不同的角度进行分类。但最基本的是两大类型，即经销批发商和代理批发商。

1. 经销批发商

经销批发商是指从生产企业大批量购进产品，然后以一定批量批给零售商或其他中间商的批发商。经销批发商只从事产品的批进和转销，它的主要特征是对购入的产品拥有所有权。经销批发商的经营收入来源于进销之间的差价和部分服务费。经销批发商与企业之间是买卖关系，双方之间的合作前提是经销合同。生产企业要保证经销批发商的货源，保证产品的质量和有关权利。经销批发商则要保证经销合同的有关规定的销售产品，不允许擅自提高产品的价格，不允许产品进入限制的市场。经销批发商独自承担市场风险，同时也独自享有经销利润。

2. 代理批发商

代理批发商是指受生产企业委托而从事产品批发业务的中间商。代理批发商对产品不拥有所有权。经销的范围小于经销批发商。代理批发商可代表买方或卖方进行贸易洽谈。但在一项具体的贸易洽谈中，代理批发商只能代表一方。代理批发商的产品销售量往往决定了他们的经营收入。代理批发商与生产企业不是买者与卖者的关系，而是委托人与被委托人的委托关系。双方之间的合作关系由代理合同确定。代理合同保证双方的权益和义务。代理批发商不享有经销利润，也不承担经销风险。利润和风险由生产企业享有和承担。由此可见选择代理批发商是否客观、可靠，对于企业来说事关重大。为了选好代理批发商，减少市场风险，现代企业在选择代理批发商时都持谨慎的态度，以逐步代理、逐步放开来考查其对企业的“忠诚可靠”程度。

代理批发商根据其从事经销的实际状况可分为：

(1) 企业代理商。这是一种按委托代销合同在一定范围内负责代销企业产品的中间商。这种代理商可以为一家，也可以为多家企业推销产品。当然，企业也可以委托若干代理商在某个特定的区域内推销产品。

(2) 独家代理商。独家代理商可以根据独家代销合同，不受地域限制而代销合同上规定的企业所有产品。但这种代理商不能同时代销其他企业的产品。独家代理商实际上起着销售部门的作用。独家代理商一定要有较好的信誉，有广泛的销售网络，否则生产企业会受“其害”。

(3) 进货代理商。这是指已经与生产企业或购买单位订立进货代理合同，长期为其采购产品，并代其收货、验货、存货、发货以及提供必要服务的中间商。

(4) 寄售代理商。这是指受生产企业或卖方委托代销产品的中间商。我国的贸易信托公司一般都有这类寄售代理的业务。

(三) 零售商的主要作用

零售商是向最终消费者提供产品或服务的中间商。他处于使商品从流通领域进入消费领域的特殊地位。由于零售商具有这种特殊地位，生产企业和消费者都普遍重视零售商的信誉和作用。对消费者来说，了解零售商的信誉和作用，就意味着可以放心地、快捷地购买到所需的产品。对于生产企业来说，了解零售商的信誉和作用，就可以建立一种良好的合作伙伴关系，有的放矢地开展产品的销售工作。

零售商的作用具体反映在：

1. 促销

零售商处于流通领域的终端。他将企业或批发商的产品直接推销给消费者。零售商的促销作用保证了生产企业和批发商的正常经营活动。

2. 服务

零售商通过产品服务，如服务地点、服务时间、服务形式等尽可能方便消费者购买,满足消费者的需求。

3. 储存

零售商为了经常能满足消费者的需求,必须储存一定量的产品供消费者选购。不过,零售商储存的商品只是针对一定的经营范围和特定的目标市场。他与批发商相比,就产品储存的量而言是“微不足道”的。

4. 产品宣传

零售商是生产企业或批发商的销售部门。因此,他必须具有产品宣传的作用。零售商宣传产品主要有两个方面:一是配合生产企业或批发商进行产品宣传,二是零售商单独开展产品宣传。零售商一般是通过产品售前服务、售中服务、售后服务来宣传产品,以此达到产品促销的目的。

5. 信息传递

零售商直接面向市场,接触消费者,因此,他拥有一定的市场信息。零售商将这些信息及时地传递给生产企业或批发商,这样,才能使他们根据市场信息安排生产,组织货源,增加产品款式,提高产品质量。

6. 咨询

零售商直接面向消费者,他有可能及时地向消费者提供产品咨询服务。这种咨询服务可包括:产品价格、产品质量数据、产品维修方法、产品销售形式等。他与批发商相比,零售商提供的信息更为具体、详尽和直接。

(四) 零售商的类型

零售商是销售系统中数量最多的组织。随着社会的发展,零售商的类型也越来越多,而且呈现出一个发展的趋势。但就整体而言,现今市场上大体有以下几个类型:

1. 百货公司

百货公司(商店)是一种大规模的、经营范围广泛的零售商店。经营的地点一般设在人口稠密的市中心。现在也有一些公司设在人口密集的城郊结合部的居民住宅区内。百货公司是零售商业的骨干，在扩大产品销售，提高产品质量方面起主导作用。大型的百货公司根据产品分类还可以设立有关的商品部，实行专业经营。

2. 连锁商店

这是一种由许多零售商店组成的联合商业系统。这些商店在统一系统的指挥、管理和协调下都具有比较一致的专业特色和良好的经营作风。连锁，这是现代市场营销成功的经验。它将工业生产的一些经营管理方法和科学分工，引用到商业上来，引用到流通领域中来。事实证明，连锁店有极强的生命力。它的优势是统一采购，分散销售，售中管理，专业分工。连锁店一般都有统一的服务标准，统一的采购网络，因此，对提高服务质量，打击假冒伪劣商品起促进的作用。连锁店在国际上也成为零售商发展的主导方向。上海的华联、联华、百佳都具有连锁超市的性质。

3. 超级市场

这是一种面向大众薄利多销，顾客自行选定商品的大型零售商店(亦有规模较小的)。超市经营的产品大多是人们日常必需的日用品和一些中、低档次的产品。由于超市采用自动售货形式，因此可以减少销售人员，降低成本，使超市在价格竞争上占有利的地位。

4. 专业商店

专业商店是指专门经营一类或几类产品的商店，这是一种专门为满足特定服务对象所需的专门性的零售店。专业商店的规模有大有小，大型的专业商店可以与大型的百货商店并驾齐驱。由于专业商店专业化水平高，所以往往是某个企业或某个品牌产品的独家经销店，如鳄鱼专卖店、培罗蒙专卖店等。

5. 综合商店

综合商店又叫便民商店、杂货店。这是一种设在居民住宅区内，销售家庭小型日用品为主的小型零售店。综合商店的特点是营业时间长，经营商品有限，经营方式灵活，能够给居民带来生活方便。

6. 不设店铺的零售商

不设店铺的零售商形式多样。这是现代社会进步的标志。

（1）自动售货机。采用自动售货机的一般都是体积小、重量轻，采用标准化包装的产品。它的价格通常高于市场上的流行价。同样一包方便面，自动机售价二元，市场流行价可能只有一元五角。

（2）流动售货。流动售货有派员上门推销、临时设点销售、流动售货车销售等。教师节前夕，有关商店在学校设摊以优惠价展销产品就属此类。

（3）邮购和电话订货销售。邮购订货的主要媒体是通过广告或向顾客邮寄商品目录。商店根据顾客的订货要求，及时地将商品寄出。邮购方式的好处是能使顾客在节省时间、节省路费的前提下，买到自己选中的产品。电话订货则是指通过电话联系开展的销售活动。

在我国，除了以上零售商以外，还有相当数量的供销合作社、寄卖商店、自销门市部、售货亭等。有了这些众多的零售商，才能加快全社会的商品流通，保证社会的发展和繁荣。

第五节　定价管理策略

什么叫价格？价格是商品价值的货币表现。商品价值是指凝结在商品中必要的社会劳动。商品价格、商品价值、货币都属重要的经济范畴。实践证明，产品定价直接关系到企业的形象、企业的产品市场定位、企业的盈利及企业对社会的贡献。为此，现代市场营销普遍重视产品定价。

科学的定价策略，灵活地采取各种定价方法，适应市场的变化，满足市场的需求，维护企业与消费者的共同利益，这些是产品定价的重要问题。

一、产品定价的基本策略

产品定价是一个历史过程，离开市场的发展，就无法认识和掌握产品定价的规律。以现代市场发展的历史分析，产品定价基本上有以下几种策略：

（一）竞争定价策略

竞争定价又称以竞争对手为导向的定价。这种定价的特征是紧紧咬住竞争者的产品价格。竞争定价能使企业根据市场的变化，企业与消费者的客观情况，制定相同于、高于或平于竞争者的产品价格。竞争定价的另一特征是企业的产品定价不与产品的成本、社会需求相联系。即使产品成本和社会需求起变化，只要竞争者的产品价格不变，自己产品的价格也不变。这种定价的好处是简捷利索，容易被广大消费者接受，且市场风险较小。它的缺点是企业产品定价缺乏主动权，当面临强大竞争者时，企业会陷于“防不胜防”的被动局面。

1. 竞争定价的几种战术选择

竞争定价的对手是竞争者、竞争产品。因此，如何根据市场的实际、竞争者的实际来选择恰如其分的竞争定价战术是十分重要的。只有这样，企业才能在“知己知彼”的基础上，掌握一定的定价主动权。

(1) 正面攻击战术。正面攻击战术是一种主动迎接挑战，主动发起攻击的定价战术。采取这种战术的企业在人、财、物方面必须具有强大的实力，能够应付由主动攻击而诱发的旷日持久的商战。没有数倍于竞争对手的实力是不能轻举妄动的，否则会招致惨重的失败。因为攻击的对象一般是领先的企业、领先的产品价格。因此，在发起全面攻击之前，进行全面的调查研究，制定好攻击的程序，选准攻击的突破口，拟定攻击的应变方案。正面攻击战术要求企业一旦发起攻击，应以“迅雷阵雨汲掩耳”之势猛击对手。正面攻击的定价方法有优惠价展销、浮动价促销、特价特销等。凡是竞争产品在价格上有优势的都是攻击的目标。

(2) 侧面攻击战术。侧面攻击战术的特点是避开与竞争者在正面商场上的较量,而是以自己的局部优势去攻击竞争对手的薄弱环节,这是一种避实就虚的定价战术。中、小型企业一般都采取这种战术。侧面攻击最主要的定价手段是低价推销。

美国"假日大饭店"是一家实业雄厚的企业。面对强手,"每日旅馆"以汽车旅馆的低价从侧面攻击"假日大饭店",使"假日大饭店"陷于防不胜防的被动局面。现在,"每日旅馆"已成为全美最赚钱的连锁饭店之一。

(3) 渗透攻击战术。渗透攻击战术的特点是以灵活多样的定价方法,给予竞争对手以间歇性打击,这种打击虽然不伤其筋骨,但也令竞争对手感到麻烦棘手。渗透攻击战术不能打垮竞争者,而是通过各层面的渗透,迫使对手让出一些市场,使自己有一个生存发展的空间。渗透攻击在定价方面是,选准竞争者产品价格上的弱点,以高价或低价在不同的市场断断续续地发起攻击,使竞争者感到不得安宁,无暇顾及更大的市场。

(4) 以退为进的攻击战术。以退为进是一种暂时退却以保存实力的战术。它是企业在遭受失败后无力再进行竞争,或为了企业长远利益不得不避免竞争的一种战术。它的特征是"示弱",让竞争对手放心。采取这种战术的企业,目的是重新积聚力量或积聚复印强大的力量,待实力充足后发起攻击。退是手段,进是目的。以退为进的战术在定价方面,主要反映在避开竞争对手的价格,在产品定价上不给竞争者造成任何威胁。

2. 竞争定价的方法

竞争定价要求企业的定价必须紧紧盯住竞争对手的产品价格,从企业的实际出发去选择有利于企业产品营销,又能为企业带来较多利润的定价方法。

(1) 高于竞争对手产品的定价法。这种定价法要求企业的产品具有一定特色。这种特色包括:一是产品质量、款式、包装等方面明显优于竞争产品;二是企业所处的地理位置、销售位置明显优于竞争对手;三是企业具有比竞争对手高得多的市场信誉；四是企业产品的售后服务，售后服务系统明显强于竞争对手。

（2）低于竞争对手的产品定价法。采取这种定价法的企业一般在产品知名度、产品质量、产品服务、产品销售地点等都明显差于竞争对手。这是一种在生存中求发展的定价法。毫无疑问，低于竞争对手价格决不是大大低于，一般以略低为好，否则就是一种慢性自杀的定价行为。从竞争定价的理论分析，低于竞争对手的产品定价法是一种以价格优势占领市场，拓宽产品销路，最终战胜对手的一种有效定价法。

（3）与竞争产品同样定价法。如果企业产品在质量、服务、款式、包装等方面都相同于竞争产品，或与竞争产品相比，没有明显的差别，此时，保持与竞争产品同价，不失为一种比较理智、有效的定价。一些生活日用品、市场供应充足的产品，原则上应采取这种定价法。这种定价还能够紧跟产品的市场流行价。一些不具有特别优势的产品，如果脱离市场流行价，就有可能失去消费者。与竞争产品保持同价，不但可以维持现有市场，又可以避免"两败俱伤"的市场竞争后果。

（二）成本导向定价法

1. 成本加预期利润定价

这种定价以产品成本为定价的基础，在这个基础上，根据企业及产品的实际情况加上一定的预期利润。因此，它的价格体现是以产品总成本加上预期利润。总成本包括必要的劳动时间、原材料消耗、各种管理及营销费用等。预期利润可高、可低，它取决于企业的价格策略，即高价策略、低价策略，还是平价策略。成本加预期利润定价法特别适用于服装业、烟酒业和服务行业。酒店一般都采取这种定价法。比如高档酒店的定价可以是成本加较高的预期利润，一条鱼的总成本是 100 元，如加上 100％的预期利润，那么，它的定价就是 200 元。低档酒店的定价是成本加较低的预期利润，同样一条鱼，总成本也是 100 元，如加上 30％的预期利润，它的定价则是 130 元。通常，服装定价采取这种定价法是十分有效的。

2. 平均成本定价

这种定价法是在取得产品的平均成本后，再加上一定的预期利润进行定价的方法。它比较适用于大批量生产的产品定价。产品批量生产，就每一件具体产品是很难计算其真正的成本的。如生产的这天，碰巧停电，那么这批产品的成本就会提高。因此，工业企业只有在预计产量确实实现的情况下，按此预期产量计算成本，在这个成本基础上加预期利润。实践证明，产量越高，产品成本越低，产品利润则越高。产量越低，平均产品成本越高，产品利润也越低，甚至会亏损。

3. 盈亏平衡定价

这种定价法是在已知固定成本总额和单位产品变动成本和产品单价的条件下，求出保本的产销量。一旦超过这个产销量，企业就盈利，低于这个产销量，企业就亏本。盈亏平衡定价比较适合长线产品的定价。比如一个企业投资 10 万元生产某种产品，每件产品的总成本是 1 000 元，加上预期利润 500 元，那么，每销出一件，企业就有 500 元的利润。由此可见，企业要销 2 000件产品后，才能有真正意义上的利润。企业想早点获利，盈亏平衡期就缩短，如想扩大市场，晚点获利，盈亏平衡期就拉长。盈亏平衡期缩短还是拉长，关键在于定价。缩短盈亏平衡期就要高价，拉长盈亏平衡期则是低价或平价。

(三) 需求差异定价法

需求差异定价又称差别定价法。这种定价的原则是根据社会需求进行弹性定价。产品社会需求高，产品价格就定得高，产品社会需求低，产品价格就定得低。这种定价所反映出来的价格差别与产品的成本差别是没有必然联系的。比如同类产品，由于运输费用增加而需提高产品价格，这不属需求导向定价。

企业采取需求差异定价时，一定要具备三个基本条件：

1. 市场能够细分，可以分割

能够细分，可以分割的市场是指消费者很难在不同的市场之间移动，消费者很难在不同的市场之间移动，企业就有可能以两种或三种不同的价格向不同的市场出售相同的产品。

2. 不同市场之间很难进行价格渗透

产品之间相互联系的唯一渠道，或主要媒介是企业自己，或固定的批发商、零售店等。这样，可以避免产品之间不正常的价格竞争。

3. 被细分、被分割的市场对同类产品有不同需求

只有需求不同，才能给需求导向定价提供广阔的定价空间。没有弹性需求，就没有弹性定价。

需求差异定价法的形式很多，归纳起来大体有五种方式：

1. 以消费者为基础的差别定价

这种定价以消费者的购买能力为定价依据。不同收入水平的消费者对产品价格的反映是不同的。不同年龄、不同职业、甚至不同地区、不同性别的人对价格的接受程度也是有差异的。以消费者为基础的差别定价的目标是，使产品的价格与目标市场的购买力，以及消费者对产品价格的承受力相符。

2. 以购买数量差异为基础的差别定价

这种定价以消费者购买产品的量为定价基础。根据不同的销量，制定不同的价格。购买的量越多，产品的价格就越便宜。反之，则越贵。这种定价的目标是鼓励消费者多购买产品。比如在美国，一箱“可口可乐”的定价有可能是 4 美元，而一罐“可口可乐”的零售价却是 0.45 美分。薄利多销是企业采取这种定价的核心。

3. 以地域差异为基础的差别定价

这种定价以不同地区对产品的弹性需求为定价的基础。企业可以根据不同地区对产品的不同需求制定不同的价格。适当地拉开地区差价，这样，既能满足不同地区的消费需求，又可扩大产品的市场覆盖率。比如，在国内对农药化肥的需求量较大，因此，农药化肥的定价可高于国际流行价。相反，有些国家对生丝、茶叶的需求量较高，那么，在这些国家出售生丝、茶叶可以适

当地高于国内的价格。在我国北方地区，冬天一般家庭都有暖气，决不像上海等南方地区“里外一样冷”。因此，同样的取暖器，在我国的北方地区需求量可能不是很大，而在上海等南方地区需求量就会很大。所以，对取暖器保持一定的地区差价是理智的。

4. 以时间差异为基础的差别定价

这种定价以消费者在不同时间里的消费需求为定价的基础。有些产品有明显的消费时间差异，如旅游等。在旅游旺季，旅行社、航空公司、铁路航运公司可以全价或高价揽客，而在旅游淡季，这些部门只能以优惠价揽客。还有些产品季节生产，常年使用。为了减少仓储，企业一般采用降低产品价格的方法，鼓励消费者在生产旺季多消费产品。反之，在产品生产淡季，则提高产品价格以调节市场的需求。水果、蔬菜一般都采取这种定价。另外有些时令产品如圣诞卡、挂历、月饼等季节差价更为明显。个别产品，节日期间身份百倍。一过节日，对折销售都无人问津。

国内外对电话、电报等电信服务上的差价收费已成惯例，只是差价高低不同而已。一般而言，白天全价，夜间减价。

5. 以购买方式差异的差别定价

购买方式包括付款方式、交货方式、选购方式等。房地产开发商一般以付款方式的不同而给予不同的房屋定价。比如，一期付款给予 9 折优惠，二期付款给予 9.5 折优惠，预付款则给予 8.5 折优惠。购买方式的差异关系到企业的产品成本，因此，企业要根据不同的交货和付款形式，制定不同的产品价格。

二、新产品定价策略

新产品是指与老产品相比在技术指标、产品性能、产品结构、产品使用范围等方面都有明显差异的产品。刚问世的新产品，如何能顺利地进市场，如何能被大多数消费者所接受，如何能为树立企业的良好形象服务，诚然是一个不容忽视的问题。新产品的定价若能把握住正确的决策方向，就有可能比较好地解决以上这些问题。

(一) 取脂定价

取脂定价又称高价厚利定价。取脂的原意是将牛奶上的那层奶油撇出来(skim-the-cream),为此,取脂定价也可称为撇油定价。这种定价法是将新产品的价格定得远远高于产品的成本,目的是尽快捞回成本,获取最大的利润。不言而喻,新产品刚推上市场,只要符合社会和消费者的需求,有可能成为“奇货可居”。此时,只要消费者对高价不反感、不抵制,高价销售是可行的,力争在新产品上市不久,即可收回成本,并获取可观的利润。这种定价的好处是,当发现高价影响预期销量,或发现有大批竞争者涉足这个产品领域时,企业可以适时地降低产品价格,这样,既可保护现有的市场,又可与竞争者进行“削价竞争”。这种定价迎合了市场上“降价容易,涨价难”的趋势。

1945 年,美国雷诺公司从阿根廷引进,并在很短时间里制造出“雷诺”品牌的圆珠笔,作为圣诞礼品投放市场。当时,第二次世界大战结束不久,市场上货物奇缺,礼品更缺。消费者甚需比较好的、实惠的礼品,“雷诺”笔正好迎合了市场的这种需求。所以,“雷诺”笔进入市场后立即成为畅销货。当时,一枝“雷诺”笔的成本为 0.5 美元,批发价每枝为 10 美元,市场零售价高达 20 美元左右。“雷诺”公司的取脂定价取得了极大的成功,取脂定价使公司在短期内获取了很高的利润。“雷诺”笔在成长期后,成本降到 0.05 美元,零售价为 0.7 美元。

1. 取脂定价适用的范围

取脂定价要有市场条件的,只有符合一定市场条件的新产品,方能采取取脂定价。

(1) 不同的顾客有不同的价格弹性。价格弹性对一个具体的市场来说,是指已经形成的消费层次。新产品刚进入市场,往往备受注目。企业可以留出足够的时间,让高消费的顾客先进入新产品的消费领域,先满足高消费顾客的购买欲望。在基本满足高消费层次顾客后,再降价向其他消费层次的顾客推销。

(2) 试制期较长的新产品。取脂定价极易招引竞争者。因此,新产品如果没有一定试制期,很容易被竞争者模仿,一旦被人很快模仿,新产品的替代品就有可能很快进入市场,从而,使刚上市的新产品马上面临降价的威胁。所以,取脂定价的新产品一定要有科技含量,有一定的试制期。这样,就不怕以高价来刺激竞争对手,即使刺激了竞争对手,也不怕在短时间内会有替代品或模仿品进入市场。

(3) 对新产品的社会需求、成本估计没有把握。市场需求是产品定价的主要推动力之一。当未来的市场需求没有成为现实需求之前,产品定价往往只是一个大体的概念。企业通过市场调查可以了解市场需要什么,但对产品需求的量只能是一个大概的估计。因此,有些新产品由于试制费用比较高,如定价低,万一社会需求量不大,市场风险就会比较大。为此,一些企业在新产品刚上市时,宁愿先定得高些,以后等社会需求增加时,再进行适当地、有计划地降价。

(4) 由于某种原因,不能马上进行批量生产的新产品。产品不能批量生产,必然会提高产品的成本。此时,采取取脂定价可以使新产品高价销售的利润远远高于产品成本的提高。

(5) 新产品确确实实是一种高品位、高质量的高级产品。只有给人产生高层次、高格调感觉的产品,消费者才愿以高价购买。

2. 取脂定价的优点

(1) 提高新产品的形象。大多数消费者对产品不具有直接比较和鉴别的能力,他们只是随大流,大家认为产品好,也就认为好了。以质论价是大多数消费者评判产品价值的一种取向,"好货不便宜",就是这种价值取向的反映。企业对新产品采取取脂定价,就能以高价"先声夺人",提高新产品在消费者中的心理地位,取得特定消费公众的认同。这样,就有利于提高新产品的形象。

(2) 提高新产品投资的回报率。任何新产品试制都需要有一定的投资,投资回报率的高低是企业经营中的一种风险。对新产品采取取脂定价能尽快地收回投资,产生利润,从而获得较高的投资回报率。因此,取脂定价是现代企业避免经营风险的有效方法之一。

(3) 提高掌握产品价格调整的主动权。取脂定价可以使企业在新产品刚上市时,以高价销售,然后,在适当的时间,根据市场的实际情况,进行逐步降价。这种降价既能刺激市场,产生新的消费者,又能使老客户感到满意。从而,使企业掌握了调整产品价格的主动权。

取脂定价的主要缺点是容易诱发竞争,一些对价格反应比较敏感的消费者会对此反感。另外,取脂定价有可能不利于新产品的市场开拓,因为产品价格高,会抑制相当多的人的消费。

(二) 渗透定价

渗透定价又称低价定价。渗透定价的形式是薄利多销,或无利多销,它的目的是使新产品迅速地打进市场,进而占领市场。这种定价的特点是借助产品数量和价格的优势,挤走所有的竞争者,或吓走所有的竞争者。与此同时,这种定价也告诉未来的竞争者,在这个产品领域内,"没有什么油水可捞"。为此,西方营销界将渗透定价称为"别进来"定价。毫无疑问,现代企业存在的意义是必须盈利。但当一个新产品想迅速地打进市场,并长期地占领市场时,企业就不应从一开始将经营的目光仅仅局限在盈利上。渗透定价实际上就是长期占领市场的一种战略选择。企业的新产品占领市场后,再逐步地提高产品的价格。西方国家的一些垄断企业为了垄断市场,在产品刚进入新的市场时,往往采取渗透定价。在搞垮所有竞争者,取得产品的垄断地位后,再逐步提高产品的价格。因此,"反垄断"、"反倾销"始终是世界各国维护国家主权、民族利益的一项主要工作,尤其是发展中的国家。

1. 渗透定价适用的范围

渗透定价是企业经营中的一种重要选择。这是一项十分严肃和关键的决策，万万不能粗心大意。若有闪失，不仅导致新产品上市的失败，更会使企业的经营蒙受重大的损伤。“赔了夫人又折兵”，以此形容渗透定价的失败是十分妥帖的。因此，企业不具备条件，切勿轻举妄动用渗透定价。

(1) 采取渗透定价的企业必须具备一定的资金实力和社会影响。具有资金实力的企业“亏得起”，具有社会影响的企业“放得下”，这种企业决不会因产品的价格低而影响其形象。只有“亏得起”、“放得下”的企业才能获得渗透定价的成功。究其成功的原因就是雄厚的实力和良好的企业形象。

(2) 中、小型企业(包括零售商店)对个别产品采取渗透定价有利于提高企业的知名度，同时，也有利于加速资金流转，搞活经营。

(3) 选择消费水平较低的市场和地区为渗透定价的首选市场和地区。因为消费水平低，低价销售方法更显优势、更为有效。

(4) 只能对一些市场需求大、价格弹性也大的产品采取渗透定价。因为只有大众化的产品，只有与人们日常生活紧密相关的产品，才能使低价销售发挥作用，也为以后的适当涨价提供可能。

(5) 渗透定价的产品必须具有良好的质量和良好的售后服务。采取渗透定价，低价只不过是一种策略，低价销售的产品决不是廉价品、处理品。否则，有损产品的形象。产品形象一旦受损，就有可能堵死以后逐步提价的大门。

(6) 渗透定价的产品必须是社会大量需求的，企业能进行批量生产的大宗产品。只有这样，企业才能根据社会对产品的不断需求而进行批量生产。在降低成本的基础上，达到薄利多销的目的。

2. 渗透定价的优点

(1) 采取渗透定价能有效地挤走竞争者。新产品的低价，使竞争者难以与之竞争，或根本不想竞争，因为低价使新产品几乎"无油水可捞"。经过一段时间,在社会需求剧增,产品进入批量生产时,竞争者要想挤入市场已为时过晚。因为,此时的企业已拥有丰富的市场经验、生产经验和销售经验。一般的企业若进入这个产品领域,就很有可能在价格、服务、技术等方面马上处于劣势地位,最终导致产品营销的失败。

(2) 渗透定价能提高企业的知名度,在提高知名度的基础上,扩大其他产品的销售。因此,某些产品的低价销售可以起到招徕顾客的作用。当前,一些超市经常使用这种低价销售的方法来吸引消费者。

(3) 渗透定价可以为企业带来长远的利益。新产品上市初期,渗透定价会使企业亏损或仅仅薄利。但当产品占领了市场,社会需求扩大到具有一定的规模后,就能为企业的盈利打下良好的基础。因此,从长远分析,企业的利益并未受损。为此,有人将渗透定价称为"支付市场开拓费"、"支付产品广告宣传费"。仔细想来,这也是有一定道理的。

渗透定价的缺点是新产品投资回收速度慢。由于产品低价,容易被人误认为低档产品,从而,影响产品的形象。同时,在"降价容易提价难"的传统舆论压力下,新产品要想在日后进行适当的提价也决非是一件容易的事。为此,企业在采取渗透定价时,务必要有清醒的意识。

3. 渗透定价与取脂定价的选择

新产品上市,企业是选择渗透定价还是取脂定价,这是十分慎重的决策。通常而言,企业的选择要根据企业实际、产品实际以及市场实际。有关经验证明,企业在进行新产品定价决策时,以下几个方面可供参考:

(1) 市场容量大的产品采取渗透定价。因为市场容量大,产品的销售量大。这样,有可能"薄利多销"。如果市场容量不大的产品还是以取脂定价为好。

(2) 消费层次高的地区可采取取脂定价。因为消费层次高的地区,消费者对高价一般不会持反对或抵制的态度,只要产品质量好、产品服务好，这类消费者是乐于购买的。相反，价格定得过低，反而会失去这类消费者。如果在消费层次较低的地区则采取渗透定价比较有效。

(3) 形象好、信誉高的企业可采取取脂定价。因为企业的形象、企业的信誉本身就是可观的无形资产。现代社会，人们购买产品，不仅仅是购买需要，更重要的是购买安全感。形象好、信誉高的企业给予消费者以安全感，购买这些企业的产品会令消费者倍感放心、称心。从市场营销的一个角度分析，消费者宁愿多花钱去购买有安全感的产品，已成为现代市场发展的一个趋势。如果企业知名度不高，还是以渗透定价为好。

(4) 生命周期长的产品可采取渗透定价。因为生命周期长的产品能经受时间的“磨炼”，这样，就便于企业作出长远的市场规划。即便产品上市初期薄利或亏损，只要对长远有利就可以。生命周期短的产品，只能采取取脂定价，目的是尽快收回投资，进而获取利润。

(5) 科技含量高的产品，可采取取脂定价。因为科技含量高的产品，使其他企业无法在短时间内模仿，“一枝独秀”的市场优势有可能维持一个阶段。反之，只能采取渗透定价。

(6) 与老产品相比有明显差异的，在质量等方面都明显优于竞争产品的新产品可采取取脂定价。

(7) 企业的经营目标如是高市场占有率，可采取渗透定价。因为渗透定价是一种着眼于长远的，着眼于更广阔市场的定价策略。如果企业只想获取近期利润，产品也不想拓展到更广阔的市场，那么，取脂定价是比较适宜的。

(8) 资金充足的企业可采取渗透定价。因为渗透定价可以使企业凭借自己的资金优势，向竞争者发起市场攻击，直至竞争者退出市场，或让出一定的市场为止。资金不足的企业只能采取取脂定价。

(三) 满意定价

满意定价又称温和定价。满意定价的特点是介于取脂定价和渗透定价之间。它把新产品的价格定在一个适中的位置上。

1. 满意定价的优点

(1) 消费者满意。满意定价的基础是市场调查,通过市场调查,了解消费者对产品价格接受的程度,然后,根据产品的实际情况,制定适当的产品出厂价和市场零售价。可以说满意定价渊源于市场,但它根植于广大消费者之中。满意定价一出台,能使大多数消费者感到满意的原因也就在此。

(2) 企业满意。满意定价是一种平利的定价。平利意指既不是暴利,也不是微利或无利,这是介于暴利与微利之间。平心而论,在现代市场营销中,大多数企业只要有适当的利润都会感到满意的。

(3) 市场稳定。满意定价是一种温和的定价策略,它一般不会刺激竞争者加快进入产品的竞争领域。由于竞争相对比较缓和,因此,它能保持市场的基本稳定,避免大起大落。满意定价对于那些希望保持平衡发展的企业来说,是十分有效的。

(4) 能树立企业的良好形象。满意定价能得到广大消费者对产品的认同,通过对产品的认同,达到对企业的认同。消费者的认同过程就是企业树立良好形象的过程。

(5) 降低经营风险。在市场营销中,“大起大落”都是经营中的市场风险。唯有平稳发展的企业,方能“任凭市场风浪起,稳坐市场钓鱼台”。满意定价能从一个局部起到这种作用。

2. 满意定价适应的范围

(1) 市场需求弹性不大,供求基本平衡的产品。需求弹性大的产品,往往会向两端发展,如需求大时,采取高价以避免脱销,需求少时,采取低价以避免积压。需求弹性不大的产品,用满意定价(中价),既保证供应,又不会造成脱销和积压。

(2) 中等消费水平的市场用满意定价比较客观、有效。在这类市场中,中价是最讨人喜欢,受人欢迎的。

(3) 知名度还不高的产品宜满意定价。满意定价,争取一定的消费者、一定的市场,使产品逐步取得良好的市场定位。

满意定价是不少企业采取的定价策略。在我国社会主义市场经济的条件下,满意定价更有其现实意义。因为,它有助于建立健康、稳步发展的市场经济新秩序。取脂定价、渗透定价只要不走向两个极端,也是客观、有效的定价。但如走向极端,就会异化成"暴利"、"倾销"的专用词,最终会形成不平等的市场竞争。

三、产品生命周期的定价方法

企业应根据产品在各个生命周期中的变化,独辟蹊径,制定不同的价格政策。众所周知,一种产品在不同的生命周期中,由于受成本、市场、需求等影响都会起一定的变化。产品生命周期的定价原则是,根据不同阶段的产品特点,制定不同的、灵活的定价策略,目的是有利于产品的销售。

(一) 介绍期产品的定价方法

介绍期产品的营销目标是刺激消费者的需求,开拓产品市场,使目标市场的消费者能尽快了解,并接受新产品。消费者敢试、敢用是介绍期产品销售成功的重要体现。通常,产品介绍期的合理定价是既能吸引中间商(批发商等),又能吸引消费者。介绍期产品定价如忽略中间商和消费者对价格的心理承受能力,必然会招致产品营销的失败。在产品介绍期,企业如采取中价稳进的满意定价时,可考虑略为高些。因为,产品在介绍期,广告费用会比较高,而产品生产的费用也是一个不确定的因素。稍微高些的定价能弥补那些不确定费用的上升。

(二) 产品成长期的定价方法

产品进入成长期后,市场上出现竞争产品,市场竞争开始日趋激烈。此时,企业要根据市场的实际情况,及时调整价格,高价下调或低价上调。在产品成长期初期,为了使产品占领市场,价格变动可以大些。但到了成长期的中后期,由于形成了大家都能接受的流行价(市场价),因此,价格不能变动过大。产品成长期的定价方法是紧紧咬住竞争产品的价格。一般而言,略低些更为有利。但这也不能一概而论,如企业的信誉、企业产品的质量都明显高于竞争者时,略高定价也是可取的。产品成长期,特别是成长期的后期，价格调整无论是下降还是上调，都要十分谨慎，调价的幅度尽量要小，而且不能太频繁。保持价格的相对稳定是成长期产品定价成功的重要因素。

（三）产品成熟期的定价方法

产品进入成熟期，市场上出现很多同类的竞争产品和替代品，市场互相容纳，社会需求基本饱和。此时，产品成本已经稳定，企业之间的产品价格互相依存。这时，如茫然变动定价，往往会引发竞争对手的连锁反应，最后引发价格大战，波及整个市场的稳定。国内市场近期发生的几起家电削价大战就是最好的例子。因此，在产品的成熟期，特别是成熟期后期，价格竞争作为主要竞争手段是不明智的。企业在产品成熟期后期主要是采取非价格因素的竞争，如加强售后服务、免费送货上门、赠送配件、提供产品信息服务等。在成熟期初期，适当地临时性降价可能有助于产品销售。维持原价，维持现有市场，巩固现有的购买群体，这是产品成熟期定价的基本指导思想。

（四）产品衰退期定价方法

产品进入衰退期后，市场变动很大，互相削价成为竞争的主要手段。有些产品在衰退期就是靠削价来维持或占领市场的。当然，企业如能维持优势地位时，采取维持现价的策略也是可行的。产品衰退期的定价目标是尽量减少库存积压，维持最低利润或不亏本。当产品生产成本超过产品价格，企业出现亏损时，产品应及时退出市场。

四、心理定价的方法

心理定价是指利用消费者在购买产品时的不同心理反映来进行定价。实践证明，大多数消费者对产品的价格缺乏明确的感受。消费者对产品价格的比较主要来源于以往的经验，同类产品的价格，以及其他产品的价格比较。这些比较使消费者对特定产品的价格形成一个可认可的上下限的要领，这个要领就是消费者对某产品的心理接受价格。超过上下限的，就是太高或太低。价格太高，会抑制消费，价格太低，又会使消费者认为产品是质地差的廉价品，这样，也会影响购买。因此，恰到好处地运用心理定价，对产品营销能起积极的作用。

(一) 尾数定价

尾数定价又称“非整数定价”或“零头定价”。西方一些营销学家将尾数定为奇数，所以又叫“奇数定价”。他们认为 3.89 元比 3.88 元的感觉还便宜。因为，消费者对奇数结尾价格升高和敏感性比较迟钝，相反，对偶数结尾价格升高的敏感性比较强烈。

在产品营销中，尾数定价已被企业广泛使用。总体上说，尾数定价迎合了消费者以下三种心理反应：

1. 迎合消费者求便宜的心理反应

尾数定价可以让消费者感到价格便宜。比如，把产品定价为 9.98 元，就会让消费者感到还不到 10 元，因而，能吸引消费者购买。

2. 迎合消费者求吉利的心理反应

用尾数 9、8、6 的谐音来满足消费者希冀吉祥发财的心理。我国广东、香港一带的消费者对此尤为看重。比如，9 是天长地久、8 是发财致富、6 是六六大顺。可以说，我国大多数消费者都乐意从心理上接受这些象征吉祥意义的数字。

3. 迎合消费者追求价格公道的心理反应

用尾数定价，能使消费者感到企业的定价是经过精确计算的，因此，对价格的心理反映就比较公道。由此，对企业也会产生信任感。

(二) 整数定价

在现实生活中，大多数消费者对产品的质量、款式、价值并没有一个客观的评判标准，常常以“好货不便宜，便宜无好货”的思维定势去看待产品和价格。采取整数定价能在价格上先声夺人，树立产品的良好形象。

整数定价迎合了消费者以下几种心理：

1. 迎合消费者自尊心理

整数定价使消费者感到，产品是按质论价，因此，对产品的质量更具有信心，由此，从心理上感到满足，这种满足就是自尊的一种体现。

2. 迎合消费者“干脆利索”的购买心理

一些消费者对尾数的反应比较迟钝，他们比较倾向“干脆利索”的整数。整数定价正好迎合这部分消费者的心理反应。因为整数定价容易计算，方便消费者及时作出购买决定。

3. 迎合高层次消费者的心理

高层次消费者消费水平，对价格高低不甚看重。整数定价能让他们感到，优质产品质更优，高档产品价更高。以此满足他们的炫耀心理。

（三）形象定价

形象定价是指以企业或企业产品的形象为基础的定价。一些企业凭借长期经营而树立起来的良好企业形象、产品形象制定较高的产品价格。事实证明，只要企业有良好的形象，产品的价格适当地定得高些，也能为广大消费者所接受。名牌产品一般都采取形象定价，如金利来、花花公子、奔驰等。名牌产品的形象定价能使消费者对产品产生一种信任和安全感。

形象定价是一种高价政策。它对企业来说，有一种高利润的诱惑。但形象定价是有严格要求的。首先，形象定价的产品质量必须是一流的。其次，要严格控制形象定价的价位，价位决不能太脱离市场的实际。再次，企业要严格控制形象定价的产品品种。产品品种决不能过多、过滥。最后，形象定价要注意加强产品的售后服务，以优质服务，不断提高企业和企业产品的形象。

（四）特价品定价

特价品定价又称招徕定价。这种定价巧妙地利用消费者求廉的心理，将少数几种产品减价，目的是吸引消费者前来购买。特价品定价主要是适应零售企业。国内外一些大型商店、大型超市都是以特价品来招徕消费者购买。消费者在购买特价品的同时，必然也会购买其他常规产品。姑且说，特价品定价是扩大产品销售的定价技巧。企业在进行特价品定价时，必须具备以下几个条件：

1. 特价产品必须是常用产品

特价产品必须能适合每一个家庭，是人们生活中经常使用的产品。为此，企业在进行特价品定价时，应选择那些使用范围广、需求量大的生活日用品。企业只有选择特价产品，才能真正起到吸引消费者购买的作用。

2. 特价产品能保持一定的量

特价产品的品种和数量要有限额，但限额的掌握要客观。客观的标准是指特价品既能满足消费者购买，又不使企业因特价品太多而不堪负担。总之，要让消费者乘兴而来，满意而归，而企业是游刃有余，有利可图。

3. 要有足够的产品让消费者选购

特价品定价的企业在经营产品的品种、数量方面都要有一定的规模，这样，使消费者在购买特价品的同时，选购其他产品。经营产品的品种、数量不多的零售企业一般不宜特价品定价。必须看到，特价品是先导产品，它起着招徕消费者的作用。先导产品在价格上的损失应由其他产品的销售来弥补。特价品定价在特价品销售方面是亏的，或是保本的，但在其他产品销售方面是赚的。两者相抵，盈大于亏。如果企业没有很多的产品让消费者选购，特价品定价的结果只能是只亏不盈。

4. 特价产品必须是真正的特价

特价产品的价格必须是接近成本价，或低于成本价。它是真正意义上的特价，而不是变换手法的“障眼定价”。

5. 特价产品是其他产品的连带产品

企业在选择特价产品时，应将眼光主要放在与其他产品有连带作用的产品上，这样，容易扩大产品的销量，达到个体上亏或平，而整体上盈的目的。比如，选择饮水机为特价品，带动纯水的销售。选择手机为特价品，带动手机服务市场拓宽。

（五）分级定价

分级定价是指将同类型的产品划分为几个等级，然后，根据不同等级制定不同的价格。分级定价迎合人们“一分钱，一分货”的心理。比如，服装行业可以将质地不同而型号相同的男汗衫划分为三个等级，然后，分别给予定价。消费者可以根据各自的消费承受能力，选购某个等级的汗衫。分级定价的最大优点是：

1. 能满足不同层次的消费需求。

2. 能方便消费者选购。消费者只要有一个心理价位，很容易找到自己所需等级的产品。

3. 管理简便，容易提高企业经营管理的效益。

（六）诱导定价

诱导定价的目的是满足人们的求廉心理。这种定价的特点是将产品的基本部分定为低价，而在必需的附加部分上加价。比如，以较便宜的价格售出汽车，但以较高的价格诱导消费者配置车内的音响设备。

第十章 管理创新，迎接新世纪的挑战

管理作为一种社会现象古已有之。随着知识经济时代的到来，管理正起着越来越重要的作用。管理创新已成为21世纪社会发展的重要因素。“存在决定意识。”高速发展的社会经济、多元化的社会经济结构、经济全球化的发展态势，要求现代管理者必须观念超前、意识更新。中国已加入了世贸组织。为此，中国管理者的观念超前、意识创新更具现实意义。

第一节 现代管理者的管理意识创新是时代发展的需要

人类社会进入20世纪后，特别是20世纪的后30年，正以前所未有的发展速度向前推进。这种推进速度令人们惊叹不已。日新月异的社会变化，使现代管理者目不暇接、措手不及。再精明的企业家，在20年前也无法预料现代人造卫星、电子计算机等所带来的信息爆炸，它赋予传统的电信等产业以新的内容，并起到了质的变化。由此导致人类社会进入知识经济的时代。高新技术推动了社会经济的发展，使社会的各个领域发生了翻天覆地的变化。这些变化呼唤着现代管理必须有所突破、有所创新、有所发展。现代管理者的管理意识创新已成为时代变化的客观要求。

众所周知，全面质量管理是20世纪的经典管理原则。它比较好地解决了企业"怎么做"的问题。然而，时代的发展，要求现代管理者不仅要"怎么做"，更重要的是"做什么"，"必须做什么"。现代管理者如不能正确地把握好"做什么"，就有可能丧失企业发展的机会。

从"怎么做"到"做什么"、"必须做什么"是新世纪管理者管理意识创新的一种体现。

善于解决问题是20世纪管理者的主要管理素质和管理能力。管理者的这种素质和能力推动了现代企业组织的发展。然而，面向新世纪，仅仅善于解决问题的管理者有可能"春风不再得意"。稍纵即逝、精彩纷呈的社会变化、市场变化、公众需求变化要求现代管理者能从善于解决问题的旧模式中解放出来。诚然，善于解决问题是重要的，它能减少企业组织的损失，但比这更重要的是抓住机会，发展自己，不断进取，因为它可以创造财富。

资金是企业竞争的决定优势。但面临新世纪，企业竞争不仅是资金的竞争，更重要的是人才竞争。毫无疑问，现代企业组织要适应社会的变化，必须要使自己始终处于动态的变化过程中。资金只能体现静态优势，只有人才的合理使用、人才创新才能保持动态优势。就此而言，资金优势在新世纪决不是决定的优势。

企业规模的大小决定其抗市场风险的能力，这是20世纪企业管理的客观现实。在20世纪，不少企业组织都把扩大规模作为企业组织的一种战略选择。然而，随着新世纪的到来，这种规模越大越好的思维定势受到了冲击。在高新技术日益发展的新世纪，特大型企业组织往往缺乏灵活性和创造性。它们与中小型企业组织相比，抗风险能力强，但应变能力、创新能力差。在21世纪，决定企业组织生存和发展的关键因素是企业的应变能力和创新能力。企业组织的规模不再是企业竞争的关键因素。有些管理学家已经预言:21 世纪的成功企业将大多数集中在中型企业之中。因为中型企业既克服了小企业抗市场风险能力差、市场影响小的弱势,又克服了大企业“船大难调头”、应变能力及创新能力差的弊端。中型企业与大型企业相比更具活力,更懂创新。

休闲、保健、教育、商业银行是发达国家的四大支柱产业。随着社会经济的发展,这四大支柱产业也开始动摇,代之而起的是信息、生化、环保等产业。

传统的理念是老年人一般不热衷于投资,老年人不具有强的购买力。但现代医学的发展、生活条件的改善,使人的寿命普遍提高。因此,老年人也开始重视投资,企盼有一定的回报。

如何开拓银发市场,以银发市场来驱动市场已成为新世纪企业管理的热门课题。中国的改革开放,解放了生产力,促进了生产力的飞速发展。经济的高度发展,深刻地影响着我国社会生活的各个领域。一些悄然骤起的变化,冲击着我国传统的管理模式,引起了我国管理者的深思。管理创新,在中国不仅是理论问题,实际上已成为必须要解决的实践问题。

在一些企业,包括国有企业,近年来开始实行“谈判工资”。“谈判工资”是指企业与知识员工在平等自愿的原则下,进行心平气和的协商,然后,根据知识员工的学历、能力、技能、工作态度等共同决定其工资待遇。“谈判工资”体现了知识的价值和人才市场的价格,它增强了分配管理的透明度,极大地调动了企业组织中知识员工的积极性。

十年前超级市场在我国还是一个概念。十年后的今天,超级市场犹如雨后春笋般地出现在我国的一些大中城市里。境外的一些零售业企业加盟中国超市行列,并大有发展趋势。麦德龙自 1996 年在中国开设第一家麦德龙普陀商场以来,至今已开设了六家。2000 年麦德龙在上海又开设了两家。在两年内,麦德龙计划在青岛、武汉、杭州、重庆等主要城市再开设十余家连锁店。超级市场的大量涌现改变了人们的购买习惯，冲击着我国传统的批发业、零售业。我国的批发业、零售业等综合而成的商业管理正在经历一场深刻的变革。

第二节　我国管理者管理意识创新是中国社会发展的需要

知识经济已经叩开了中国的大门。知识员工、知本家将上升到显赫的地位。知识员工、知本家要保持竞争优势，必须进行不断的知识更新。投资促进知识，知识产生效益，知识与投资相得益彰将成为我国知识经济时代的普遍规律。终生教育成为知识员工、知本家的生活之必需。教育作为一种有回报的投资催化了教育产业。终生教育，作为一种特殊的产业将是中国社会发展的趋势。中国的教育管理必然会随之而变化。

五年前，因特网、电子商务、远程教育对于大多数中国人来说是陌生的。但五年后的今天，这些陌生事物已变成社会热点。信息产业正以旺盛的生命力渗透整个中国市场。面对汹涌激增的网络用户，我国传统管理正面临严峻挑战。“网络经济”呼唤着中国的管理必须有所突破，有所创新，以适应正在发展的信息社会的需求。

私有经济是中国社会主义市场经济的一道亮丽的风景线，在市场经济的风风雨雨中，有些成功了，有些失败了。原因是多方面的，但企业管理的成败是共同的因素。当前，中国的私有经济还处于发展阶段，它迫切需要有适应中国私人企业发展的管理理论和管理实践。当成功的私人企业发展为规模庞大的家族企业时，如何保持企业发展的势头，如何跳出华人经济“富不过三代”的怪圈是新世纪中国管理者必须要研究和解决的课题。

改革开放后，中国市场出现一批国产品牌。这是中国民族工业发展的精华部分。但进入 20 世纪 90 年代后期，中国品牌开始落马。在上海的调味品市场中，原先的海鸥、利华、达能等品牌已被老蔡、淘大所代替。中国的快餐市场几乎已被"肯德基"、"麦当劳"、"必胜客"等一统天下。啤酒除了"青岛"外,其他品牌基本上退出市场,代之而起的是"三得利"、"百威"等。中国的照相机品牌只留下"海鸥"等少数几个。境外的跨国公司从最初的技术、资金、设备注入,变为控股、收购等。中国品牌正在逐步丧失。无庸置疑,中国的品牌管理已走到了我国市场经济发展的十字路口。中国的企业管理必须要有对策,必须要具有改变现状的信心和能力。否则,中国的品牌将无法面对中国加入世贸组织后所带来的更猛烈的市场冲击。

第三节　现代企业组织的能力创新是新世纪组织管理的重中之重

知识经济的本质是一种不断发展的经济。不断变化是知识经济表现的一种形态。因此,现代企业组织需要对企业组织中旧的、习惯的、不合时代潮流的东西进行不断地摒弃。知识经济的主要特征之一就是将知识与企业组织的实际工作有机地结合起来。追求效率、效益、速度是知识经济的核心。然而,这种摒弃和结合需要企业组织有一定的能力创新。只有不断的能力创新,才能继承和发展,也只有不断的能力创新,才能强化知识与企业组织实际工作的结合度,使它们有机地融为一体,产生几何级的发展效应。

面向新世纪,一个企业组织的能力创新主要反映在三个方面。

1. 信息创新能力

在现代社会里,任何企业组织在激烈的市场竞争中求生存和发展都必须具备足够的信息创新能力。现代管理的对象是人、财、物、时间、信息,人是现代管理的最重要因素。因为人既是管理的客体,又是管理的主体。任何管理运动都是人与财、人与物、人与时间、人与人之间相互联系、相互作用的结果。维系这种相互联系、相互作用的媒介就是信息。没有信息，人就不可能和其他管理要素发生联系，产生交流，取得效果。因此，提高企业的信息创新能力，对新世纪来临之际的中国企业组织显得更为重要。

1）信息收集能力。现代企业组织必须要全方位地收集来自社会、来自企业组织内部、外部公众的信息。信息能感应社会需求、公众需求、市场变化。它是企业组织“知己知彼”，实施企业组织战略决策的依据。

2）信息分析能力。企业组织的一切决策行为来源于信息。正确的决策行为来源于经过分析的正确信息。未加分析的、失误的信息对企业组织不但无用，而且有害。对信息进行去伪存真、由表及里的分析，能够提高信息的精确性和客观性，它为企业组织的决策创造了良好的决策基础。

3）信息处理能力。精确的、客观的信息是企业决策的依据。但是，任何企业组织的信息运用都有一定的局限性，这是由企业组织的各方面能力所决定的。如何能针对企业组织的实际，恰到好处地运用信息，使信息产生卓有成效的结果，必须要进行信息处理。信息处理使企业组织能根据自身的实际情况，以及企业组织发展的轻重缓急，分层次、分阶段地运用信息，最大限度地发挥信息的积极效能，降低信息运用中的风险。信息处理实际上就是对信息进行科学分类，提高信息的使用价值。

4）信息运用能力。收集信息、分析信息、处理信息的目的是运用信息。不失时机地运用信息，就能抓住企业组织发展的命运。有了正确的信息，若不及时运用，等于没有信息。须知，任何信息不可能永远存在、永远正确。信息有一定的时效性。过了一定的时效，最客观、最容易产生效益的信息也会变成明日黄花。面对新世纪，管理者在运用信息时要树立“时不我待”的紧迫感。“该出手时就出手”。在信息面前犹豫不决、举足不前往往会错失企业组织发展的良机。在市场经济条件下，特别在成熟的市场经济条件下，机遇对于每一个企业组织都是均等的，关键在于捕捉。善于捕捉市场机会，是企业组织的一种实实在在的信息能力。

5）信息创新能力。信息创新能力是现代企业组织信息能力的核心。所谓信息创新是指在原信息基础上的信息质量提高，信息运用范围的扩大。它是企业组织、逻辑思维、形象思维、逆向思维的高度综合、高度推断、高度抽象。镜子应该是越标准越好。但有人突发奇想，镜子为什么就不能不标准呢？结果产生了哈哈镜。扫地的力学作用是由上到下，但有人认为可以由下到上，结果产生了吸尘器。在公共场所用餐人们需要卫生餐具，现在解决的方法是一次性盒筷。但这不是长远解决方法。于是有人推出用六道工序清洗和消毒，然后再用消毒薄膜封死的"健康碗"。"健康碗"使兰州春天餐具消毒有限公司走向兴旺。

2. 目标创新能力

目标是现代企业组织发展的方向，它是现代企业组织管理要达到的标准。企业组织的管理目标凝聚企业组织管理系统中的一切管理因素，成为企业组织管理成功的必备条件。没有目标，企业组织管理会失去方向；目标不明确，企业组织会产生管理混乱；目标僵化，企业组织会缺乏管理活力，逐渐走向衰败。面临新世纪，企业组织必须要强调目标创新。目标创新能不断明确企业组织的管理方向，形成有序的管理运动，增强企业组织的管理活力，争取成功。

1）不断地反省既定的企业组织目标。在激烈的市场竞争中，"变是绝对的，不变是相对的"。既定的目标是企业组织一个时期的管理方向，但随着情况的变化，它也必须有所变化。新世纪的管理者，必须要以动态的观念看待既定的企业组织目标。这是因为在高新技术迅猛发展的今天，管理的各个要素、市场等都处于不断的变化之中。不断地反省既定的企业组织目标，能使企业组织的目标处于不断的完善之中。不断地反省，能克服目标僵化，给企业组织的管理注入新的活力，使企业组织永远保持一份清醒。一旦发生变化,也能从容应变。

不断地反省既定的企业组织目标,是企业组织目标创新的基础。

2）敢于自我否定企业组织的既定目标。目标是一种较长期、较稳定的企业组织的管理行为。目标的客观性主要反映在目标能否适合企业组织的能力、社会的需求、公众的需求以及市场的变化。适合的程度越高,目标的客观性也就越强。在知识经济社会里,企业组织的目标价值主要体现在能不断地适应社会发展的需要,以此不断地追求新的目标。敢于自我否定既定的目标,以新的目标去帮助企业的员工制定与新目标一致的个人目标,在实践中体现个人和企业组织的价值,这是现代社会发展的必然。目标创新是现代企业组织发展的过程,不是目的。自我否定是目标创新的一种主要表现形式。部分目标创新应该成为新世纪企业组织管理的经常性的行为。纵观现代企业组织的发展历史,可以发现,有些企业组织在短时间内迅速成长壮大,有些则迅速衰亡。支配这种此消彼长的主要原因是多方面的,但企业组织的目标创新能力强弱却是共同的。不善于自我否定的企业组织,当情况发生变化时,仍然守住原先的企业组织目标,不能及时地进行目标创新,最后势必导致失败。善于自我否定的企业组织,就能根据情况的变化,及时调整和创新部分或大部分目标,以此抓住机遇,发展自己。敢于自我否定,是企业组织目标创新能力的一种反映。

3）要成为学习中的企业组织。目标创新是现代企业组织成长壮大的一个过程。这个过程要求现代企业组织必须学习、学习、再学习。在高新技术突飞猛进的时代,企业组织的目标创新是无止境的。因此,现代企业组织必须善于学习新知识,不断更新观念,保持睿智,超越自我,战胜自我,成为真正意义上的学习中的企业组织,永远保持奋发向上的活力。

4）善于利用已经发生的变化。无庸讳言,成功的企业组织的目标创新必须是善于利用已经发生的变化。实践证明,善于利用变化的企业，即使在最艰难的市场中，也能通过企业创新取得成功。墨守成规、不善于利用已经发生的变化、不善于目标创新的企业组织，即使在最好的市场中也未必能取得成功。善于利用已经发生的变化，要求现代企业组织在目标创新时，还要注意处理好继承和发展的关系。全盘否定是企业目标创新之大忌。

3. 环境创新能力

企业组织环境创新包括硬环境和软环境的创新。企业组织的硬环境是指企业组织有形的环境，如办公环境自动化、营销环境网络化、管理手段现代化等。硬件环境的创新对于一般的企业组织而言，只要有一定的资金投入都是容易实现的。企业组织环境创新最难实现的是软环境。企业组织的软环境一般是指企业组织的知识结构、人才成长、发展氛围、企业精神、企业文化等。企业组织软环境创新更具战略性的地位。

1）企业组织的知识结构创新。现代社会的高速发展，使新知识呈现出层出不穷的趋势。

现代企业组织要跟上时代的步伐，在知识结构上要不断地发展和创新，这样，才能适应变化和发展中的社会。面临新世纪，企业组织能否适应社会，关键在于知识结构的创新。知识结构陈旧、单一，必然会使企业组织失去市场的适应能力。在知识经济时代，新知识不仅会淘汰不适应的人，也会淘汰不适应的企业组织。“适者生存”符合自然界的进化规律，同时，它也符合市场经济的竞争法则。企业组织的知识结构创新就能使企业组织成为市场竞争的适者，赢得更广阔的市场生存空间。

2）以人为本是环境创新的根本。现代企业组织的一切改革、创新、发展都离不开人的作用。在管理的各个要素中，人是最宝贵、最重要的。现代企业组织只有充分尊重人、理解人、体谅人，才能创造和谐温馨的人和环境。这种环境是企业生存、发展的基础。面向新世纪，以人为本不是口号，而是企业组织的一种管理实践。这种管理实践渗透在企业组织的各个部门、管理的各个阶段。持续不断地渗透就能形成人才成长、发展的良好氛围。良好氛围的营造过程就是企业环境创新的过程。在知识经济时代，要使企业组织员工对企业组织绝对忠诚只是一种良好的愿望。人才流动是必然的趋势。要使企业组织员工保持相对的稳定性，对企业组织保持相对的忠诚，必须要有吸引人才的条件和氛围。因此，现代企业组织一定要进行人才环境创新。只有不断的人才环境创新，才能不断地营造良好的人才成长、发展的氛围，保持人才竞争的优势。“得人心者昌，得人才者强”，在知识经济时代尤其是这样。人才辈出，精英荟萃靠的是企业组织以人为本的人才环境创新，这是企业组织环境创新的根本。

3）企业精神创新。企业精神是指时代精神在企业的反映，是企业在生产经营活动中，为谋求自身的生存和发展而长期形成的、并为企业全体员工所认同的一种群体意识。企业精神一定能反映企业的特性，必须是时代精神在企业的反映。企业精神的这种特点，要求企业精神在保持相对稳定的前提下，必须要根据社会的变化、企业的变化，不失时机地变化和创新。在信息爆炸的新世纪，社会经济的发展引起了社会政治、科技、文化等意识形态的变化。

作为企业组织意识形态之一的企业精神决不能忽视这种变化。客观地说，任何企业精神，面对变化都会自觉或不自觉地在语言表达和实质内容上发生变化。自觉地进行企业精神创新，就能抓住企业组织的群体意识，引导其朝着积极的方向发展，真正成为企业形象的核心和灵魂，永葆企业组织的青春活力。毫无疑问，企业精神是重要的，但贴近社会实际、企业实际的企业精神在当今社会显得更重要。企业精神创新的意义也就在于此。

（4）企业文化创新。企业文化是指与企业性质、目标一致的制度和组织机构。具体地讲是指企业员工的价值观念、行为标准、办事态度以及培养良好员工品质所需的环境和条件。社会的发展、企业组织的发展，使企业组织员工的价值观念、行为标准等会起一定的变化。面对这些变化，企业文化必须创新。只有进行企业文化创新，才能不断更新企业组织观念、员工观念。没有文化的企业组织是愚蠢的企业组织，文化落后的企业组织是没有希望的企业组织，唯有不断进行企业文化创新的企业组织才是有希望的企业组织。

第四节　牢牢把握企业组织发展的主动权

知识经济时代是知识不断更新的时代。这个时代要求管理者必须要解放思想，开拓进取。“兵无常势，水无常形”，面对瞬息万变的市场，管理者应不断增强未雨绸缪的意识。市场经济不相信眼泪，在知识经济时期更是如此。唯有不断拼搏，才能牢牢把握企业组织发展的主动权，开创经营管理的新天地。

1. 不断地发展和改善正在从事的工作

抓住现在，全方位发展、改善、提高企业组织的管理，是现代管理者脚踏实地、艰苦创业精神的一种体现。在新世纪，任何有所作为的企业组织都必须首先做好现在的工作，然后，努力使企业组织在2～3年内发生变化，产生一批更具竞争力的新产品、新服务、新思维、新的管理机制，5～8年左右使企业组织得到全新的变化。要把握企业组织明天发展的主动权，首先要抓住今天。

2. 增强知识运用能力

知识运用能力实际上也是知识创新能力。知识是人类社会发展的结晶。它有利于人类的发展，即使是消极的，也可起借鉴作用。但现代企业组织不可能在一个时期运用所有知识。现代企业组织在运用知识时，必须有摒弃、继承、发展的过程。这个过程反映了企业组织运用知识的能力。现代企业组织需要的是符合企业组织实际的、符合其发展要求的知识。努力将符合需要的新知识变成企业组织的新管理、新产品、新服务，从而把握企业组织发展的主动权。

3. 经常提出需要做什么,必须做什么

市场经济不能等待,主动出击才能把握企业组织发展的命运。新世纪的企业组织管理者,特别是高层管理者,必须志向远大、目标清楚、行动坚毅、敢冒风险。经常提出需要做什么,必须做什么,能使现代企业组织的管理者保持清醒的头脑,增强抓住机会的敏锐性。需要做什么是一种超前的管理行为,必须做什么是一种管理艺术和技巧,二者结合就能使现代企业组织的管理者"运筹帷幄,决胜千里",牢牢地把握住企业组织发展的主动权。

4. 充分发挥各级人员的积极性

在现代社会里,支撑企业组织的基础是全体员工,特别是各级管理者。实行专家管理、能人管理,及时肯定员工的贡献能调动各级人员的积极性,特别是各级管理人员的积极性。充分发挥各级人员的积极性,能不断产生企业组织新的凝聚力。这种凝聚力,是现代企业组织发展的宽厚坚实的基础,也蕴含着企业组织发展的主动权。

5. 保持人才竞争优势

世界知名的管理学家杜拉克(Peter F. Drucker)说过:"为了使机会来临时能够从容不迫,企业必须经常拥有知识和人才方面的资源。"面对新世纪,企业组织必须要保持人才优势。在人才使用方面,现代企业组织要唯才是用、量才录用。学位与文凭是重要的,但对于企业组织而言,更重要的是人才雇用的价值。高学历不等于高能力。文凭的全部价值在于创造效益。在科学技术越来越发达的今天,谁拥有更多创新的、适应社会发展和企业组织发展需要的人才,谁就能取得市场竞争的主动权,进而把握住自身发展的命运。

6. 进行改革与创新

改革和创新的唯一标准是社会需求。社会需求是现代企业组织改革与创新的基本动力。改革是必须的,但不是经常的,而创新是现代企业组织的经常性工作。"胸怀祖国,放眼世界"曾是中国人的一种气魄和胆识。新世纪的中国管理家仍然需要这种气魄和胆识。“胸怀祖国”,意味着中国的管理者必须要了解中国的国情。中国企业组织的改革与创新必须要从中国的实际出发,努力发展和壮大民族工业,改革阻碍企业组织发展的体制、机制,不断创新管理意识、管理方法,树立以人为本的管理观念,增强民族的责任感和使命感。“放眼世界”,意味着中国的管理者必须要学习、借鉴世界各国的优秀文化、优秀管理,在一个高的层面上,把握世界经济发展的趋势。中国已加入世贸组织,中国企业不管愿意不愿意都要进入国际市场的角逐。面临严峻现实,中国企业组织必须要改革、创新,以不断地改革和创新加速中国社会、中国经济的发展。中国企业组织只有不断地改革与创新,才能在世界经济发展的浪潮中,牢牢把住企业组织发展的主动权。

“沉舟侧畔千帆过,病树前头万木春”,这是自然界新陈代谢,新旧交替的客观规律。现代管理正面临着这种严峻的现实。“变则新,不变则腐”、“变则活,不变则亡”。中国的管理者必须认清形势,改革创新,未雨绸缪,有所作为,以敢于搏击世界经济风云的胸怀去拥抱中国管理美好的未来,“为中华民族的伟大复兴”而努力奋斗。

第十二章 现代管理经典原则、格言、论文选编

第一部分 现代管理经典管理原则

“奥格尔维定律”的由来

奥格尔维定律来源于这样一个故事。

美国奥格尔维·马瑟公司总裁奥格尔维召开了一次董事会，在会议桌上，每个与会的董事面前都摆了一个相同的玩具娃娃。

董事们面面相觑，不知何故。奥格尔维说：“大家打开看看吧，那就是你们自己。”

于是，他们一一把娃娃打开来看，结果出现的是：大娃娃里有个中娃娃，中娃娃里有个小娃娃。他们继续打开，里面的娃娃一个比一个小。

最后，当他们打开最里面的玩具娃娃时，看到了一张奥格尔维题了字的小纸条。纸条上写的是：“如果你经常雇用比你弱小的人，将来我们就会变成矮人国，变成一家侏儒公司。相反，如果你每次都雇用比你高大的人，日后我们必定成为一家巨人公司。”

前一句话与从大娃娃到中娃娃再到小娃娃的次序吻合，后一句话与小娃娃到中娃娃再到大娃娃的次序吻合，这些聪明的董事一看就明白了。

这件事给每位董事留下了很深的印象，在以后的岁月里，他们都尽力任用有专长的人才。

美国的钢铁大王卡耐基的墓碑上刻着："一位知道选用比他本人能力更强的人来为他工作的人安息在这里。"卡耐基之所以成为钢铁大王，并非由于他本人有什么超人的能力，而是因为他敢于用比自己强的人，并能发挥他们的长处。

卡耐基曾说过："即使将我所有工厂、设备、市场和资金全部夺去，但只要保留我的技术人员和组织人员，四年之后，我将仍然是'钢铁大王'。"

卡耐基之所以如此自信，就是因为他能有效地发挥人才价值，善于用那些比他更强的人。卡耐基虽然被称为"钢铁大王"，但他却是一个对冶金技术一窍不通的门外汉，他的成功完全是因为他卓越的识人和用人才能——总能找到精通冶金工业技术、擅长发明创造的人为他服务。比如，世界知名的炼钢工程专家之一比利·琼斯，就终日在位于匹兹堡的卡耐基钢铁公司埋头苦干。

另一位是齐瓦勃，也是很优秀的人才。齐瓦勃本来只是卡耐基钢铁公司下属的布拉德钢铁厂的一名工程师，卡耐基在知道齐瓦勃有超人的工作热情和杰出的管理才能后，马上提拔他当上了布拉德钢铁厂的厂长。正因为有了齐瓦勃管理下的这个工厂，卡耐基才敢说："什么时候我想占领市场，什么时候市场就是我的。因为我能造出又便宜又好的钢材。"

几年后，表现出众的齐瓦勃又被任命为卡耐基钢铁公司的董事长，成了卡耐基钢铁公司的灵魂人物。

齐瓦勃担任董事长的第七年，当时控制着美国铁路命脉的大财阀摩根提出与卡耐基联合经营钢铁，并放出风声说如果卡耐基拒绝他就找当时居美国钢铁业第二位的贝斯列赫姆钢铁公司联合。

压力下的卡耐基要齐瓦勃按一份清单上的条件去与摩根谈联合的事宜。齐瓦勃看过清单后，对卡耐基说："按这些条件去谈，摩根肯定乐于接受，但你将损失一大笔钱，看来你对这件事没我调查得详细。”

经过齐瓦勃的分析，卡耐基承认自己过高估计了摩根，于是全权委托齐瓦勃与摩根谈判，并取得了对卡耐基有绝对优势的联合条件。

到20世纪初，卡耐基钢铁公司已经成为世界上最大的钢铁企业。卡耐基是公司最大的股东，但他并不担任董事长、总经理之类的职务。他的成功在很大程度上取决于他任用了一批懂技术、懂管理的杰出人才。

“光环效应”的由来

所谓“光环效应”，是人们常有的以点代面、以偏概全的评价倾向，犹如大风前的月晕逐步扩散，形成一个更大的光环迷惑众人，这种效应也称“晕轮效应”。在现实中表现为如果认为某人具有某个突出优点，这个人就被积极肯定的光环笼罩，并被赋予更多好感；如果认为某人具有突出缺点，这个人就被消极否定的光环笼罩，甚至认为他其他方面都不好。

晕轮效应的危害是一叶障目、以点代面、以偏概全，容易影响企业对人才考核的准确性和对人才评价的可信度。

光环效应是一种认识上的误区，指在印象形成过程中一种夸大化的感觉和看法，是一种极为盲目的心理倾向。一旦某人的成绩成为光环并被放大，其不足也就隐藏到光环的背后视而不见了，反之亦然。当某人在某方面有杰出的表现时，人们很自然地会认为他在其他方面也有同样的杰出能力。许多管理者在用人方面就被这种光环所迷惑。

美国一家化学公司，花了2.5亿美元在印度尼西亚新建一座工厂，然后将该工厂的重担交给了远在巴西另一家工厂负责的管理者。此人在巴西业绩不错，并且长期从事技术工作，精通业务，按理可以将这座新建的企业搞得红红火火。然而事与愿违。他是一个只懂得技术而不懂市场经济和公共关系的人，连起码的定价策略都说不出个所以然。

而总部对此人却十分放心，认为他来自发展中国家，熟悉这些国家的基本国情，又精于技术，应该能够处理好日常工作，因此也没派人前去主持全面工作。

无谓的“放心”酝酿了不良的结果，最后工厂迟迟不能开工，开工后产品已经很难卖出去，最后总部只好忍痛割爱，将这家工厂搬到了另外一个国家，但这期间的耗资已覆水难收。

“贝尔效应”的由来

英国学者贝尔天赋极高，有人估计过他毕业后若研究晶体和生物化学，定会赢得多次诺贝尔奖，但他却心甘情愿地走了另一条道路，把一个开拓性的课题提出来，指引别人登上了科学高峰，此举被称为“贝尔效应”。

这一效应要求领导者具有伯乐精神，敢于提拔任用能力比自己强的人。

亨利·福特十分重视培养和提拔年轻的工程师，这使得当他面对突然被挖墙脚的窘境——底特律新建厂的韦恩公司抢走了他的两名得力助手法兰德斯和伍德林格之后，能够迅速在新秀工程师们强有力阵容的支持下，顺利生产出 T 型车。他的别克汽车在新工厂就是 37 岁的年轻建筑师阿尔巴顿·康的杰作。福特 93 分钟的造车秘诀是如何诞生的呢？也和阿尔巴顿·康有关。那是在设计海兰德公园工厂的时候，康征求福特的意见：

“把工厂设计成长 865 英尺（约 260 米）、宽 75 英尺（约 23 米）的四方形四层楼建筑，以钢筋混凝土为材料，可以吗？”

“好的！”福特对康是相当信任的，毫不犹豫地同意了他的建议。“玻璃占建筑物外观总面积的 75%。”康继续说。

当时，对一般人来说，这个设想简直是不可思议的，几乎所有的墙面都由玻璃围成了，而福特却对此赞叹不已。福特满心喜悦地说：“机械厂房设在另外一边，是一幢玻璃屋顶的一楼建筑。此外，总厂和这幢玻璃屋顶的机械房在天井中有钢梁相通，上有吊车，这样，制造完成的引擎或变速器就可以利用天井中的吊车搬到总厂了。”

"对呀,成品就可以由高处向下自然滑动,人则可以不动,只要产品移动就可以了。"

福特 93 分钟的造车秘诀就这样诞生了。

"海潮效应"的由来

海水因天体的引力而涌起,引力大则出现大潮,引力小则出现小潮,引力过弱则无潮,这就是海潮效应。人才与社会、时代的关系也是这样。社会需要人才,时代呼唤人才,人才便应运而生。依据这一效应,作为国家,要加大对人才的宣传力度,形成尊重知识、尊重人才的良好风气。对于一个单位来说,重要的是要通过完善的管理机制吸引人才。

美国通用电气公司前总裁杰克·韦尔奇是 20 世纪风头最劲的企业家,然而在 1961 年,来到通用电气还不足一年的韦尔奇却曾萌发过辞职的念头。当时他是一名普通的工程师,虽然年薪不低,但是他觉得公司的官僚主义让人窒息,平均主义式的加薪更使胸怀大志的他觉得屈辱,于是他萌生去意,接受了伊利诺伊州国际矿产化工公司的聘请。

当时,作为部门负责人的鲁本·古托夫听到韦尔奇即将离职的消息非常震惊,他决心不惜一切代价留住这位与众不同的年轻人。于是,他在韦尔奇告别宴会的前一天,邀请韦尔奇夫妇共进晚餐。在就餐之际,古托夫对韦尔奇展开四个小时的说服攻势。他保证,他将使韦尔奇不受官僚作风的纠缠,并将利用大公司的资源为韦尔奇创立一个小公司的工作环境,每月的工资涨 2 000 美元。古托夫恳求道:"相信我,只要我在公司一天,你就能利用大公司最好的部分进行工作,最差的一部分将离你远远的。"

"这样的话,你就要经受考验啦。"韦尔奇说。

古托夫回答说:"我乐意接受考验,把你留下是最重要的。"

第二天,韦尔奇终于做出了肯定的答复。12 年之后,韦尔奇在他的年度工作报告中雄心勃勃地写下他的长期目标是要通用电气发展成全世界最有实力的公司。

多年以后，鲁本·古托夫回忆说，我今生最成功的推销行为就是为公司留住了韦尔奇，因为留住了韦尔奇，才留住了通用电气今天的辉煌。

“柔性管理法则”的由来

“柔性管理”是相对于“刚性管理”而言的。“刚性管理”以规章制度为中心，凭借制度约束、纪律监督和奖惩规则等手段对企业员工进行管理，这是 20 世纪通行的泰勒管理模式。而“柔性管理”则是“以人为中心”，依据企业的共同价值观和文化、精神氛围进行的人格化管理，它是在研究人的心理和行为规律的基础上，采用非强制性方式，在员工心目中产生一种潜在的说服力，从而把组织意志变为个人的自觉行动。

“柔性管理”最大特点在于它能使员工心情舒畅，进而不遗余力地为企业不断开拓新的优良业绩，从而成为企业在全球激烈的市场竞争中取得竞争优势的力量源泉。

斯特松公司是美国最老的制帽厂之一，有段时间公司的情况非常糟糕：产量低、品质差、劳资关系极度紧张。

此时，当地的一位管理顾问薛尔曼应邀进厂调查。他的调查结果显示：员工们对管理层、工会缺乏信任，员工彼此间也是如此。公司内的沟通渠道全然堵塞，员工们对基层领导的做法更是极度不满，其中包含了偏激作风、言语辱骂和不关心员工的情绪等问题。

通过倾听员工的心声，认清问题的所在，薛尔曼开始实施一套全面的沟通措施，加上有所觉悟的管理层的支持，竟在四个月内瓦解了员工憎恨责难的心态。员工们开始展现出团队精神，生产能力也有提高。

感恩节前夕，薛尔曼和公司的最高主管亲手赠送火鸡给全体员工，隔天收到员工回赠的像一张报纸那么大的签名谢卡，上面写着：谢谢把我们当人看。

“坎特法则”的由来

《哈佛商业周刊》前任主编 R·坎特曾预言：“善于创造良好

工作环境的公司，将能够吸引和留住技术最熟练的员工。”坎特这句预言后来被人们称为“坎特法则”。

坎特法则强调，礼遇员工、尊重他们的独立人格、器重他们的才干、推崇他们高效的工作方法、鼓舞他们的工作热情等，不但是领导者应具备的职业素养，而且尊重别人本身就是获得别人尊重的一种重要途径。

拥有 120 万名雇员的沃尔玛是全美第一零售商。沃尔玛成功的原因有很多，但其创始人沃尔顿先生始终保持对员工的尊重和关心是重要原因之一。在沃尔顿先生的倡导下，沃尔玛几乎所有经理人员都佩戴着写有“我们关心我们的员工”字样的徽章。

沃尔玛尊重每位员工，二者之间不是等级森严的上下级关系，而是利益共享的伙伴关系。沃尔玛实行“门户开放”政策，在开放式的气氛中鼓励员工多提问题，多关心公司，努力营造畅所欲言的文化环境。在沃尔玛，任何员工都可以直接向任何一位经理提出改进公司的建议，如果被采纳，将会得到奖励。

从沃尔顿开始，管理人员就经常倾听来自员工的声音。沃尔顿说：“关键一点就在于应该走进店里，去听听你的伙伴们有什么要说的。所有人都应参与进来，这一点极其重要。我们的许多好主意正是来自于店员和仓库的搬运工。”

在物质待遇上，沃尔玛为全职员工和兼职员工同样提供医疗保障；兼职员工与全职员工一样也能享受诸如激励奖金、购买股票、购物折扣、带薪休假及 24 小时免费职业咨询热线等服务；无论沃尔玛的员工是否有过个人捐赠行为，都有资格获得公司的利润分享捐赠。

在职位晋升上，以业绩和实干为标准，从创始人山姆·沃尔顿开始，公司约 2/3 的经理都是从小时工干起的。山姆·沃尔顿曾解释说：“如果我们把机会、鼓励和奖励给予那些平凡而普通的员工，以使他们尽最大努力，他们的成就绝对是无可限量的。”

在沃尔玛，所有人都感觉自己是个成功者。从沃尔顿开始形成的传统，公司每周六早上 7:30 都会召开一个管理例会。管理例会上总经理会站起来高声问道："谁是第一？"所有的人都会高声回答："沃尔玛！"

1991 年，被誉为"20 世纪第一 CEO"的通用电气总裁杰克·韦尔奇先生专门到沃尔玛参加例行晨会，被员工参与的热情所感染。他在现场动情地说："我知道为什么沃尔玛是个优秀的公司了。"回到通用电气，他精心构建了本企业的"沃尔玛晨会"——这就是日后成为通用电气成功经典经验之一的"群策群力"。"群策群力"的核心是"全心全意地相信和依靠员工"。

"鲶鱼效应"的由来

西班牙人爱吃沙丁鱼，但沙丁鱼非常娇贵，极不适应离开大海后的环境。当渔民们把刚捕捞上来的沙丁鱼放入鱼槽运回码头后，用不了多久沙丁鱼就会死去，而死掉的沙丁鱼味道不好，销量也差。倘若抵港时沙丁鱼还存活着，其卖价就要比死鱼高出若干倍。为延长沙丁鱼的存活期，渔民想尽了办法，但仍不奏效。

后来，有一位聪明的渔民想出了一个办法，那就是将沙丁鱼的天敌——鲶鱼与沙丁鱼放在一起。每当渔民出海捕鱼时，总要先准备几条活跃的鲶鱼，一旦把捕获的沙丁鱼放入水槽后，便把鲶鱼也放入水槽，鲶鱼因其活力而四处游动，偶尔追杀沙丁鱼。沙丁鱼则因发现异己分子而紧张，为了躲避天敌的吞食，沙丁鱼自然加速游动，把整槽鱼扰得上下浮动，也使水面不断波动，从而保持了自身旺盛的生命力。如此一来，一条条沙丁鱼就活蹦乱跳地回到了渔港。

这种现象，后来被管理者们总结成了"鲶鱼效应"，并将其作为一种竞争机制引入到企业的人力资源管理中。

在组织的人力资源管理中，鲶鱼效应是指在组织内部人浮于事、缺乏效率等情况下，在组织内部挖掘或从组织外部引入一些"鲶鱼"，通过提升他们的积极性和主动性，来带动和刺激整个组织的其他人员,从而在组织内部形成一个人人向上的良好竞争氛围。

企业的活力根本上取决于企业全体员工的进取心和敬业精神,取决于全体员工的活力,特别是企业各级管理人员的活力。人员的流动会给企业员工造成竞争压力,从而激发企业的活力。

日本本田汽车公司的总裁本田宗一郎就曾面临这样一个问题:公司里东游西荡、人浮于事的员工占了大约两成,这类员工严重拖企业的腿,但将这些员工全部开除也不妥当。这种做法一方面会受到工会方面的压力;另一方面,又会使企业蒙受损失。其实,这些人也能完成工作,只是与公司的要求差距大一些,如果全部淘汰,显然是行不通的。

后来,本田先生受到鲶鱼故事的启发,决定进行人事方面的改革。他首先从销售部入手,因为销售部经理的观念与公司要求的精神相距太远,而且他的守旧思想已经严重影响了他的下属。必须找一条"鲶鱼"来,尽早打破销售部只会维持现状的沉闷气氛,否则公司的发展将会受到严重影响。

经过周密的计划和不懈的努力,本田先生终于把松和公司销售部副经理、年仅35岁的武太郎挖了过来。武太郎接任本田公司销售部经理后,凭着自己丰富的市场营销经验和过人的学识,以及惊人的毅力和工作热情,受到了销售部全体员工的好评,员工的工作热情被极大地调动起来,活力大为增强。公司的销售出现了转机,月销售额直线上升,公司在欧美市场的知名度不断提高。本田先生对武太郎上任以来的工作非常满意,这不仅在于他的工作表现,而且还在于销售部作为企业的龙头部门带动了其他部门经理人员的工作热情和活力。本田深为自己有效地利用了鲶鱼效应而得意。

从此,本田公司每年重点从外部"中途聘用"一些精干的、思维敏捷的、30岁左右的生力军,有时甚至聘请常务董事一级的"大鲶鱼"。这样一来,公司上下的"沙丁鱼"都有了触电式的感觉,从而使整个公司显得生机勃勃。本田公司自从推行了鲶鱼效应管理办法以后，企业的产品质量和产量大大提高，销售工作也大有起色，公司因此很快步入了大企业的行列。

“彼得原理”的由来

“彼得原理”是彼得根据千百个有关组织中不能胜任的失败实例的分析而归纳出来的。其具体内容是：“在一个等级制度中，每个员工趋向于上升到他所不能胜任的地位。”彼得指出，每一个员工由于在原有职位上工作成绩表现好（胜任），就将被提升到更高一级的职位；其后，如果继续胜任则将进一步被提升，直至到达他所不能胜任的职位。由此导出的彼得推论是：“每一个职位最终都将被一个不能胜任其工作的员工所占据。层级组织的工作任务多半是由尚未达到不胜任阶层的员工完成的。”

彼得原理有时也被称为“向上爬”原理。这种现象在现实生活中无处不在：一名称职的教授被提升为大学校长后无法胜任；一名优秀的运动员被提升为主管体育的官员后无所作为。

对于一个组织而言，一旦组织中的相当部分人员被推到了其不称职的级别，就会造成组织的人浮于事，效率低下，发展停滞。

这就要求企业改变单纯的“根据贡献决定晋升”的企业员工晋升机制，不能因某个人在某一个岗位级别上干得很出色，就推断此人一定能够胜任更高一级的职务。企业要建立科学、合理的人员选聘机制，客观评价每一个员工的能力和水平，将员工安排到其可以胜任的岗位；不要把岗位晋升当成对员工的主要奖励方式，应建立更有效的奖励机制，更多地以加薪、休假等方式作为奖励手段。有时将一名员工晋升到一个其无法很好地发挥才能的岗位，不仅不是对员工的奖励，反而使员工无法很好地发挥才能，也给企业带来损失。

杰克是一位成功的销售人员，本身学历虽然不高，但非常努力，加上口才很好、顾客网络广阔，因而个人销售表现突出，多年来都是公司最佳的销售人员。公司因此提升他到主管职位，领导一队销售人员。

杰克到任后，问题出现了，由于他领导及行政能力不强，而下属又不认同他的做事方式及政策，公司也不满他未能提高整体销售业绩，因此，他面对着很大的压力，渐渐地信心受到打击，工作士气低落。更大的问题是，他发现自己无路可退，降级再担任原来的销售员职位，等于抹煞了自己以往的成就；向别的公司去求职，自己的学历及近年表现又不出色；更糟的是，在经济不景气的情况下，公司计划裁员，自己变成了“高危一族”惶恐终日，工作表现更不济。

组织上似乎合理的晋升不仅使晋升后的员工无所适从，而且对组织的整个绩效产生了严重的影响，这说明这种看似合情合理的晋升制度实际上是不科学的，表面的“合情合理”只是一种假象，假象背后隐藏的很可能是一连串的祸患。

“蓝柏格定理”的由来

人们在感受工作压力时，与其试图通过放松的技巧来应付压力，不如激励自己去面对充满压力的现实。“没有压力，就没有动力”，美国银行家路易斯·B·蓝柏格这句话被人们称为“蓝柏格定理”。

在员工激励管理中，蓝柏格定理得到了充分的应用。这种应用的表现方式是，在工作中为员工制造必要的危机感。

20 世纪 70 年代，世界出现了石油危机，由此引发了全球性的经济大萧条，日本的日立公司也不例外，公司首次出现了严重亏损，困难重重。为了扭转这种颓势，日立公司人为地制造危机，做出了一项惊人的人事管理决策。

1974 年下半年，全公司所属工厂 2/3 的员工共 67.5 万人，暂时离厂回家待命，公司发给每个员工原工资的 97%—98%作为生活费。

这项决策对日立公司来说，是一项人事管理的权宜之计，它虽然节省不了什么经费开支，但它可以使员工产生一种危机感和危机意识。

1975 年 1 月，日立公司又将这项决策实施到 4 000 多名管理干部头上，对他们实行了幅度更大的削减工资措施，从而使他们也产生了危机意识。

同年4月，日立公司又将所有录用的工人上班时间推迟了20天，促使新员工一进入公司便产生了危机意识，产生一种危机感和紧迫感；这样做同时也让其他老员工加深了危机意识。

日立公司采取上述一系列管理决策措施之后，公司的新老员工都开始更加奋发努力地工作，绞尽脑汁为本公司的振兴出谋划策。这样，在危机意识的帮助下，在全体员工的共同努力下，公司取得了令人满意的成绩。1975年3月，日立公司的决算利润只有187亿日元，比1974年同期减少了1/3；而实施危机意识管理之后，仅仅过了半年，公司的决算利润便翻了一番，达到了300亿日元。

“霍桑效应”的由来

霍桑效应，是指管理专家们根据社会心理学原理，在霍桑工厂进行“谈话实验”所产生的奇妙现象。

霍桑工厂是芝加哥郊外的一家制造电话交换机的工厂。这家工厂娱乐设施完善，医疗养老金制度齐全，而员工们仍然愤愤不平，生产状态当然不理想。

为探求原因，美国国家研究委员会组织了一个包括心理学家等方面专家组成的研究小组，开展以生产效率与工作物质条件之间的关系为中心课题的“谈话试验”，即用两年多的时间，专家们找工人个别谈话两万余人次，耐心听取各种意见，不准反驳和训斥。其结果取得了意想不到的效果，全厂产量大幅度提高，原来员工愤愤不平的原因是由于他们长期以来对工厂的各项管理制度和方法有诸多不满，却无处发泄。

“谈话实验”使人们的不满都发泄了出来，从而心情舒畅，干劲倍增。社会心理学家将这种奇妙的现象称为“霍桑效应”。

在日本，很多企业都非常注重为员工提供发泄自己情绪的渠道，松下公司就是如此。

日本的松下公司为职员设立了出气室，在出气室里存放各级主管人员的照片，橡皮模型人以及逼真的蜡像人，房子一角，放置一个大工具箱，“十八般兵器”样样齐全，你可以由着性子放任脾气，发泄出心中对其中某位主管的不满，通过拳打脚踢释放心中的怨气和愤懑。

在松下公司的“出气室”里，还有松下公司总经理松下幸之助的仿真橡皮人，供有怨气的员工打击以发泄内心的情绪。当员工打击完橡皮人之后，那橡皮人嘴里就会响起松下幸之助本人的声音，这是他写给员工们的一首诗，诗中说：“这不是幻觉，我们心心相通，团结合作……”

松下幸之助有句口头禅：“请让员工把不满发泄出来。”他的这一做法，使管理工作多了快乐，少了烦恼；人际关系多了和谐，少了矛盾；上下级之间多了沟通，少了隔阂；公司与员工之间多了理解，少了对抗……

“威尔德定理”的由来

上帝赐予我们两只耳朵，却只给我们一张嘴，就是让我们多听少说。有效的沟通始于倾听。英国管理学家L·威尔德说：“人际沟通始于聆听，终于回答。”威尔德的这种说法，被人们称为“威尔德定理”。

没有倾听就没有沟通，但事实表明，大多数领导者不懂得倾听。

企业管理者在很多时候就是因为缺乏有效倾听而与员工间产生误解和冲突，有时还会因为没有及时发现员工问题而导致人才的流失。

本田宗一郎被誉为“20世纪最杰出的管理者”。回忆往事，他常会说起一个令其终身难忘的故事。

有一次，一位来自美国的技术骨干罗伯特来找本田，当时本田正在自己的办公室休息。罗伯特高兴地把花费了一年心血设计出来的新车型拿给本田看：“总经理，您看，这个车型太棒了，上市后绝对会受到消费者的青睐……”

罗伯特看了看本田，话还没说完就收起了设计图纸。此时正在闭目养神的本田觉得不对劲，急忙抬起头叫了声“罗伯特”，可是罗伯特头也没回就走出了总经理办公室。

第二天，本田为了弄清昨天的事情，亲自邀请罗伯特喝茶。

罗伯特见到本田后，第一句话就是：“尊敬的总经理阁下，我已经买了返回美国的机票，感谢这两年您对我的关照。”

“啊？这是为什么？”罗伯特看着本田的满脸真诚，便坦言相告：“我离开您的原因是由于您没有自始至终听我讲话。就在我拿出我的设计前，我提出这个车型的设计很棒，而且还提到车型上市后的前景。我是以它为荣的，但是您当时却没有任何反应，而且还低着头闭着眼睛在休息，我一恼就改变主意了！”

后来，罗伯特拿着自己的设计到了福特汽车公司，受到了高层领导的关注，新车的上市给本田公司带来了不小的冲击。通过这件事本田领悟到“听”的重要性，也让他认识到如果不能自始至终倾听员工讲话的内容，不能认同员工的心理感受，难免会失去一位技术骨干，甚至一个企业。

“凝聚效应”的由来

社会心理学家沙赫特曾就群体凝聚力对生产效率的影响这一课题进行过试验。在别的因素保持不变的状态下，企业的凝聚力越大，这个企业的生产效率就越高，企业也就越有活力。

这个试验的结果提示管理者注意，必须在群体凝聚力提高的同时，加强对群体成员的思想教育和诱导，克服群体中可能出现的消极因素，这样才能使群体凝聚力成为促进工作效率的动力。对群体成员的思想教育和诱导是管理中不可忽视的重要工作。

早在1945年，号称“经营之神”的松下幸之助就提出：“公司要发挥全体员工的勤奋精神”，并不断向员工灌输所谓“全员经营”、“群智经营”的思想。为打造坚强的团队，在20世纪60年代，松下电器公司会在每年正月的一天，由松下带领全体员工，头戴头巾，身着武士上衣，挥舞着旗帜，把货物送出。在目送几百辆货车壮观地驶出厂区的过程中，每一个工人都会升腾出由衷的自豪感，为自己是这一团体的成员感到骄傲。

在给全体员工树立一种团队意识的同时，松下公司更是花大力气发动每一个工人的智慧和力量。为达到这一目的，公司建立提案奖金制度，不惜重金在全体员工中征集建设性意见。虽然公司每年颁发的奖金数额巨大，但正如公司劳工关系处处长所指出的："以金额来说，这种提案奖金制度每年所节省的钱超过给员工所发奖金的13倍以上。"

不过，松下公司建立这一制度的最重要目的，不在节省成本上，而是希望每个员工都参加管理，希望每个员工在他的工作领域内部都被认为是"总裁"。

正是因为松下公司充分认识到群体力量的重要，并在经营过程中处处体现这一思想，所以松下公司的每一个员工都把工厂视为自己的家，把自己看作工厂的主人。纵使公司不公开提倡，各类提案仍会源源而来，员工随时随地——在家里、火车上，甚至在厕所里，都会思索提案。

松下公司与员工之间建立起可靠的信任关系，使员工自觉地把自己看成是公司的主人，产生为公司作贡献的责任感，焕发出了高涨的积极性和创造性。松下公司因此形成的极大的亲和力、凝聚力和战斗力，使公司不但从一个小作坊发展成世界上最大的家用电器公司，而且成为电子信息产业的大型跨国公司，其产品品种之多、市场范围之广、成长速度之快和经营效率之高都令人惊叹！

"儒佛尔定律"的由来

预测是决策的前提和依据，是决策中不可缺少的环节，预测能为领导者提供决策对象可能发展的方向和趋势。法国未来学家H·儒佛尔说："没有预测活动，就没有决策的自由。"儒佛尔的论断，被人称为"儒佛尔定律"。

正确的战略决策，必须遵循科学的决策程序。决策程序的第一步，是通过调查研究和综合分析来认识现在和预测未来。决策是面对未来的，对未来的事态只能估计和预测。如果决策者对决策所需的信息资料掌握得比较全面、准确、及时，如果决策者对信息资料的分析实事求是而又符合逻辑，那么他对未来的预测就会相对精确，对各种状态的概率估计就会基本符合客观世界的本来面目，他所做出的决策承担的风险就会较小，成功的可能性就会较大。

肯德基公司是世界上继麦当劳快餐店之后的第二大快餐连锁店，它以其独特的肯德基家乡鸡风味和方便迅捷的服务饮誉全球。

美国肯德基公司之所以能打入中国市场并获取成功，很重要的一点就在于它对中国市场进行了充分的预测。通过预测，公司广泛收集了信息，并在此基础上进行了科学的决策。

起初，肯德基公司派了一位执行董事来北京考察中国市场，他来到北京街头，看到川流不息的车辆，熙熙攘攘的人群，非常兴奋地向总部汇报说："中国的市场潜力很大。"当总部向其询问具体的数据资料时，他却张口结舌，说不上来，最终被公司降职。

紧接着，公司又派出了一位执行董事来考察，这位董事没有走马观花，而是实实在在地做了几件事情，精心地进行调查和实测。

首先，这位董事在北京的几个街道上，用秒表测出人流量，大致估算出每日每条街道上的客流量。他还利用暑假，临时招聘了一些经济类的大学生做临时职员，派他们在北京设置品尝点，请不同年龄、不同职业的人免费品尝肯德基炸鸡，并在游人众多的北海公园广泛征求游人的各种意见。他们详细询问品尝者对炸鸡味道、价格和店堂设计方面的建议，不仅如此，这位董事还对北京的鸡源、油、盐、茶及北京鸡饲料行业进行了调查，并将样品数据带回美国，逐一做化学分析，经电脑汇总得出"肯德基"打入北京市场会有巨大的竞争力这一结论。

1987 年，肯德基公司在北京前门正式开业，他们靠着鲜嫩香酥的炸鸡，一尘不染的餐具，纯朴典雅的美国乡村风格的店容，加上悦耳动听的钢琴曲，赢得了来往客人的声声赞许。肯德基炸鸡店开张不到300天，盈利就高达250万元，原计划五年才能收回的投资，不到两年就收回了。这一切的获得，在很大程度上靠的是肯德基在“初测”上的良苦用心——设置品尝点、征询众人意见，以深入细致的调查去开拓市场。

“羊群效应”的由来

有这样一则幽默的寓言故事。

有一位石油大亨到天堂去参加会议，一进会议室，发现座无虚席，自己没有地方落座，于是他灵机一动，喊了一声：“地狱里发现石油了！”这一喊不要紧，天堂里的石油大亨们纷纷向地狱跑去，很快，天堂里就只剩下那位后来的石油大亨了。这时，大亨心想，大家都跑了过去，莫非地狱里真的发现石油了？于是他也急匆匆地向地狱跑去……

在管理学上，这个名为“羊群效应”的寓言告诉我们：羊群（集体）是一个很散乱的组织，平时大家在一起盲目地左冲右撞。如果一头羊发现了一片肥沃的绿草地，并在那里吃到了新鲜的青草，后来的羊群就会一哄而上，争抢那里的青草，全然不顾旁边虎视眈眈的狼，也看不到远处还有更好的青草。

羊群行为产生的主要原因就是信息不完全。由于未来状况的不确定，导致了人们的判断力出了问题，因而才有了从众的盲动性。

正确全面的信息是决策的基础。在这个时代，信息的重要性是不言而喻的，不重视信息收集的企业和个人无异于自取灭亡。

对一个管理者来说，如果他只会盲从于大众，不提升自己的判断力，那他的决策必将给企业带来不可挽回的损失。

1925年，松下电器公司总裁松下幸之助到东京办事处巡视，在那里他第一次看到真空管。那时候真空管装在收音机里，非常畅销。办事处主任对他说：“这是最近东京最畅销的东西。大阪方面是不是要卖卖看？”

松下听了以后觉得“很有意思”，希望能够尽早在大阪发售，因此当场就指示和真空管制造厂交涉。结果他发现那家工厂规模很小，资金也不雄厚，生产根本赶不上订货，就当场付款购买了1000个。

回到大阪后，松下就和真空管的批发商接触，由于当时供货很少，很多经销商都急着赶快订货。这种情况大概持续了五六个月，为此松下公司多了一万多元的收入，这在当时可以说是一笔为数不小的款子。后来制造真空管的厂家慢慢多了起来，各种品牌渐渐出现，价格自然也逐渐便宜。

看到这种情况，松下觉得必须认真考虑一下了，因为照这样下去，松下公司因贩卖真空管而增加的利润必然会很有限。虽说真空管的销售还能带来一些利润，而且销路也还可以，但市场情况已经有所变化，和前一阵子已经大不相同。

此时松下毅然做出决策，不再贩卖真空管了，他把自己的意思通知了生产工厂和客户。工厂方面因为可以无条件获得大阪地区的客户，心里当然高兴得不得了，而客户方面自然也不会反对。于是松下就从这个还能创造可观利润的真空管贩卖项目撤资了。

过了四五个月之后，收音机配件的售价急转直下，使一些获利还不错的工厂和贩卖店一度陷入困境。松下公司因为收手得快，并没有受到任何损失。

“卡贝定律”的由来

美国电话电报公司前总裁卡贝说：“放弃有时比争取更有意义，放弃是成功的钥匙。”他认为，人们往往把目光盯在对自己无用的东西上，拼命地去争取，不如坐下来，看一看自己的身上是否满是累赘。当你放弃了本不该在自己身上的东西，此时你会突然发现，你已经拥有了你曾争取过而又未得到的东西。

人们将卡贝这一理论称为“卡贝定律”。它启示我们：要学会放弃。

1964年10月，日本松下电器公司总裁松下幸之助在分析了方方面面的情况后，决定停止大型电子计算机的开发生产。

这以前，松下公司的通信部已经为此项工作付出了巨大的人力、物力和财力，并且已经试制成功了该项产品。但是，大型计算机的市场前景却不容乐观，需求量极少。鉴于这种情况，松下决定及时放弃这个项目。拟议一经发布，顿时舆论哗然，来自内部、外部的不同意见此起彼伏，不绝于耳。

大家的一致意见是：花费五年时间、耗资十多亿元的项目如此放弃，得不偿失。如果要放弃，日本国内七家生产厂家中的另外六家也可以放弃，又何必是松下公司首先放弃呢？

来自外部的舆论则更有许多猜测，认为松下公司要么是由于技术跟不上，要么是由于财政赤字才放弃这个项目的。就连一些久经沙场的高级职员，对松下的拟议也持怀疑态度。当时，松下面临着诸多的困扰和烦恼，但他顶住各种意见和舆论，毅然停止了这个没有前途的项目，把人力、物力和财力用到其他方面。后来的事实证明，松下的这个决策是正确的。因为之后，世界上几个名厂包括独联公司、西门子公司等也都纷纷停止了生产大型电子计算机。

为什么松下公司在花了五年时间，投入了十几亿资金进行开发，眼看就要收获时，偏偏要放弃不干呢？

原来，松下发现，电脑市场的竞争日趋白炽化，仅在日本就有富士通、日立等公司在做最后的冲刺，如果此时松下公司再加入，也许会生存下来，但也有可能全军覆没，这就等于拿整个公司下赌注。所以，面对这样的市场形势，他毅然做出退出大型电子计算机市场的决策，这实在是一次清醒冷静思考后的勇敢大撤退。

“青蛙法则”的由来

19 世纪末，美国康奈尔大学做过一次著名的实验。

这组实验的研究人员做了十分完善精心的策划和安排。他们捉来一只健硕的青蛙，冷不防把它丢进一个沸腾的开水锅里。这只反应灵敏的青蛙在千钧一发的生死关头，用尽全力，跃出那势必让它葬身的水锅，安然逃生。

隔了半个小时，他们使用一个同样大小的铁锅，这一回往锅里放入冷水，然后把那只刚刚死里逃生的青蛙放进锅里。青蛙自在地在水中游来游去，接着实验人员在锅底偷偷地用炭火加热，青蛙不知究底，在微温的水中享受“温暖”。

慢慢地，锅中的水越来越热，青蛙觉着不妙了，等它意识到锅中的水温已经熬受不住，必须奋力跳出才能活命时，已经为时过晚；它欲跃乏力，全身发软，呆呆躺在水里，坐以待毙，直至被煮死在锅里。

一个企业的兴衰也在实践着青蛙现象。企业真正的危机并不是突然而来的灾难，而是渐进隐含的危机。许多企业当面临突发的重大威胁时能够众志成城，咬紧牙关，渡过难关，而对于逐渐加剧的危机，却往往习而不察，无动于衷，待到病入膏肓，想尽力应对时，却为时已晚。

20 世纪 20 年代，派克制笔公司是美国最大的制笔企业，到 1954 年，派克制笔公司已在 14 个国家设有子公司。

世界上有 120 家经销店和专营经销商经营派克金笔。派克制笔公司年产 500 万支金笔，笔芯 3 200 万个，墨水 300 万吨，拥有 6 800 名员工，成为当时世界上最大的高档金笔生产企业。

然而，三十年河东，三十年河西，从 1980 年起，派克制笔公司连续五年亏损，到 1985 年亏损额达 500 万美元。1986 年 2 月，派克制笔公司被英国一家公司以一亿美元的价格收买。

派克制笔公司的发展过程有着典型意义。早在 20 世纪 60—70 年代，派克金笔称雄世界，但在繁荣的背后，已是危机四伏。当时，派克制笔公司的许多竞争对手针对美国市场发生的变化，纷纷调整生产策略，转而生产书法笔和价值昂贵的高档笔；同时还利用生产厂家在美国的市场代理商，向美国市场推销其产品，发展势头咄咄逼人。在这股汹涌浪潮的冲击下，派克制笔公司在美国的市场相继被占，销售额大幅度下降。

面对危机，派克制笔公司却不屑一顾，还在墨水瓶里描绘着辽阔的蓝天。为什么？因为当时派克金笔在国外仍享有很高的声誉，而金笔每年的外销量占总销量的70%强。这种繁荣的景象冲昏了派克制笔公司决策者的头脑，他们对国内市场的岌岌可危无动于衷，麻木不仁。在看着许多人上衣兜里别着的已经不是派克笔，签字时亮出的也不是派克笔时，公司自我感觉依然良好。

与此对应的是，公司财务管理松懈，投资目标不明，日常花销甚巨，仅制笔公司的总部大楼，年花销竟达1.8亿美元。到了20世纪80年代初，美元升值了，派克制笔公司的王牌顿时倒地，出口严重下降，公司利润随之锐减，原先被粉饰的弊端暴露无遗……就这样，公司用举债度日代替了过去的事业辉煌。

第二部分　现代管理经典管理格言

箴言1　管头管脚

领导管得少，才能管得好。

——杰克·韦尔奇

1981年4月成为通用电气公司历史上第8任，也是最年轻的董事长兼首席执行官。他所推行的“六西格玛”标准、全球化和电子商务，几乎重新定义了现代企业。在取得成功的同时，他本人也成为世界上最令人仰慕的商界领袖、CEO们争相效仿的偶像人物。

评述

管理者每时每刻都在追寻管理的真谛。作为总经理，韦尔奇曾为公司高层管理人员做了一次别开生面的培训游戏。游戏前一天，他给每个参加者发了一顶耐克帽子和一双耐克球鞋。然后问，今天为什么发帽子和鞋子？员工们说，无非为了明天的登山活动。韦尔奇又问，假如还发衣服乃至内衣内裤给你们，大家会有什么感觉？这时，他们不约而同“嘘”地一声，纷纷摇头说：“不要，不要！感觉怪怪的，好不舒服。”韦尔奇说：“对了！你们不要，我也不该给。”管理之妙就在于只“管头管脚”，而不是“从头管到脚”。

习惯于相信自己，放心不下他人，经常不礼貌地干预别人的工作过程，这可能是管理者的通病。问题是，这个病会形成一个怪圈：上司喜欢从头管到脚，越管越变得事必躬亲，独断专行，疑神疑鬼；同时，部下就越来越束手束脚，养成依赖、从众和封闭的习惯，把最为宝贵的主动性和创造性丢得一干二净。时间长了，企业就会得弱智病。

管理大师杜拉克说，注重管理行为的结果而不是监控行为，让管理进入一个自我控制的管理状态。为了进入这种状态，管理者应该管好“头”和“脚”。“管头”最重要的是解决“做什么”和“谁来做”的问题：管理者应该清晰地描绘企业的未来，聚焦战略路线，把“做什么”这个问题想清楚，并透彻地讲给部下听，给他们指出极其明确的方向。

通过电气公司用六年时间来选一位CEO，可见选人之重要。在“谁来做”的问题上，一定要养成对事不对人的思维习惯，重诚信，重结果。当不良结果已经出现，即使是那些长期在公司忠诚服务的人员，一旦他不再适合原来的岗位，在兼顾到企业“良心”的同时，必须坚决予以调换。

资源到位

美国微软公司项目开发效率很高，其原因之一就是给项目小组配置充分的资源，包括资金、人员、工具等。这是因为，巧妇难为无米之炊。管理企业不是做官，而是做事。身为管理者，必须给部下创造一个宽松、信任并能获得强有力支持的工作环境。韦尔奇说：“我的工作是为最优秀的职员提供最广阔的机会，同时还有最合理地分配资金。这就是全部。传达思想，分配资源，然后让开道路。”合适的人到合适的地方去做事，同时获得合适的空间和资源，这样，员工的潜能自然就会发挥出来。

教练角色

教练是不能上场的，只能在场下作指导。企业管理体制者的角色就像教练一样，应该多一些组织、辅导、制衡，而不是老想着自己上场。可是在日常的管理实践中，一旦面对紧张阶段或者棘手问题，管理者往往会不放心部下的办事能力，把自己陷入到繁琐的事务中去，甚至把事情搞得更糟。殊不知，越是有问题，越应该放手让部下去做他该做的事，越是要让他按自己的方式去实践。错了，让他去体会；对了，也让他去感悟。难事和错事往往最能造就人才。

注重结果

工作结果是衡量成败的唯一标准。就如同进行越野比赛，只要把起点、终点和比赛路径确定下来，每个人都可以按自己的方式去拼。至于谁快谁慢，为什么快，为什么慢，自然会看得清清楚楚。比如，美国有不少高科技公司采取弹性工作时间：不规定员工上午干什么，下午干什么，对于特定的任务，只是给定一个完成期限，具体的过程就由员工自己来安排，最终以结果来衡量工作业绩。公司给予员工足够的空间，员工则回报公司极大的努力，形成一种良性循环。由此可见，把实现结果的过程交给部下，又用过程结果来衡量部下，实在是一种很有效的管理方法。

箴言 2 管理也要“与时俱进”

> 企业从呱呱落地到长大成人必然要经过许多阶段和历程，希望一个管理模式走到头是幼稚的，也是不现实的。
>
> ——李嘉诚

长江实业（集团）公司董事长。运用其独到的经营理念使公司业务扩展到地产、电讯、金融等领域。其财富已经连续 6 年位居华人之首。被人奉为“东方经营者的楷模”、“华商之首”。

评述

企业面临的主要问题无非就是企业如何组织、如何运营，企业的经营目标和发展战略如何制定、如何修正、企业文化如何形成、如何发展，人才如何吸引、如何管理、财务如何结算、如何统筹等等。但在不同的发展阶段，这类问题出现的形式和方式不同，解决的办法也不一样。如果这些问题都解决好了，企业的发展也就顺理成章了。

现在人们对管理重要性的认识已经毋庸置疑，不论走进哪一家企业，都可以听到对优质管理的赞扬和劣质管理的声讨。但仅有这样的共识并不一定能带来管理水平的提高。只要想一想目前绝大多数国有和民营企业的管理相当之糟糕，便知这一点儿也不奇怪了。

这时既不能责怪人们奢谈管理，也不能怪罪人们不抓管理，事实上许多企业管理的失败不在于不搞管理，而在于实施管理的旗号下犯下错误！

到底该怎么学习管理？到底该怎样运用管理呢？

管理不是做给人看的

经营大师艾科卡说，在企业里最重要的决定是由个人而不是由委员会做出的。可是有的企业经常把管理解读为开会、树典型。开会很容易流于形式，有的时候还成了主管负责人推卸责任的一种绝妙方式；树立典型由于在客观性和可模仿性方面都可能有所不足，未必能起到应有的作用，何况一旦有好的榜样得不到褒扬和坏的案例不能及时处置的情况出现，接下来的副作用会像流行感冒一样四处扩散。

管理不是掉书袋子

为了“跟上”管理潮流，许多企业在拼命输入西方管理学经验。从知识普及的角度讲，这是件好事。但是，将管理简单化为几十个概念，将管理定义成去掉企业在业务、规模和层次等方面的特殊性内容，其结论很难对活生生的企业产生有效的指导意义。

管理不是新瓶装旧酒

当前市面上推出各种各样的企业管理模式，有 A 模式、B 模式、K 模式等等，如果不仔细分析便拿来套用，很可能因为脱离了产业背景和人文精神使其没多大意义。如果不知道这些模式应该在什么边界条件下使用，那么，这些教条就是背得再熟也没有用，甚至可能起反作用。

管理创新不是全盘否定传统

据科学家考证，铁路两轨之间的国际标准距离是由测量马屁股的宽度产生出来的。原来英国的铁路是由造电车的人设计的，他把电车轨道的距离标准照搬于火车轨道。造电车的人以前是马车匠，他把马车两轮的距离标准用于电车轨道。马车轮距又是依照古罗马军队的战车轮距制作的。最后追问下去，古罗马人的战车轮距其实就是两匹战车的马的屁股的宽度。他们以两匹马屁股的宽度作为战车的轮距，可以使马车平衡行驶。于是，"古色古香"的马屁股，就成了当今世界现代化铁路的"标本"，而且相沿承袭被当作国际惯例。

从这个例子中可以得出一个启示：不能把传统和创新对立起来。传统的东西不是毫无价值的东西。现在新的、好的东西，将来也会成为传统。

要树立业务即管理的概念

管理的核心内容是业务管理，企业最高管理者关心的焦点应该是理顺业务流程的各个环节并使之效率更高。至于企业的财务管理、人力资源管理，那是为业务管理服务的，企业里这类基础管理的特点必须根据业务管理的特点来决定。

管理要注意阶段性

政治经济学原理告诉我们，生产力必须适应生产关系的发展，上层建筑必须适应经济基础的发展。在企业里，管理就是生产关系，管理就是上层建筑，如果它不能随着企业的业务发展而同步前进，企业的运行机能就不可能协调，企业的综合实力也就不可能得到增强。也就是说，管理的阶段性特征很明显。

企业在发展过程中，必须不断地抛弃过去某些行之有效的东西，同时逐渐吸纳一些新的活力因素，这样才能够“与时俱进”。

还是回到根本，管理不是做给别人看的，加强管理是为了减少企业内部的交易成本，只要这个目的达到了，是否符合理论都是次要的。企业的目标就是盈利，就是要自始至终地争胜不争负，只要能够达到这个目的，不管什么管理模式，哪怕表面上再不“合理”，都应该考虑接受。

箴言 3　寻求渠道差异型优势

> 拥有好的产品不一定能称霸市场，相反，有能力管理不同渠道及其带来的经验和关系，才能使自己与众不同，脱颖而出。
>
> ——迈克尔·戴尔

美国企业家，在管理实践中成长起来的企业家、管理学家，以其成功的供应链管理模式重新定义了现代企业的生产活动，堪称管理思想界的新锐。

评述

远见卓识能缔造一个商业帝国，戴尔就印证了这一论断。戴尔公司 120 亿美元的销售额来自他的一个灵感，即改变过去那种通过零售渠道销售个人电脑的做法，直接面向顾客销售，并按订单组织生产。戴尔创造了一种生产和销售个人电脑的全新渠道。

新的渠道意味着公司不用受制于零售商，也不用承担巨额的库存费用。实际上，它实现了最佳的效用循环：低成本高利润。

戴尔解释道："事实上你得与顾客建立某种关系，利用这种关系得到有价值的信息。将这种信息揉进技术之中，你就有基础平衡与供货商及顾客之间的关系，对通行于各大跨国公司的基本经营模式进行变革。"

其他公司正在追随戴尔，开发新颖独特的营销渠道。许多案例已经证明，这些公司开发和管理营销渠道的能力，正在使所处行业发生革命性转变。越来越多的国际领先公司认识到，营销渠道管理可以改变游戏规则。

营销渠道管理不仅仅是指销售或供给，当然它们也都非常重要，但更重要的，它是一种思维方式，一种与顾客建立新型联系以捕捉崭新商业机会的方式。一个公司与其顾客之间存在各种互动方式，包括顾客怎样及在何处购买商品或服务，又怎样及在何处使用这些商品或服务等，而营销渠道就是这些互动方式的本质。

因此，不管顾客身在何处以及是否愿意被接触，营销渠道管理是一种接触和了解他们的系统化方法。营销渠道管理要确认公司最重要的顾客，要完善与顾客的关系。

通过市场细分渠道向顾客输送增加值

营销渠道管理包含五个循环往复的基本步骤：了解顾客的购买和拥有需求；进行顾客分类，并为每类顾客开发营销渠道的新概念；进行测试以明确新概念的盈利能力和竞争能力；一旦开发成功就迅速推广实施；研究实施成果并重新定位以增强对顾客的了解。然后开始新一轮的循环。

营销渠道管理的关键，是以增加购买价值的方式直接面对最终顾客，使其重复购买，就是说要培养顾客对产品的忠诚。为此，公司必须能够广泛了解顾客的消费经验并开发对顾客的观察能力，后者有赖于不断贴近顾客。

例如，在美洲银行，经理们可以进入银行的客户数据库。通过对每个顾客进行形象及行为分析，经理们就能确定哪个顾客喜欢哪种产品，并即时提供到位的服务。英国航空公司的软件能针对头等舱、商务舱客人以及常客的喜好，提供从饮料、报刊到电影等一切服务，根本不需要客人提出要求。

对详尽的顾客数据进行分析，使公司能更有效、更省力地锁定特定的顾客，必胜客发现常客的年人均消费额达 600 美元，于是公司就集中力量来吸引和留住这批常客。

营销渠道管理要求公司将市场尽可能细分，以便为每个细分市场度身定造专门的营销渠道。这里的关键是把大顾客群细分成小顾客群，这就要求公司重新思考创造价值的方式。为此，必须将服务和营销渠道功能分成一个个独立的元素，从而为目标顾客提供正确的服务及营销渠道组合。

在汽车行业，制造商必须了解当地市场、新车销售、信用状况、零配件供应以及售后服务等，只有在这个水平上才谈得上为每个顾客群提供正确服务。当通用汽车公司宣称能为每个人提供汽车时，表明它已根据个人钱包的大小将顾客分成了不同群体。

区分顾客群有许多技巧，包括产品特征、需求分析以及生活方式。这些技巧基本上都涉及同一个问题，就是顾客在决定购买时是怎么看待产品的。

营销渠道管理永无尽头。不断地学习，能够带来对顾客的新认识、新分类，从而不断演变出新的营销渠道。学习要求灵活和勇于创新，还要放手尝试，并且能积极面对失败。

箴言 4　战略定位决定经营策略

> 对创业型的企业来说，建立正确的市场定位和明晰的战略发展目标是经营成功的一半。
>
> ——阿尼塔·罗迪克

发明团体的创建者和合伙人,《重整你的背包》、《目标的力量》、《发明者》和《生存技能》的作者。罗迪克是一位演讲家、作家和研讨班领袖,他在职业发展领域中的领导成就得到了公认。

评述

许多新创立的企业在对自身发展战略的思想上常常存在分歧。企业需要明确自己的市场定位:公司是建设成一个以什么为目标的企业。很多技术型的公司在创立之初对于自身的定位不是非常清晰,对于未来的发展没有一个明确的战略规划,企业常常徘徊期间。其实公司的主营业务是什么?公司目标客户是谁?公司如何切入市场进行运作?公司的优势是什么、劣势是什么等等的问题,是所有创业期的公司都必须反复思考的。在模糊的定位下,当市场机遇来临时,企业会非常彷徨。许多公司就陷入了这种局面,从市场上传来的好消息,眼看几年的心血和投入就会产生回报,却不知道通过什么途径获取收益。通常会有两种错误的局面产生:①企业希望自己能把握所有的机会,盲目乐观,不考虑自身的资源是否充足,不考虑自身的资源是否具备拓展和运作不同领域的条件。最终放弃了主业,进入自己不擅长的领域;②由于没有审时度势,面对机会无所适从。轻易地将送到面前的机遇拱手相让,失去了发展的契机。

有些人认为一套好的运营模式(会员制营销),保证了企业能够进行持续性发展。其实不然,一个企业能否在长期发展和短期利益之间获得平衡,能否获得可持续发展的能力,其中很大程度上取决于企业创建的时候有一个明确、清晰的发展战略、发展目标,并且把它们贯彻在整个的企业经营中。戴尔电脑公司直销模式的成功,让惠普、康柏羡慕不已,纷纷效仿。然而最终都失败了。究其原因,戴尔电脑自创立起,就明确了自己的定位和发展战略,因此它的组织设计、生产管理、供应链管理都是围绕公司的发展目标、发展战略来制定的，这就是戴尔电脑可持续发展的核心竞争力。

在创业的企业中发生意见分歧是非常寻常的事，但是如果分歧关系到企业的发展战略，那么必须要谨慎。在如今的市场中，公司的发展方向是非常关键的。在面临这种分歧时，通过什么才能统一认识、建立标杆呢？有以下几个原则：①从产业发展的趋势去分析；②从企业自身的核心能力、核心竞争力去分析，核心竞争力是一种比较优势；③以市场中客户为出发点考虑问题。从这几个原则出发，就目前所遇到的具体环境做出企业认为对的选择，而不是个人认为对的选择。放弃个性争执，明确一致的目标，对公司下一步发展非常重要。

市场推广取决于目标客户的要求，在确定好了公司定位、公司战略后，企业经营管理策略的问题才能有效解决，也可以防止出现彷徨期间的局面。其实在产品研发之前就必须明确公司的目标客户是谁？公司产品的市场在哪里？（而许多企业往往先有产品，再去寻找目标客户，然后在销售的过程中了解客户的需求，找到明确的市场定位，制定策略，这中间会浪费很多企业的资源。）哪些不是公司的客户？要做到有所为，有所不为！美国西南航空公司的目标客户非常明确：①自费旅游的人；②中小型公司出差的人。除此以外的客户，公司通常推荐他们享受其他公司的服务。明确目标客户之后，企业就能朝着正确的方向制定有效的产品、渠道、价格、营销推广等方面的策略，而所有的这些策略都必须围绕市场的定位和目标客户来制定。

总之，创业初期的企业不但自身变化发展快，不确定性的因素多，而且面临的环境更是日新月异，所以只有因地制宜、因时而异，不断提高自我和进行创新，才能不断地取得经营成功。

箴言5 知识管理战略

知识管理在越来越多的企业里面已经上升到了战略的地位，毕竟持续的成功依赖于有效地利用和管理知识资产。

——道格拉斯·史密斯

有关组织行为、革新和变革的撰稿人和顾问，也是地平线组织的合作者。他的一套组织设计原则被《财富》杂志称为“未来50年的模式”。

评述

据美国生产力与质量中心新的基准研究报告表明，企业开始发现他们拥有一个巨大的知识、技术诀窍和最佳实践的财富宝库，而他们却没能利用。如果这些信息被开发，那么会降低数百万，并且可在速度、客户满意度和组织能力上有巨大收获。

在知识时代来临之际，员工的作用正在改变：“知识型人才的多功能性是实现容纳更多的个人客户需求的动力，而这些个人的需求是细化的现代市场所要求的。”

最近，布莱克特对一些知名企业进行研究，确定了一系列先进的商业惯例，他预计会成为日益显露的知识经济的普遍标准。

该研究员还注意到一个“融洽的环境”的重要性。的确，它认为所谓的外因围绕着过程，激励它或破坏它。这些外因包括：战略与领导、技术、文化和评估方法。人们已经认识到，外因不被充分理解是目前知识管理战略和实践难以实施的原因之一。

布莱克特总结了在调查企业中出现的几种知识管理战略：将知识管理作为一种商业战略；知识与最佳实践的转移；以客户为重点的知识；个人对知识的责任；智力资产管理；创新与知识

创造。

将知识管理作为商业战略的公司(最全面的、遍及整个企业的方法)认识到,知识管理是他们长期发展和竞争能力的关键。根据这项报告称,“他们几乎不需要为这个概念制定一个商业案例。他们通常有一个正式的‘知识王国’,而且把重要的资源嵌入所有的业务领域,从而确保持续增长的知识可以到达和贯穿他们的员工、操作过程和产品。”这些公司常常将知识看作是一种产品。他们开展知识管理时,深信知识管理将会对企业的收益率和生存能力产生显著的直接的积极影响。

在参与调查的企业中,最普遍的战略是知识与最佳实践的转移战略,其目的是改善管理或把知识融入到产品与服务中。这包括获取、组织、重构、存储或记住以及分配知识的系统与实践。这些公司认为,这种战略能使他们大大地减少周期时间和成本,增加销售量,“并更有效地用组织的知识瞄准客户的需求”。大多数公司强调了团队、关系和网络的重要性,并认为它们是有效转移的基础。他们也采用了多种方法鼓励合作知识的转移,其中包括:学习型组织、网络结构、实践中心和实践社区、吸取的经验。

首先,以客户为中心的知识战略,其目标是捕捉、开发和转移知识,并且理解客户的需求、偏好和业务。这种努力能够促进销售,并且“把组织知识瞄准了客户的问题”。这种战略承认了我们能从我们的客户那里学到知识,而且我们理解他们的需求越透彻,我们解决他们的问题也就越有效。

当企业尝试确立个人对知识的责任时,他们意识到:必须支持个人,而且个人对确认、维持、扩展他们自己的知识,以及更新、分享他们的智力资产负有责任。这是一种“拉”战略,是依靠个人的主动性,而不是组织。

参与这项研究的企业意识到,让每一位员工有执行高水平工作的知识和能力的“底线”的价值,但他们也理解发展这些技能基本上是依靠个人的。智力资产管理战略围绕着专利、技术、操作实践和管理实践、客户关系、组织结构和其他知识资产。“管理重点集中在更新、组织、评价、安全保护、提高这些资产的可利用性，并使其市场化。”例如，道氏化学公司已经建立了这些资产的清单；斯堪开发了一套评估系统，该系统突出了智力资本开发和价值创造中的细微之处。

最后一种战略——创新与知识创造强调通过基础研究与开发，以及应用研究与开发来创造新知识。实施这种战略的公司表达了他们“在知识螺旋中攀登，并不断发现新的更好的工作与创造的方法”的需求。他们认为，创新是成长的核心，独特的知识和专家经验加强了他们在市场中的竞争价值。

箴言6　卓越领导来自对困境的理解

> 管理绩效的好坏，很大程度上依赖于管理者本人对于工作压力和困境的理解以及回应能力，也就是说善于自省的管理者更有望成为富有成效的管理者。
>
> ——弗雷德里克·赫兹伯格

美国犹他大学管理学教授，研究激励问题的知名学者。在匹茨堡大学取得理学博士学位，曾任美国凯斯大学心理系主任。赫兹伯格的主要学术著作包括：与莫斯纳和斯奈德曼合著的《工作的激励因素》、《工作与人性》、《管理原则》、《效率还是人性》等。

评述

无疑，对于管理者而言，是否能够成为卓有成效的管理者，关键的一点在于其对自身工作的内在洞察力如何。

现在，来看一看我们所关心的以下三个方面：首先，我们来看与管理信息的口头性质相关的管理困境问题——授权的两难，信息在一个人头脑中的集中、与管理学家一起工作的难题等，无疑，将组织的信息库集中在管理者的头脑中是非常危险的，一旦他们离开，自然也会带走他们的记忆；同时，当下属们缺少与其主管口头交流的机会时，他们便会处于缺乏信息的不利地位。

管理者面临着去寻求如何共享权威信息的系统之路的难题。重要下属的例行汇报、每周有关记录资料的整理、有限范围内的日记交流以及其他类似的方法，会使这一问题得到相当程度的缓解——而当决策必须被制定时，传递信息所花费的时间要比重新获得信息的时间还要长。当然，对此有人会提出保密性的问题。管理者在工作的压力下承担了过多的任务，鼓励打搅、对任何刺激都反应迅速、追求有形避免无形、对小事决策和快速做一切事情。

同样，管理者也面临着来自日常事务的压力。他们必须认真对待每一件事；利用各种分析资料；有时不得不做出必要的让步，以寻求所谓的"退一步海阔天空"。尽管富有成效的管理者能够对大量的各种问题做出迅速回应，但是，其中的难题在于，管理者将会对不同的问题同等对待（同样迅速），从而，难于将大量的支离破碎的各类信息综合成一个整体。为了进行这种综合，管理者可以借助各类专家的学识来进一步完善自己的模型。如经济学家阐述了市场的功能；相关的具体操作研究人员模拟了财务流程；组织行为学家解释了个体的需要和目的，等等。所有这些模型的有益之处都在于能够被视察和学习到；在处理复杂问题时，资深的管理者能够凭其与组织内的管理学家的亲近关系而获益甚多。这些管理学专家拥有重要的、管理者本人缺少的资源，那就是时间，管理学家们有时间去钻研那些复杂问题。有效的工作关系能够解决那种被我和我的同事所称谓的"计划的两难"问题。管理者拥有信息和权力；分析家们则拥有时间和技术。从而，当管理者学会让信息共享、分析家懂得适应管理者的需要时，二者之间和谐的工作关系便会一显身手。对分析家而言，适应需要就意味着少去注意方法的形式华丽与否，而多去关注其速度和可行性。

分析家能够帮助高层管理者制定时间安排、提供信息分析、进行项目监测、开发新的模型，以帮助选择、对可预见的难题设计应急方案、对不可预测的问题提供迅速而不加修辞的分析，等等。但是，如果二者间不能很好地合作，从而使分析家游离于管理者的信息流之外，分析家便不能提供上述的帮助。

管理者还面临着如何控制自己时间的难题。他们通过将分内职责转化为优势，将欲做之事转变为分内职责来实现这一控制。据研究，执行官们只主动进行其分内联系的32%(另外5%为双方协议)，而在相当程度上他们致力于调控自己的时间。有两个因素促使他们这样做：

首先，管理者要花费大量的时间去"推卸"，因为如果事事面面俱到的话，最终他们将一无所成。失败的管理者抱怨职责本身的过失；而成功的管理者则有效地将分内职责转化为可利用优势。一次讲学可以成为向公众进行解释的机会；一次会议能够对一个绩效不良的部门进行改组；探访一位重要的客户可以获取有用的商贸信息，等等。

其次，管理者要留出一部分时间来做他或她认为是重要的、必须划归自己职责内的事。时间不是原本就有，而是挤出来的。指望能留出一部分时间去思考或进行总体规划无异于期望不再有工作压力。希望有所创新的管理者常主动提出计划，并责成他人收集反馈意见；需求特定信息的管理者建立能使其自动获取该信息的渠道；必须进行某种公关的管理者则可以借此使自己成为公众人物，等等。

箴言7　基于核心竞争力的变革

> 变革战略管理也是一个核心竞争力的辨识和评估、培育和提升以及再评估的循环过程。
>
> ——伦西斯·李克特

美国现代行为科学家。曾就学于美国密歇根大学，取得文学士学位；后至美国哥伦比亚大学攻读研究生课程，获理学博士学位。主要著作包括《管理的新模式》。

评述

许多企业已经普遍意识到市场竞争的持续制胜之道，就是在产品功能、质量、成本、服务等满足顾客需要的要素方面，比竞争对手做得更强更好。那么，怎样才能实现呢？企业成功和失败的经验说明，用有限的资源，做自己最擅长的事，就可以在竞争中领先对手，保持企业的持续发展。人们对这些成功和失败的企业进行分析，逐步形成了对核心竞争力的宝贵认识。

核心竞争力是在一组织内部经过整合了的知识和技能，尤其是关于怎样协调多种生产技能和整合不同技术的知识和技能，实际上是隐含在核心产品（核心零部件）里面的知识和技能或者它们的集合。

核心竞争力是企业持续竞争优势的源泉，然而它本身不会自动转化成竞争优势。如果没有相应的机制和条件加以支持，核心竞争力将一无是处，毫无价值。也正是基于这一点，如今人们又把核心竞争力的外延拓展到企业的方方面面，包括各个职能系统，而不是像过去那样主要局限在研究开发和产品生产上。

在核心竞争力的观念进入企业领导人的意识之前，核心竞争力的形成，是一种无意识的企业行为的结果。其形成和成长的速度和强度，同企业有意识的塑造和提升行为的影响相比，要慢得多，弱得多。与此相比，根植于核心竞争力观念的企业领导人，往往能够在认准市场需求和产品技术变化趋势的基础上，对企业的核心竞争力进行准确定位。然后他们建立相应的企业机制，配备相应的环境条件，来塑造和提升核心竞争力，并将其转化成竞争优势。同时，这一切反过来又进一步增强了企业的核心竞争力。

培育和提升核心竞争力,并把它转换成竞争优势的机制,一般包括企业的组织结构和流程制度,而管理风格、企业文化和资源状况则构成了转换环境。成功的企业往往能够完善这种转换机制和环境条件,从而实现以核心竞争力制胜。

变革战略的管理是一个包括辨识变革需求、确定变革目标、实施变革措施和衡量变革效果等步骤在内的循规蹈矩、周而复始的循环过程。从核心竞争力的角度看,变革战略管理也是一个核心竞争力的辨识和评估,培育和提升,以及再评估的循环过程。

辨识变革需求,就是要回答"是否需要变"的问题。变革的最终目的,是使企业能拥有持续的竞争优势,从而能在剧烈而多变的市场竞争中取得主动,实现持续经营。作为持续竞争优势的源泉,核心竞争力自然成为辨识变革需求的出发点和落脚点。面对竞争环境的变化,变革的始作俑者首先需要根据核心竞争力能否转换成持续的竞争优势,来判断变革的必要性和迫切性。

确定变革目标,是要回答"在哪些方面变,变成怎样"的问题。变革的首要问题是企业的业务或者业务组合是否需要变?核心竞争力基本上决定了这个问题的答案:建立在核心竞争力基础之上的业务可以发展,否则就不要涉足;甚至是在企业现有的业务中,如果存在其核心竞争力已经消亡的,也要忍痛割爱,将其从业务组合中裁减掉。

核心竞争力是否能转变成竞争优势,取决于相应的转换机制和环境条件是否促进这种转换。因此,在确定变革目标的过程中,还需要对企业的组织结构、流程制度、管理风格、企业文化、资源状况等进行评估,按照是否有利于促进培育和提升企业的核心竞争力,进而向持续竞争优势转化的标准,决定在哪些方面进行多大程度的改革。实施变革措施,实际上是解决"怎么变"的问题。在决定"业务组合是否需要变",以及"在核心竞争力的培育、提升和转换的机制和环境条件上，有哪些方面需要做多大程度的改革”等问题之后，就可以制定和实施具体的变革措施。

基于核心竞争力的企业战略，并非一定就是专一业务经营的战略。企业决策的关键，在于所经营的业务是否建立在自己的核心竞争力的基础之上。实施基于核心竞争力的变革战略，在考虑核心竞争力的基础作用的同时，要以人尤其是企业高层的变革为突破口。成功的变革大多是由高层发动、自上而下的，并且拥有一个推动变革的灵魂人物，许多成功的公司都在高层推动变革方面也做出了极大的尝试。

第三部分　现代管理经典管理论文

业绩评估千古，业绩管理长存

Moncij，Williams

编者按：所谓的业绩评价，其实不是一个个刚刚出炉不久的新概念。早在1800年，英国工业家罗伯特·欧文就已经将之系统地运用于实践了。当时，欧文在苏格兰他的棉纺厂中就曾使用过“品质书”和“品质块”来进行业绩评价。所谓的“品质书”记录了每个工人每天的生产报告。“品质块”则是一些不同颜色的木块，置放在每个工人的工作台上，以表示这个工人的工作好还是不好。

无论在公有或者私有的领域的现代人事管理中，采用业绩评价的体系有两大理由。首先，通过评价可以把对员工的期望明白无误地公之于众。如果运用得当的话，更可以巩固和提高雇员的工作表现。其次，通过评价可以使人事管理部门改进人事管理的方法和技巧，更可以为人事决定奠定客观的基础。

本文发表于1997年。作者对业绩评价的作用提出了不同的意见，主要看法有如下几点：一是业绩评价往往会走过场，蜻蜓点水，不痛不痒；二是只重形式，不求实果；三是重要问题常常一笔带过，甚至只字不提。在作者看来，与这种单向、呆板，往往作一次应付一下就算了的业绩评价相比，业绩管理由于是一个双向的、持续不断的观察、对话、思考、计划和指导的过程，其效果明显地优于前者。

如何实施业绩管理呢？作者根据实践中总结出来的经验，提出了九条建议，其关键就是管理层和员工之间必须保持良好的沟通渠道。套用作者的话来说，"一位经理必须要尽量地接近员工，对每一个员工的表现都要负起比以前更多的责任"，因为"没有员工，我们就无法达到我们的目标"。所以，"我们也许都应该学会和他们打成一片，尽我们的能力，满腔热忱地帮助他们，使他们少犯错误，少走弯路"。

译文

一位经理一生最令人恐惧的时刻，除了接到上司对自己的业绩评估意见之外，恐怕就是对别人作出业绩评估了。这也难怪。从最坏的角度着眼，一份业绩评估充其量也不过是上司对下属的一份业绩报告卡片，对下属的工作是否适合的一份判决书。业绩评估的信息内容，不管其篇幅多长，不管文字多么华丽，其实只可以用一句话来概括："你的不足就在这里。"也许最有虐待倾向的人，给坐在我们办公桌对面的那些惴惴不安的下属出示这样的东西才会有某些快感。

以另一个常见的情景为例：几小时的准备，随着人数的不断增加而增加的一堆堆文件，而每一份文件都是想对他们作出业绩评估的经理所写的业绩报告，这个刻板运动的高潮，就是人们心照不宣之中达到：所有人的业绩都平平，但没有人感到难为情。这种机械刻板的运动，就好像《怪爱博士》或《第 22 条军规》等小说中描述的景象，而不是发生在那些管理有序、开创新事业的企业中真实的事。

这样就不可避免地会引出两个问题：企业应该如何对待员工的进步问题，以及管理专家应该对业绩评估的传统方式所存在的不足要有清醒认识的问题。其实，这些管理专家在大约十年之前就已经认识到这些问题。一心追求效率的行政管理人员和一心要帮助他们追求效果的顾问人员，都看到了我们大家多年来看到的事实：过时了的业绩评估本身，既对员工个人没有什么益处，也无助于企业取得既定的目标。

像明尼阿波利斯专门负责人才资源咨询和训练的机构——国际人事咨询公司和匹兹堡一家咨询和训练公司——国际发展咨询公司，一些专家以及越来越多的顾问人员和具体的行政管理人员，都将这种业绩评估以及业绩评估中的单向反馈方法视为“陈旧”的方法，是那种因新竞争机制的引进和员工期待的改变而显得“过时”的、以工业为基点的管理体制的“遗产”。

因此，忘却业绩评估，欢呼一种体现创新精神的业绩管理时代的到来。业绩评估是一种单向的、一年一度的业绩报告，而业绩管理是贯穿于整个年度的、双向的、连续不断的观察、谈话、思考、计划和指导过程。专家们对业绩管理颇多好评，认为：实行业绩管理，摒除业绩评估，不仅能够提高公司员工和公司整体的业绩成就，还会使公司经理省去许多宝贵的时间，使他们不会有焦虑心情。尝试过业绩管理的经理们都持赞成态度。

业绩管理理论

对员工的业绩评估，依然是业绩管理的基本组成部，这种评估专家们称之为“授权性”(Empowering)评估，而不是“鉴定性”(Evaluative)评估。业绩管理将对员工的业绩评估与双向反馈、发展方向和目标设定等结合起来。当人才资源专家们多年来一直试图将对高级管理人员的鉴定与公司整体业绩结合、发展方向、目标设定，与所有员工的经济目标、策略目标结合在一起。

业绩管理的关键之点是，越来越多的公司所实施的这些新机制，事实上能够“监督”员工取得业绩的程度。在以前的业绩评估体制中，公司不关注诸如顾客满意程度以及公司在市场中的地位等宏大目标或策略目标，公司只对员工说明应该做哪些具体事情，向他们说明这些目标，然后对他们的行为以及他们所完成的数量指标进行“评估”。

在这些新业绩管理体制中，评估不是结束而是一种开始。经理与员工一起讨论商定公司员工的技术不足以后未来几年员工所需要的新技术。有了这种方向，员工可根据自己的情况制订出自己的发展规划和培训计划，使自己掌握新技术，更好地取得既定业绩。

业绩管理实践

在一家拥有14个零售公司和5个批发公司、年销售额达到100亿美元的有限公司里，两年前实施了一种新的业绩管理体制，代替了员工的数量指标来进行业绩评估的体制。这家公司的副总裁 Bob Myers 说，公司当时处于转变的关键时刻，无法保证部门经理能够发展公司必需的技能来帮助公司迎接目前和未来的市场挑战。这家公司在很久之前就成了经营权下放给部门经理的企业，当时，就已经进入了一个地位更加巩固的时期，部门经理对完成公司的整体战略目标作出更大的贡献是负有责任的。

这家有限公司在国际人事咨询公司的帮助下，确立了公司经理应具备的19种能力，包括战略思考、策略计划和策略执行。Myers 说，在这些方面对部门经理实施新的机制来评估，其结果是使经理的个人业绩有了改善，原因很简单："之所以人们的业绩都得到了提高，是因为他们得到了更好的指导。"

南卡罗来纳的格林维尔医院集团公司，在两年前实施了国际发展咨询公司为他们设计的综合业绩管理体制，也有了类似的效果。该医院系统为了对本地区的所有医院进行统一的开支费用控制，用确定"方向"的机制代替了以前的业绩评估机制。医院集团认为这种业绩管理会有助于员工通过具体的行为来完成目标。

除了开支费用控制之外，他们的目标还包括对病人的优质服务、员工之间的合作和员工的工作主动性等方面。对员工的具体行为表现，根据他们对公司目标的相关程度的大小，分别确定不同的指数。实施的新机制也包括对经理有极大兴趣的那些因素，如处理文件、拟写报告、收发电子邮件等。员工——不是经理——记录并报告他们自己对所要求的行为的完成情况。

该医院集团公司材料管理处处长 Jack Macauley 说，将医院对员工的业绩评估和员工自己的主动性与集团公司的评估结合起来，使开支费用控制的目标更容易完成。“要控制开支，采购人员必须与医务人员合作，医务人员也必须与采购人员合作。没有人能够单独采购。业绩管理培养了员工之间、各部门之间的合作精神和团队精神。”

新机制实践的关键问题：与员工的谈话策略

事实上，试图影响员工业绩的经理不总是要有详细的规章制度作为后盾。最有效的业绩管理方法，是在长期实践中得来的那些有效经验，并将这些经验加以推广执行。最重要的是，这些新方法为业绩管理中最基本、最困难、最关键的部门提供了详细的策略：如何与员工进行谈话。

(1) 你的座右铭应是：始终采取平等谈话的方式。业绩管理的关键：“如何与员工进行谈话”中的“如何”两字，其实就是“何时”两字(对谈话时间的把握)。业绩研究者长期以来使用的“如何”这个词，其含义就是“时常谈话”(Continuous Conversation)。业绩管理的倡导者建议，在一年之中，经理应该就每一份业绩报告的内容进行 3—4 次的相关谈话。在每一次谈话中，至少要涉及业绩“评估”问题——回顾一下以前所制定目标的进展、完成情况，而不是等到年终一次性地进行总结回顾。

时常得到反馈信息，使员工在完成这些目标的努力过程中能够有机会对自己的行为进行调整。匹兹堡一家人才资源咨询公司的人才培训公司总裁 Jane Schenck 说“员工就像一颗导航导弹，其航道要根据需要不时地进行调整。”匹兹堡的人才天然气公司的执行副总裁 Thomas Wester 说：“业绩评估不是一个事件，它不是分离的孤立体，也不只限于我公司要求的形式程序。而真正的目的是各形式程度之间所产生的结果。”

(2) 就期待问题进行交流磋商。Wester 说，“缺乏交流就意味着员工会以他们自己的方式来填补空白。"但是，在员工像一个成熟的团队成员那样的合理期待与他们能够理解你的意图之间会有一大段的距离。Wester 因此说，"管理人员的角色是就期待和原因的问题与员工进行交流磋商。"

在这个方面，反馈和磋商之间存在着很大的区别。反馈是最常见的作为单向数据积累的方式使用，这种方法很可能使员工产生戒心。国际人事咨询公司的 David Peterson 说："反馈可能是对过去业绩行为的信息交流，但是，按照传统的做法，它不包括对期待的信息交流。所以，反馈对提高企业的远见不会起到什么作用。"

对于一个角色起了变化的人——比如说生产经理成了总经理——来说，期待的交流磋商显得尤其重要，也十分有效："我们看到，你是一个很好的团队领导，准时完成生产任务，并能控制住开支费用。现在我们需要你统领这个行业——将重点放在这个企业的财务形象上，考虑考虑企业的利润从何而来吧。"

(3) 积极的反馈必然富有成效。工业心理学家(以及婚姻咨询专家)都认为，人们对以三比一的比率提出的批评(三份表扬，一份批评)最容易接受。

(4) 过去业绩的评价与将来的目标相结合。过去的事情已经过去，员工是无法改变的。但是，过去的事情对今后的事情却有影响。因此，在和员工谈话的时候所采取的最有积极意义的态度，是将重点放在将来他们所要做的事情上。"如果我们过去没有完成 X 目标，我们就来看看没有完成这个目标的原因是什么。这些目标是不是制定得不够现实？要完成这些目标，是不是需要其他的必要技能？这些技能是不是在以后的这一年里培养出来？"

(5) 不要摆老板的架子。不要摆老板的架子，要当一名教练。注意上面的例子中所用的人称代表词是"我们"。国际人事咨询公司的 Peterson 说，确保员工不存戒心或对你的评论不反感，最佳办法就是"建立平等的伙伴关系"，使经理成为教练，并将这种教练角色贯穿于经理与员工的关系中。

国际人事咨询公司的顾问们致力于训练人们对“教练时刻”(Coachable Moment)到来的一种敏感性，这种教练时刻给经理向员工展示一种富有智慧印象的机会。

业绩管理的内涵，当然不止于只与员工进行平等的谈话，还表示出经理的态度问题。Wester 说，他认为这涉及经理和员工彼此之间的关系问题，在业绩的实际管理中，经理与直接报告人之间的关系，就像是经线和纬线那样交织在一起，是不可分割的。他说，“业绩管理工作，就像运动场上的教练工作那样，是一种艺术。”

(6) 重点在于行为，不在性格。假设其中一个向你报告的人是 Sally，她是一个技术天才，但是她说话有点虚伪做作，总想向人们表现她比同事聪明，自认为这样就显得比别人优越。在最近一次会议上，她打断 Joe 说话，并纠正他说话的错误。

会后，经理所具有的第一个“教练时刻”就是他能将 Sally 的注意力引向那次谈话的内容，而不是指出 Sally 令人讨厌、傲慢自大、盛气凌人或采取其他伤她感情的行为。Sally 的经理应该只这样问她：“你刚才是否意识到你是在打断 Joe 说话并且纠正了他的错误?”

(7) 帮助员工将着眼点放在自己的行为令人满意或不令人满意的结果上。时常反馈，还应该包括增加员工的信心来实施公司认为有助于完成公司整体目标的行为上。因此，经理应该同员工说：“你在处理顾客的投诉上表现出主动性，将产品运回给我们而不要顾客花钱。”

Sally 所在公司的经理可能会问她：“你这样做使 Joe 和其他人对你有什么看法?”这位经理也许会注意到人们对所谓的“无所不知先生”总是退避三舍的，如果 Sally 一再重复同样的行为，她会发现她很难在公司里得到晋升，也很难摆脱困境。

国际人事咨询公司的顾问称这种情况为“使反馈相关”(Making Feedback Relevant)，但是，Wester 说这是常识。他说:“每一个人看世界都有各自不同的参照系,”因此要设法找出并利用他们的参照系。Wester 也许会接着问 Sally 她的人生目标是什么?她要别人怎样看她?她可能会这样回答:“我要别人把我看成是本领域里本领最过硬的技术人员。”Wester 也许会接着说:“那么,我认为你是正朝着这个方向发展的。但是,我的问题是:要以什么为代价?”

(8)将发展问题的谈话与补偿问题谈话相区别。一次谈话是对过去的回顾,一次是对将来的展望;一次是关于公司未来的前景,一次是关于公司目前的景况。Bob Myers 说:“每一次谈话都有太多的信息需要消化处理。”而且,当员工考虑着自己工资增加的幅度或没有增加工资的时候,叫他们将心思集中在公司的发展目标上,这个要求就显得太苛刻了。

(9)检查自己的偏见,使它们从业绩谈话中消失。Wester 喜欢用趣事、逸事来与员工谈话,其中一则关于他本人的亲身经历也许最有教育意义。他当时正与一位员工在进行业绩谈话,在此期间,他简略地谈了谈对公司业绩的期待。Wester 说:这位员工“暗示了这些目标可能过高。我就以管理人员的身份给予一般的回答:‘我要你做的不是我愿做的事情。’这位员工说:‘你说得对。但是,你就像一个婊子娘养的一样在驱赶着自己。’”

从这次谈话中,Wester 学到了这点:要对他人作出期待,自己道德要对此提出质疑。“业绩期待必须以公司的业务需要和员工的实际能力为基点。”

那么,经理的职责是什么?

公司能完成目标,不是依靠数字,而是依靠那些做具体事情来书写这些数字的员工。这就是说,经理必须尽量接近员工,尽量对每一个员的业绩要负起比从前更多的责任。

作为经理的我们,没有员工就无法完成目标,因此我们不妨学会与员工一起生活,尽一切可能来帮助他们做应做的事情,并且乐此不疲。

公共关系与市场营销

Philip J. Kitchen

编者按:公共关系与市场营销之间是否存在事实上的界定?这一直是公关营销界探索的一个问题。市场营销人员认为公共关系是现代营销 6P 中的一个 P 即(Product. Place. Price. Promotion. Political Power. Public Relations),它是起一种辅助的作用。公共关系人员认为公共关系是“完全企业与企业主要公众之间进行信息沟通的媒介”,它对企业营销而言“具有更加策略性的作用”。

本文的作者认为,公共关系是一种管理活动,它具有管理的一般要素,即分析、策划、实施和控制。“而市场营销是另一种管理活动”,是策划,并实施企业思想、企业产品和服务、产品定价、产品营销的过程,其目的是创造一种交易活动,以满足消费者个人和企业目标的需要。毫无疑问,这种交易活动不可避免地以与目标公众群体的交流为基础。“而与目标公众群体的交流活动以管理为目标,需要分析、策划、实施和控制”。由此可见公共关系与市场营销紧密相连。

本文的作者首先回顾了人们对公共关系与市场营销之间关系的认识过程,不同的认识迸发出不同的思想火花。“营销公共关系”的产生,表明了公共关系与市场营销趋于“互相融合”的趋势。本文作者接着通过各种途径的调查研究,旨在搞清公共关系与市场营销这两者之间的内在联系。研究发现,公共关系的主要对象是企业内部的员工、各种媒体、顾客或消费者、政府机构和工会组织等。市场营销的主要对象是企业内部的员工、顾客或消费者、工会组织、代理商或交易伙伴。因此,就营销层面而言,“公共关系与市场营销之间发生了相互作用”。通过调查研究还发现公共关系有成为整合传播的一个组成部分的趋势。什么叫整合营销传播?它是指以消费者为导向的,统一整合的传播。显而易见,在 21 世纪,公共关系在市场营销中会起更重要的作用。

本文作者最后指出,公共关系和市场营销是企业对内、对外信息交流的平衡体，缺一不可。市场营销会去继续充当企业进步、发展壮大的"驱动力"的角色。公共关系则"与各种公众群体进行交流、建立关系，也在营销组合中成为最主要的推销手段"。

译文

为什么公共关系会有利于达到市场营销的目的？公共关系与市场营销之间的界限如何确定？这两者之间是否存在着事实上的界限？假如存在着界限，这个界限是由于同时来自公共关系与市场营销的不同功能特殊性使然呢？抑或主要是因为学术辩论使然？本文就是要探讨公共关系与市场营销之间的相互作用问题。公共关系和市场营销之间的相互作用或相互关系的问题，一直是比较含糊，也容易引起争议的问题，这样说应该是没有错的。争议的焦点主要在于公共关系和市场营销这两种活动的作用和界限问题。市场营销的从业人员和研究人员都倾向于将公共关系作为市场营销的一个分支领域来对待——这个分支领域主要关注的是通过宣传活动以有助于实现营销的目标。这种观点基本上忽视了公共关系具有更加策略性作用的事实。公共关系的这种策略性作用，是公共关系从业人员和研究人员都接受的，他们把公共关系看作是完成在企业环境里企业和主要股东这个公众群体之间的一种中介活动(Gruning & Hunt, 1984; Gruning, 1992; Kitchen & Moss, 1995)。本文的第一部分回顾大量的研究文献，并对公共关系的发展进行评论；第二部分描述从对英国 7 家主要 FMCG 公司的数量研究中获得的研究设计和研究结果。在对每一家企业的问卷调查中，都取得了高级公共关系/公共事务从业人员和高级营销人员就这个方面的"反馈信息"，其目的是对这些"反馈信息"进行比较研究。研究结果发现：这两类人员之间的意见分歧不大；这说明迄今为止，在企业层面上，这两类活动之间不存在明显的差别。这些差别显示了在这个没有得到详尽探索、但十分关键的领域里存在着相当模糊的本质，而这种性质对当今混乱的竞争环境中的交流而言却是至关重要的。

公共关系与市场营销之间的辩论回顾

公共关系与市场营销，必然同与公众群体、交流对象或企业内部或外部的交流观点相联系。正如 Heilbroner(1985)所说，公共关系本身就有很多种定义。他说："公共关系是一个兄弟会，在这个兄弟会中大约有 10 万个会员，他们的共同联系是公共关系这个职业，他们的共同敌人是他们之中没有两个人对他们职业究竟是什么取得一致的意见。"本文采取的定义是 Cutlip 等人(1985)提供的："公共关系是一种管理活动，这种活动的目的是识别、建立并维持企业与各种公众群体之间的互利关系，而这些公众群体是该企业成败的关键所在。"这种定义暗示了 a. 选择目标公众群体；b. 设计适当的交流内容；c. 选择适当的媒体来传递交流内容。定义中的"管理"一词就使如下一般技巧成为必要：分析、策划、实施和控制。市场营销是另一种管理活动，根据美国市场营销协会的定义，市场营销是"策划并实施企业思想、企业产品和服务、产品定价、产品营销的过程，其目的是创造一种交易活动以满足消费者个人和企业目标的需要"(Marketing News，1985)。根据这种定义，市场营销的职能是创造交易活动和满足需要(不管是消费者个人的或企业的需要)。这种交流活动不可避免是以与目标公众群体的交流为基础的，而与目标交流群体交流这个活动又是以管理为目标，需要分析、策划、实施和控制的。至此，情况就已经够清楚的了。这两类活动都是必需的，都需要与公众或目标群体进行有效的交流，也都需要企业主要资源的支撑。

然而，在过去的 10～15 年中，一直对公共关系和市场营销之间的界限争论不休。对这种争论，Philip Kotler(1989)在递交给 San Diego 公共关系学术讨论会的报告中作了总结。讨论会的名称是"公共关系与市场营销：分清思想领域和活动地盘"。在这篇学术报告中，Kotler 将注意力引向了也许是错误的前提上，即公共关系和市场营销这两种活动是对立的活动。"分清"两字暗示了一劳永逸的决定：什么样的手段、技巧、原则和程序是属于运作中的联盟而不是敌手，这种观点与Kitchen(1993)不谋而合，Kotler致力于揭示这两种活动领域之间的共同性。尽管有这些论文和观点，从存有偏见的市场营销这个角度来看，我们不得不承认：对市场营销在公共关系中起重要作用的观点，公共关系研究人员却强烈反对，极力抵制。这在最近出现的术语“营销公共关系”中可见一斑。这种抵制情绪主要是对“公共关系究竟是什么或应该是什么?”这个潜在的“传统营销观”在作祟。

传统营销对公共关系的看法在营销研究文献中时有出现。例如，Shimp & Delozier(1986)将公共关系和宣传视为“对媒体广告、销售和促销起补充作用”的活动。Schwartz(1982)也持这样的观点：公共关系差不多就是“以消费者为对象的促销活动”。多产和富有影响的作家Kotler(1978、1982、1986、1991)虽然承认公共关系和市场营销是两个不同的领域，但在大部分研究报告中将公共关系置于市场营销的范畴之内。例如，Kotler(1986)在《哈佛商业评论》杂志上发表的“宏观市场营销”(Megamarketing)中，清楚地表明了这样的观点：公共关系简直就是市场营销组合中的一个附加部分。以Kotler的观点看，公共关系的功能主要是交流功能，因此，公共关系在决定和取得商业目标中所起的作用就比市场营销要小得多。

这种对公共关系的作用的简化主义观点在市场营销研究文献中或隐晦或明晰地表现出来(Bemstein, 1988; Gage, 1981; Kreitzman, 1986)。在专业公共关系研究文献中，对公共关系与市场营销之间的界限也有越来越模糊的倾向，有一些研究文章持这样的观点：公共关系理论和实践是“多方面综合的概念”(Goldman, 1988; Novelli, 1988)。这些文章的重点在于公共关系对市场营销所起的辅助作用方面，反映了对公共关系与市场营销之间越来越明显的互相融合的趋势(Kitchen, 1993)。这种趋势最有说服力的证据是在公共关系领域和市场营销领域都出现了“营销公共关系”(MPR)这个术语。

Harris(1991)在探索“营销公共关系”这个术语的使用情况

时认为，在20世纪80年代，公共关系的各种技巧是在作为市场营销中一种促销新方法时才开始使用这个术语的，当时这些公共关系技巧是作为营销活动的辅助手段的特殊形式来使用的。Harris认为，这种特殊形式的公共关系概念应该与“一般公共关系”，尤其与“企业公共关系”概念加以区别。根据Harris的评论，必然会推断出一个必然的结果：MPR应该当作是营销组合中的一个组成部分来对待，这种观点在公共关系纯粹派的眼里，依然落入“简化派”这个藩篱。

Kitchen(1991，1993，1995)在一系列探讨这种发展变化的研究中认为，就英国FMCG公司中的公共关系而言，无论从市场营销意义还是从公共关系意义上，都有了很大的发展。这种发展的主要根源具体可以追溯到20世纪80年代的一些基本因素。从市场营销的角度看，促销环境中的变化导致了营销组合因素的变化，而营销组合因素的变化“完全”引起了营销预算和项目的变化。正如一位公共关系主管人员所说。(引自Kitchen，1993)

电视媒介已经变得乱七八糟；在过去的30年间，电视网供应几乎没有什么变化；这就造成了很大的价格压力。如果你不能通过传统的广告方式花费市场营销费用的话，你就不得不败下阵来；一种有效的办法是通过产品公共关系手段，但运用这种手段是以自然经济学为基础的。

很自然，市场营销人员被迫考虑将公共关系手段应用到推销产品、品牌和服务方面来的问题。为什么呢？广告费用不断增加，促销活动受到怀疑，销售人员逐渐减少。很显然，市场营销人员必须寻求一种费用低而又有效的推销产品的新机会。在企业这个层面上，公共关系手段已经多样化，数量也在增大。一位公共关系经理曾经说过：

在当今竞争更加激烈、地理范围更加宽广的市场里，企业的形象和企业的标志在交流过程中是十分重要的因素。一家企业如何被感知、如何展示自己，对商业的成功来说就具有市场效

应。(引自 Kitchen，1993)

然而，尽管营销公共关系和企业公共关系都有了发展，但是对这两者之间的界限问题依然争论不休。这类争论还留下一些问题没有得到透彻的研究，也没有解决。下列问题似乎是最关键的：

- 英国企业的公关人员和营销人员对公共关系和市场营销之间的关系如何看？
- 企业公共关系和营销公共关系之间的关系如何？
- 营销公共关系对 FMCG 公司里的公共关系人员和市场营销人员有什么意义？
- 整合营销传播(IMC)对这两类管理人员有什么意义？

研究方法

后面将对上述四个问题进行探索研究。我们曾经同一些 FMCG 公司签订了合同，要求这些公司为这个解释性研究项目提供抽样调查的答卷。对这些公司的选择是根据 1993 年前 100 名广告大户的条件进行的(Marketing Pocketbook，1994)。为什么这样选择呢？因为在前 20 名英国广告大户中，有 10 名是 FMCG 公司，它们的平均年广告费达到 4 500 万英镑。前 3 名广告大户清一色都是 FMCG 公司，其年均广告费是 7 400 万英镑。如果公共关系在营销层面和企业层面上侵入这些企业的话，那么(至少)表明英国公共关系确实具有发展的基础。

我们准备了一份调查表，经预测后于 1994 年下半年邮寄给上述 10 家公司的公共关系人员和市场营销人员。寄回来的调查表中获得了具有可比性的 7 组数据。虽然寄回来的答卷不多，研究结果不具有代表性，统计也缺乏应用性，但采用的方法对这个以解释为目的的研究来说却是有效的。然而，这样的方法不能保证研究结果具有清晰的结论，也可能会出现模棱两可的解释。因此，这项解释性研究的意义在于获得具有判断性的答卷，答卷虽然并不一定具有代表性，但也有助于形成一定的思想、产生一定的感悟，这是这类研究的一个主要目的(Churchill，1991)。所调查的 7 家公司所邮寄回来的答卷是不记名的，但这些公司都在英国前30名的企业之列。这种方法对探索如下问题是有价值的:在英国主要FMCG公司适宜的管理人员这个层次上,市场营销和公共关系之间的关系问题;营销公共关系出现的问题;整合营销传播出现的问题。研究结果描述了抽样问卷调查公司中的一般看法,也表明了FMCG行业潜在的趋势。

研究结果

这7家公司的营业范围如下:经营食品的有两家,经营烈酒和啤酒、场外交易(OTC)药物、糖果、食物/软饮料、宠物食物/用品各一家。平均年销售量都超过30亿英镑,平均员工约17 000人。它们之中有全国性的公司,也有遍布整个欧洲的公司,甚至有全球性的跨国公司。

这7家公司中有6家分别设立了公共关系部和市场营销部。唯一一家没有分别设立这两个部门的公司却有专门的全国公共关系综合部,这个综合部设有策划经理一位,或由策划经理负责的营销小组,需要时可外聘公共关系机构。公司内部公共关系部员工平均是19位。给公共关系部负责人的头衔差异很大,有:公共关系部部长、公共事务部部长、公共关系部主任、企业关系部主任、副总裁兼企业事务部主任、外部关系部主任和公共事务经理。公共关系人员说,在这些负责人中,有2位对营销经理负责,有1位直接由副总经理指挥,有2位受高级职员组组长管辖。根据市场营销部的情况,有4位高级公共关系职员受营销经理指挥,只有1位受企业事务经理指挥。因此,这些企业的高级职员觉得有些配合不当现象,但早期的研究发现了公共关系和市场营销之间作用关系的有利证据。所有这些企业,在需要进行公共关系活动的时候都聘请公共关系机构来协助。这些企业都认为,不管在就产品/品牌或企业形象等进行信息交流,聘请公共关系机构都是必要的。

企业公共关系的内容大致包括媒体关系、产品宣传、员工住处交流、企业广告、公共事务、政府关系、社团关系、资助活动、危机管理和交易关系等,企业要么使用自己的公共关系人员,要么除此之外再聘请公共关系顾问机构的人员，处理社团关系、政府关系、交易关系和员工信息交流。这些公关活动一般由企业自己的公共关系人员来完成。其他的公关活动，则由公共关系顾问公司来完成，或顾问公司和企业内部的公关部门共同来完成。危机管理，以及随后而至的企业内部员工的信息交流，构成了这些企业最重要的公关领域。企业也表明了其他领域活动的重要性，诸如现场销售、慈善活动/捐赠活动、直销、投资者关系和商标事件(Branded Events)等等，虽然它们都强调每一个活动对不同企业的重要性不一样。除了直销之外，其他所有活动无一例外都是由企业自己的公共关系人员来完成的。

公关人员和营销人员都意识到，在过去的3年中，在公共关系实践中有几个领域变得更加重要。公关人员指出，有3个领域现在变得更加重要了：员工信息交流、政府关系和危机管理。而对销售人员来说，在这3个领域中只有员工信息交流同样占据重要位置，但媒体关系在过去的3年里变得比其他领域重要得多。产品/服务宣传对其中一家企业来说，已经显得不那么重要了。研究结果还表明了公关活动与其他一些活动之间的相互作用关系(诸如与媒体关系、产品/服务宣传、社团关系和交易关系之间的相互作用关系)没有改变。其他领域，如资助活动和危机管理，与以前相比已经不很重要了。

市场营销最重要的公众被认为是顾客/消费者、员工、工会组织、代售商/交易关系。对公共关系来说，最重要的活动领域是员工、媒体、顾客/消费者、政府和工会组织。然而，虽然这两类调查对象的回答不一样，但他们都认为公共关系目标公众的范围要比市场营销要大得多。对主要的销售活动(即：广告、促销、上门销售等的销售组合)的最基本责任是属市场营销的范畴。相反，一般意义上的宣传，事件/展销和可能的资助，则属公共关系的范畴。但是在许多领域里(如资助、宣传、代理商促销和顾客关系)，最基本的责任似乎两个范畴是共同承担的。这样，在销售这个层次上说，公共关系和市场营销之间就发生了相互作用。迄今为止,似乎没有发现公共关系和市场营销的作用孰大孰小,两者孰优孰劣的问题。

公共关系和市场营销有组织、地位、优劣之分的观点其实并不新鲜。最先对两者之间相互关系进行理论阐述的是 Kotler 和 Mindak(1978),后来 Kotler(1989)予以修正完善。在这项研究中,正如公共关系人员和市场营销人员所认为的那样,发现这两者有一定程度的结合现象。这就是说,市场营销和公共关系都有各自的一组活动,这些活动虽然不是完全独立但也是相对独立的。然而,也发现有 5 位人员同意如下观点:“公共关系可以被视为市场营销功能的一个部。”假设早期对这两者关系作的是层级观点的话,这似乎是:在某些企业里,市场营销功能比公共关系更加广泛,公共关系是市场营销活动的一个部分。因而,现在似乎是这样:这两者的功能不是综合的——它们具有各不相同但也有结合的功能——而在大部分(如果不是所有)被调查的公司里,市场营销要比公共关系具有更大的重要性。这一点在这些公司的财政预算中可以看出。在 7 家被调查的企业里,市场营销的预算和公共关系的预算的比率是 65∶1,而在所有被调查的企业中,这两者的平均比率是 20∶1。这样,从财政的角度看,在这些企业中,市场营销的重要性要比公共关系大。人们也认为这是合情合理的,认为:创造能满足消费者个人需要和实现企业目标的有利交易是市场营销的职能。如果没有这样的有利交易,公共关系的功能就是多余的。这种观点是否正确?我们就这个问题调查了从业人员。绝大部分人的看法都是一致的:在这些企业中,市场营销的地位要比公共关系高,重要性要比公共关系大。然而,对于公共关系是否会边缘化而成为市场营销的辅助手段这个问题,意见分歧很大。研究结果表明,公共关系和市场营销通常不是企业资源的竞争对手(即:它们具有各不相同但也有结合的功能),公共关系的活动已经超出了纯粹新闻宣传的范围,它既能够用于市场营销活动,也可以用于企业信息交流活动。

被调查的 14 家企业中 11 家企业的调查答卷中都说,在过去的3年中，公共关系的重要性迅速提高。另3家企业的调查答卷说，公共关系的重要性与3年之前是一样的，没有什么变化。公共关系重要性提高的原因可以在下表中看出。

公共关系重要性提高的原因

公关人员的观点	市场营销人员的观点
重点在目标制定	让更多受过良好教育者充任销售人员、创造更多成功的公共关系运动/机会，让销售人员参与公共关系策划活动，这样就能富有成效。
更加重视企业的品牌信誉	建立更大的可解释性(accountability)；制定重点策略措施；增加消费者的熟练性(sophistication)；媒介细分；发展品牌销售。
更需要企业定位和管理的变化	在明显的企业文化/任务环境中，能提供对经理人员进行成本效益质疑的途径。
塑造企业形象	进一步认识到消费者对企业的态度之重要性，以及对企业活动价值的认识的重要性。

所有公共关系人员的认识都基本上与企业问题(尤其是塑造企业形象或企业总体形象的问题)联系在一起。从市场营销角度来看，公共关系被认为是达到销售目的的一种附加的综合工具。同时，市场营销也不否认公共关系作为企业信息交流工具的有效性。被调查的企业中，没有一份答卷预计在以后的两年中公共关系的费用会降低，5份答卷预计在两年内费用预算一样，而9份答卷预计公共关系费用会增加(公共关系增加20%；市场营销增加12%)。

问卷中也提及在以后的两年中，哪些公共关系活动领域会越来越重要这个问题。从公共关系人员的回答来看，这些活动领域，以重要性大小来排列是：危机管理、员工信息交流、企业信息交流、产品广告、国际信息交流、公共事务、政府关系/游说、财务公共关系，最后是市场营销辅助活动。这样，根据公共关系人员的观点，市场营销辅助活动，其重要性预计不会得到很大的提高。然而，这种观点不被市场营销人员认同，7 位市场营销人员中的 5 位回答说，作为公共关系其中一个活动领域的市场营销辅助活动，其重要性在以后的两年内肯定会提高。公共关系领域的任何活动，都比不上这个活动重要。因此，在这一点上，又出现了意见分歧。市场营销人员的观点显然是，公共关系活动必须协助市场营销以完成销售目标和关系目标。而公共关系人员认为，公共关系辅助市场营销的需要之重要性不会提高。倒是公共关系中的危机管理、员工信息交流、国际信息交流、企业信息交流/产品广告等活动的重要性会提高。这样，市场营销和公共关系是相对独立而又重叠的观点显得很突出，而公共关系的主要功能是创造和维持与公众之间互利关系，不属于市场营销之范畴。

我们也考虑了从业人员对企业公共关系和营销公共关系(MPR)之间相互关系的看法问题。企业公共关系和营销公共关系具有一定的相互作用和协同作用。它们并不像公共关系“纯粹主义”理论研究者所认为的那样是截然不同、互不相干的。然而，公共关系运用于市场营销的目的，其大部分的动力来自市场营销，而不一定来自公共关系。企业形象和品牌形象之间的相互作用改善整个环境，而公共关系的两种形式却影响基本环境。有证据表明，MPR 和 CPR 在整个信息交流项目中必须共同起作用，虽然这可能是一个理想的目标，在实践中很难做到。公共关系人员指出，企业公共关系影响潜在的购买力，这种观点是市场营销人员完全支持的。两类人员都同意这样的观点：当企业意识到需要通过这两类信息交流活动将核心产品和企业价值联系起来考虑的时候,被认为存在于企业公共关系和营销公共关系之间的鸿沟就已经在缩小了。但什么是“营销公共关系”? 两类人员都采取对这两者进行区分的观点,这些观点列在下面的表中。

虽然“营销公共关系”不是当今流行的术语,但是几乎所有的调查对象都认为公共关系能以品牌支持或产品支持的角度与市场营销相关联,而公共关系在市场营销中对产品支持的作用已经超越了公共关系的一般意义。然而,许多企业一直在使用“整合营销传播”(IMC)这个术语,Schultz 等(1992)是这样定义的:“建立一种多渠道同步交流策略,使在任何市场上交流的信息达到完全一致”的理想。下表表明了英国 FMCG 公司的管理人员调查对象对这种观点的认同程度。诸如“信息连贯性”和“组合因素的最佳化”等说法,与 Schulta 等人的定义是相一致的。IMC 的目的是尽力保证通过各种途径传播的每一个信息都以同样的方式对公众产生影响和作用,是“以统一的口径做宣传”。这样,虽然这一组被调查人员可能在这一点上没有对营销公共关系作出规定,但可以看出他们对整合营销传播却有这种规定。而且,公共关系人员清楚地认识到公共关系被视为整合营销传播的一个有机的组成部分。然而,公共关系是否是整合营销传播的一个有机组成部分这个问题,可以通过从业人员的观点看出。

营销公共关系的意义

公关人员的观点	市场营销人员的观点
没有看到这个术语(MPR)被使用	在一个连锁反应中,通过营销的中心内容,采用一切手段(产品广告、品牌宣传促销)来取得品牌信息交流的目标而运用的手段。

续　表

公关人员的观点	市场营销人员的观点
与品牌相关联的公共关系	虽然是个“临时语”，但它同更好地理解营销功能相关联的活动——公共关系通常的辅助功能必须包括销售组合中更多的因素和销售过程中更大的参与。
产品支持	市场营销贯穿确定和满足顾客需求的整个过程。营销公共关系就是运用这个过程来对企业作出贡献——使用企业的形象/价值等来影响顾客的选择。
在 USP 之外对产品进行一般意义上的促销	
通过宣传项目支持品牌或产品	
与诸如交易等商业活动相关联的公共关系	

整合营销传播

主 要 观 点
1. 整合营销传播就是改善营销交流组合中不同因素协同作用的一种手段
2. 整合营销传播涉及一种全新的营销交流的哲学思想
3. 整合营销传播是以确保向目标公众提供完全一致的信息来进行市场营销交流的一种尝试
4. 整合营销传播最有效地使用营销交流组合的不同因素相联系
5. 公共关系是整合营销传播的一个组成部分

在上表所列5种主要观点中,公共关系人员和市场营销人员接受的一般不止是一种观点。第5种观点,大部分被调查对象(13位)都接受;第3种观点,有8位同意;第4种观点,有6位同意;第2种观点,有2位同意;第1种观点只有1位同意。因此,整合营销传播被认为在自己的范畴里是包含了公共关系的,这是为了确保向目标公众传递一个更加适当的信息。

大部分被调查对象都认为,公共关系有成为整合营销传播的一个组成部分的趋势。这种整合营销传播,就其本身的含义来说,目的是要"统一宣传口径",使用许多交流工具(包括公共关系)来向各种目标公众传递"同一种声音"的信息。换言之,对这些企业来说,交流是唯一重要的问题。因此,这种辩论纯粹是"学术性"的吗?下面一节就来讨论本文开头提出的4个问题,并试图得出一个合乎逻辑的结论。

为什么公共关系是整合营销传播的一个组成部分

公共关系	市场营销
因为需要对企业品牌进行营销	在取得品牌交流目标过程中,市场营销必须意识到营销组合里各种因素的相互关联性;而品牌宣传已经得到了改变,以催化综合解决办法的方式来对市场营销需要作出反应。
公共关系能对其他活动提供支持,因而具有独立身份的保证	市场营销确定目标。公共关系只是好多可选目标中的其中一个,例如,宣传广告做广告的目的是要完成这些目标。

续表

公共关系	市场营销
公共关系处理复杂信息更加有效	公共关系能增加任何营销投资/活动/事件的价值。预算总是处于威胁之中——你不得不将费用集中于核心目标/策略/活动等中,以最大限度地增加营销参与机会。
公共关系不限于市场营销,还有其他策略作用	对于公共关系的作用以及它能对一个品牌产品能取得什么样的效果等方面,依然有模糊的认识。媒介的多样化、直接邮寄/营销等,以及媒介机会的增加,对具有具体目标的公共关系更适合。

讨论

本文是一种解释性研究,是对英国 FMCG 公司中的公关人员和营销人员对公共关系和市场营销之间的关系的研究,没有偏离学术研究的范畴。问卷调查表明,在竞争激烈的环境中,企业公共关系和市场营销之间协同工作、有效地与公众进行交流,被认为是十分重要的。大多数被调查对象都同意这样的观点:市场营销和公共关系虽然具有各自不同的功能,但有些功能是互相重叠的;而且,公共关系可以被视为是市场营销活动的一个组成部分。然而,这种关系,随着整合营销传播的概念越来越被人们接受,似乎正在发生变化。应该承认,公共关系似乎是从属于市场营销的活动,因为有交易的必要。然而,公共关系的手段、技巧、原则和策略能够很容易地被市场营销人员在产品/品牌促销的活动中加以采用。因此,从企业的角度看,企业形象会对市场营销产生作用(Friend, 1993)。这种企业形象——通过各种各样的企业公共关系手段建立、维持和交流的企业形象——必然地会对市场营销产生影响。但企业的品牌、产品、服务、定价、所采取的分配销售和促销技术，也同样对企业的形象产生影响。所以，公共关系和市场营销在这些企业里不是什么敌对的活动，而是联盟。Kotler(1989)所持的就是这种观点。

企业公共关系和营销公共关系之间具有相当重要的关系。暂时撇开后一个术语(营销公共关系)不谈，从本研究中可以清楚地看到，这两种交流方式都对企业的成功起很大的作用。这两个交流领域都采用一些不同的交流手段。然而，它们的重点是不同的。市场营销的重点在于激发顾客或消费者的交易需要。根据本研究的结果，市场营销是在销售层面上借用或使用公共关系的手段来达到目的的。而公共关系则具有更加广泛的活动领域，它要建立并维持企业和各种公众群体之间的互利关系，而这些公众群体会影响企业的成败。要进行这类公共关系活动，要采用一些不同的手段。几乎没有人会反对这种观点：在大企业中，公共关系越来越重要，而公共关系这种越来越重要的性质在两个相关的、互相作用的和协同作用的领域——一般公众和目标公众里显示出来，所以，公共关系似乎会直接对企业的业绩作出贡献。在最近一份支持这个观点的研究报告中，英国企业一般将公共关系视为市场营销和企业内部/外部设备信息交流的策略，因此公共关系直接对企业的基本业绩作出贡献(Farish, 1994)。

对英国 FMCG 公司里的管理人员来说，营销公共关系的意义不是很大。而被调查人员可能没有意识到，因为营销公共关系的使用是有标记的。尽管在市场营销辅助作用的层面上使用公共关系的观点许多人不同意，但公共关系在市场营销层面上却占有十分牢固的地位，当然不在诸如广告、促销或销售等市场营销的主流方面。在许多其他相关的领域内，诸如在不断减少的促销预算、媒体细分、成本效益的需要、整合营销传播的日益需要，以及在促销效益频频受到指责等等环境中，有迹象表明必须有公共关系的参与。市场营销人员预计公共关系对市场营销的辅助作用的重要性会提高。然而，真正的需要是使所有促销活动都能相互协同作用，因此可以预计，公共关系在未来的市场营销中所起的作用会更大。

顾名思义，整合营销传播提供销售组合中各种可能的促销因素的综合，并力求保证提供给目标公众的是统一连贯的信息。但是，“整合营销传播”这个术语的概念也已经从营销领域扩展到了企业的活动中了。对许多 FMCG 公司来说，推销企业品牌已经到了刻不容缓的地步。因此，公共关系手段能够被市场营销活动所运用，而市场营销手段也能够被公共关系活动所运用。

结束语

公共关系和市场营销一起构成了企业内部的交流途径。这两种交流途径并不形成一种竞争的平衡体，而是一个企业的平衡体。将公共关系和市场营销分别置于不同的“箱子”里予以分别对待，对理解复杂的企业交往根本没有益处。公共关系在市场营销领域里具有十分重要的价值。但是公共关系的作用却超出市场营销的范围。同理，市场营销也超出了仅仅是交易的范围，与企业信息交流活动也是相关的，也是有价值的。似乎确实有证据表明这两者的技巧、手段和组织有趋同的趋势。从本研究中还不能作出如同一些营销公共关系倡导者一样认为“营销公共关系”是一种“新的研究学科”的话，作出这样的结论似乎证据还不充分。另一方面，整合营销传播的出现似乎预示着市场营销技巧和公共关系技巧融合的到来。本文借用一位前市场营销人员的话来做结尾，甘冒批评之险也许还是值得的。

如果将市场营销视为确定和满足顾客需要的全过程的话，那么，企业内部许多不同职能部门的贡献就能统一起来了。任何职能部门如果不把重点放在销售需要上，其存在是否有必要就值得怀疑了。

所以，虽然在今日多层面的企业中，公共关系和市场营销都是必需的，但是市场营销依然担负着创造交易机会的责任。在不远的将来，市场营销基本上会继续充当企业进步、发展壮大的"驱动力"的角色。但是公共关系也有一个十分重要的角色要充当：在市场营销范畴之外的领域里，与各种公众群体进行交流、建立关系，也在销售组合中成为最主要的推销手段。

广告六法

Robin Wight (WCRS)

编者按：广告对于产品的营销起十分重要的作用，这是一个不容置疑的问题。但问题是一些企业售出一件产品的广告费用比 20 世纪 70 年代增加 2～3 倍，这种状况还在继续。为此，本文的作者提出了一个十分尖锐的问题：如何降低费用，提高广告效益。"我们面临着一个困难的任务；画出'油画杰作'，而画布比以前小得多，调色板上的油漆更少。""我们已经告别了广告注重创造性的时代，迎来了注意效益的时代。"如何解决？本文作者提出了广告六法，作者认为这是降低成本、提高广告效益的最佳途径。

1. 产品质疑法。广告重点是介绍产品知识，使消费者对产品产生信任感和安全感，以此产生广告的效益。

2. 广告旧瓶新用法。重新启用原先已经用过、并在消费群体中产生过影响的广告语。这种方法能够降低成本。因为制作新广告语的花费相对是比较昂贵的。

3. 电视招贴法。通过短小精干、声像并茂的电视广告，达到产品宣传的目的。毫无疑问，电视广告的制作费用比较高，但电视广告产生的广告效应是比较强烈的。电视招贴法强调的是"短时间"，强调的是用最少的钱，产生最大的效益。

4. 公关广告法。通过适当花费的公关广告即企业广告、祝贺广告、公益广告、征求类广告、创意广告、谢意广告、响应广告等来推出企业形象、产品形象。

5. 长期广告法。通过长期广告，逐渐在消费者中树立产品品牌形象，提高产品的知名度和在消费群体中的认同度。长期广告与短期广告相比（指短时间投入大量人力、物力、财力的广告），最大的好处是让消费者不断记住产品的名称和好处，以此产生一种长期的、潜在的广告效益。同时，长期广告的费用是逐年承担的。这种方法对“超级品牌”产品是十分有效的。

6. 不为广告而广告。广告创作公司的重点应放在增加客户的广告附加值上，着重广告的效益。不应过分强调广告技巧、广告形式而失去或降低广告宣传效益和影响。须知，广告推出的是产品，而不主要是“艺术”品。当然，一则好的广告应该是形式和内容的统一。

以上广告六法，对现代企业在进行广告宣传时有一定的借鉴作用。除了作者提出的广告六法外，要提高广告效益还应注意以下两个方面。

1. 广告制作的 AIDMA 原则

① Attention 能引起消费者注意。

② Interest 能使消费者产生兴趣。

③ Desire 能使消费者产生购买欲望。

④ Memory 能让消费者记住广告。

⑤ Action 能让消费者产生购买行动。

2. 广告制作中 4W + H

① Who，谁是消费者。

② Why，消费者为什么要购买。

③ When，什么时候买。

④ Where，什么地方购买。

⑤ How，怎么购买。

译文

几天前，我和一位顾客谈论世界范围内的经济萧条问题。

他很明智，说他起初觉得自己处境危如累卵，身子悬挂在窗外而仅靠双手紧紧拉住窗棂横杠才不至于掉下去；希望能够坚持到经济形势好转，从窗外爬回到房子里。后来他认识到，他从窗口爬回到房里的时候，聚会也许早就结束了。后来他认识到 20 世纪 80 年代这 10 年是一个无序年代，他和他的公司一定要在经济不景气的环境中找到出路。

许多广告代理商比不过他们的客户，对这些变化的含义目前还没有意识到。不知有多少广告代理商都认为，商业的大好时光会重新来临，目前的经济景况只不过是暂时出现在经济繁荣之雷达屏幕上的脉尖冲。

其实，只要回顾一下 25 年来的经济情况，我们就能看得清清楚楚：长期以来，广告代理商和他们的顾客所承受的压力越来越大。一个品牌所需要的广告数量和一个品牌所能承受的广告费用之间的距离越来越大。先看一下如下事实：1965 年，美国所有电视商业广告有 3/4 的长度是 60 秒。他们其实叫广告长度为 30 秒的广告为“半长商业广告”。1995 年，在美国所有电视商业广告中，差不多有一半的长度只有 15 秒，或“1/4 长商业广告”。

英国的情况也差不多。20 世纪 90 年代中期，43％的商业广告长度不超过 30 秒。但是，缩短广告长度只是媒体膨胀所造成的广告预算缩减的一种途径。另一个途径是缩减电视广告播出率(Television Rating, TVR)，这样我们就能看到对主要品牌所造成的巨大影响。

1965 年，Persil 的 TVR 是 9 000，到 1990 年就缩减到2 273；Kollogg 的 TVR 从 7 125 缩减到 2 691；Cadbury 的 Dairy Milk Chocolate 从 4 111 缩减到 627；Quality Street 从 2 466 缩减到 1 073；Cuinness 从 4 716 缩减到 1 415。

在这段时间里，主要品牌的 TVR 降低到 3～4 成。很显然，广告代理商目前不得不将他们的“弹药”进行定额分配。但更糟的是，有证据表明，广告这颗“子弹”没有像以前那样准确地击中目标。

看一下汽车市场(比如澳大利亚、英国、美国或德国),我们就会发现一个有益的事实。即使考虑通货膨胀的因素,20 世纪 80 年代末期澳大利亚卖一辆车的广告费用比 70 年代末期要高一倍。美国的情况也一样。而在英国,却高了 2 倍。

啤酒的销售情况更令人沮丧。在整个世界市场上,要销售一桶啤酒的广告费用比以前增加了 2～3 倍。这些事实都说明了广告的效果下降了。广告效果的下降,部分原因是因为广告的重要性下降了,而广告的重要性的下降,就使品牌在广告上投入了不适当的费用。(广告代理商还装作他们刊登广告的费用预算比实际费用要大得多。)

20 世纪 60 年代那些大牌商品的广告年播出率是 5 000 TVR。这就是说,那些品牌的每一种商品每年要针对每一个目标群体做 28 分钟的广告,而现在还不到 600 TVR。也就是说,平均广告播出时间只有 3 分钟。如果说一种品牌一年在电视上做 28 分钟的广告是一种不必要的浪费的话,那么,3 分钟的时间也确实太短了。

新的竞争者加入广告大战,也使这个问题更加复杂化。比如在英国的啤酒市场上,从 1988 到 1994 年,品牌的数量增加了 67%。每一种新品牌都为获得电视广告播出时间竞相出价,不仅哄抬了广告价格,也使每一种品牌的广告播出率下降。最终的结果就是在消费者的头脑中,整个啤酒的广告市场被弄得支离破碎。请注意,这些消费者的头脑并没有因为各种品牌互相竞争希望在他们意识中获得一席之地而将头脑的容量相应地扩大。

在这个支离破碎的混乱市场中,现存品牌具有一个很大的有利条件。因为随着广告大战的展开,消费者倾向于“保持忠诚”。在已经确立了的市场上,我们看到,从啤酒、烘豆、汤类食物到洗涤剂,20 世纪 40 年代市场上的主要品牌,现在依然是市场上的主导品牌(International Journal of Advertising, 1984)

（见下表）。即使上市时间不长的品牌，例如啤酒，英国市场上的佼佼者 Carling Black Label，在 90 年代的市场上依然是主导产品。虽然这种情况在很大程度上归结为是 WCRS 绝妙广告的缘故。其实，人们很难将在市场上已经确立了地位的品牌和新上市的商品（其质量差别很容易被人们看出来）作为同类产品来看待。

50 年来主导品牌的商品比较

英国主导品牌的商品

1933	1984（名次）
Hovis，面包	No. 1
Stork，人造黄油	No. 1
Kellogg's，麦片	No. 1
Cadbury's，巧克力	No. 1
Rowntree，芳香熏剂（pastilles）	No. 1
Schweppes，混频器	No. 1
Brood Bond，茶叶	No. 1
Colgate，牙膏	No. 1
Johnson，地板上光剂	No. 1
Kodak，胶卷	No. 1
Ever Ready，电池	No. 1
Gillette，剃须刀	No. 1
Hoover，吸尘器	No. 1
Swift Premium，咸猪肉	No. 1
Eastman Kodak，照相机	No. 1
Del Monte，水果罐头	No. 1

续 表

1933	1984(名次)
Wrigley,口香糖	No.1
Nabisco,饼干	No.1
Ever Ready,电池	No.1
Gold Medal,面粉	No.1
Gillette,剃须刀	No.1
Coca Cola,饮料	No.1
Campbell's,汤	No.1
Ivory,肥皂	No.1
Lipton,茶叶	No.1
Goodyear,轮胎	No.1

资料来源:Internatioal Joumal of Advertising.

翻开市场销售的编年史,到处是新产品销售失败的记录。这表明了上述事实。美国市场上销售的杂货产品,只有15%的品牌是1970年以后才进入市场的,其余都是具有25年以上历史的品牌。在那个时期,北美,如同其他发达国家一样,已经发生了极大的变化,新产品源源不断地涌入市场。而这些产品却是消费者还不习惯于购买的,要对这些产品,如高保真度设备和收录机(VCR),进行评估,就要复杂得多。

面对所供选择产品的爆炸,消费者能简化他们的购买决策:继续购买他们所熟悉的品牌,而对不大熟悉的品牌却大量运用评估技巧,十分挑剔。结果,在许多市场上,主导产品的领导地位越来越牢固。

我们现在已经进入了超级品牌的巨人时代,这些超级品牌就是市场营销世界中新兴的超级"巨富",而"穷人"就是那些属于少数民族的新产品，或者是“没落”的老品牌，而这些没落的老品牌每365天在电视广告中露面3.5分钟，奋力在超市的货架上待下去。

随着依靠“线上广告”(Above-the-line Advertising)(例如广播广告或电视广告——一切媒体广告)宣传的相对失败，市场营销的资金就被投入到“线下广告”(Down-the-line Advertising)活动(例如通过文学作品促销、直接市场调研、公关活动、产品促销和销售商店的商品广告)中去了。这种事情在1992年的经济萧条中报道特别多，在20世纪80年代初期的经济萧条中也发生过，但因为市场调研公司发现，新的促销方式并不比原来的促销方式有效，随后就放弃了新的广告促销方式。

研究的结果充分地表明：“线下广告”运动至多只能在现有的用户中进行推销。这类活动当然无法提高品牌的价值和信誉，也就无法提高产品在市场中的地位，无法为它们提供在市场上长期立足的基础。

当然，如果一家公司短期内就会破产倒闭，那么拥有长期的战略又有什么用呢？20世纪90年代中期商品广告所面临的挑战是认识这个世界是如何变化的，并在与80年代黄金时代很不相同的环境中制定出新的战略战术，树立商品的品牌价值。我们必须记住研究元素衰变而发现原子核的英国伟大物理家Rutherford的话：“我们没有钱，因此就必须思考。”

创造性的“复兴运动”已经被要求更高的创造性的“改革运动”所取代。一种创造性的新框架，需要更多的而不是更少的想象力，因为商业目标会更高。

但是，生产预算会更低，媒体预算也会随之更低。因此，我们面临着一个困难任务：画出“油画杰作”，而画布比以前小得多，调色板上的油漆却更少。

简而言之，我们已经进入了一个新时代。在这个新时代里，创造性思维的范围必须比摊在面前的“画布”要宽广。我们已经告别了广告注重创造性的时代，迎来了注重效益的时代。

要改变广告方式，没有简单的公式。但我坚信，是有一些框架，会有益于使广告制作的想象力更加富有效率。下文就描述其中的六种方式。

产品质疑法

并不是所有产品都是“生而平等”的。研究结果表明，在成功的新产品中，有 74%的产品性能在消费者测试中都比同类产品要强，而在没有成功的新产品中，只有 24%产品的性能比同类的产品强。但在过去好长一段时间里，广告业中的人士认为，他们只要将产品涂上一层光泽，就能使产品在市场上获得成功。

现在，我们不得不回到产品本身上去，力求发现能给消费者以深刻印象的产品所具有的长处，并找出一种广告包装的方式。这就是说，要回到广告宣传的基本原则上去，而这些基本原则在 20 世纪 80 年代就已遗忘。

没有忘记 20 世纪 30 年代使 Schlitz 啤酒在美国改变命运的广告词“洗涤在鲜活的蒸汽中”(Washed in live steam)吧？产品质疑(product interrogation)并不能解决产品广告的所有问题，但能附加一点产品知识，使广告更加有效。英国的 BMW 也许就是这方面的典范。自 20 世纪 80 年代中期以来，我们为其制作了 20 多个广告，而其中的大部分都是运用产品知识来创造劝说效果的。

十分有趣的是，像 Heinz 等许多公司都是采用对产品进行基本事实的介绍来增加广告效果的。事实是，他们的产品 Tomato Ketchup 因为品质高所以从瓶子里倒出来的时候速度更加缓慢；在这个产品的配方里也没有掺入糖。同理，广告代理商需要回到产品的基本事实上去，而不依靠现在被称为创造性的但无法实现的“蛋奶酥”来为客户促销。

广告旧瓶新用

许多顾客都有许多有效的宝贵财产而没有得到好好的利用：一种过去使用过的广告财产过早地放弃不用了。今天的媒体广告费用就意味着，广告财产更加需要凭借代理商之手使之得到修正和完善。

这就与大部分广告代理商的观点相悖。例如，自 20 世纪 80 年代初以来，Danish Bacon（丹麦咸肉）就在广告中放弃了这样的广告词“Good bacon has Danish written all over it”（上好的咸肉上面到处写着丹麦语），而我们发现 60％的消费者都能记起这句广告词。这就是说，在今天的媒体广告费用中，以前投资在媒体广告中大约 4 000 万英镑可以重新使用。而这就是为什么我们花费 200 万英镑来重新使用原来的广告而不是用现钱投资于全新的广告制作中去的原因。

我们也以同样的方式来处理 Sanatogen 的广告，保留广告主题词“Do you feel alright?”（你感觉好吗？）而不将它放弃。顾客应该回顾广告思想中的“贮藏箱”，看看里面是否有值得拿出来重新使用的东西。广告代理商应该帮助他们完成这项工作。

电视招贴画

一个充分利用广告费用的简单途径是缩短广告长度。大部分广告代理商将这种方法称为一种“缩减方法”，即意味着有些东西被删掉了。

达到同样目的的另一种手段是法国同行所采取的方法。他们不把有所删减的广告看作是商业广告，而是把它看成是招贴画（Poster），不过这是一种增加了声音和图像的招贴画。

结果，10 秒、20 秒的广告能达到比它们长得多的商业广告的效果。1991 年后半年，我们制作的广告，有 3/4 的长度都在 30 秒左右。而只有 10 秒、20 秒的短广告帮助诸如 Lunn Poly 公司等顾客获得长度 30 秒的商业广告所不能达到的效果，也减轻诸如 Canon 公司等顾客的电视广告的费用负担。

长度短的广告并不是能起到 30 秒、40 秒，甚至 60 秒广告的所有效果，但许多广告代理商都坚信，它们也不是广告世界中的二等公民。

公关广告

公关广告是介于产品宣传和商业广告之间的一种广告形

式。这种方式制作的广告虽然样子不很美观，却十分有效。这就是说，广告的设计是要增加覆盖面，而不是将它作为一种添加物来对待。

比如，为电业私有化设计广告时使用了 Frank N. Stein 的人物形象，希望报刊上的卡通画作者在创造卡通时无法拒绝使用这种形象的诱惑。这种手法赋予广告的额外见报率，但并没有多花费纳税人的钱，却能使电业私有化的广告运动具有更大的成本效益。

Virgin 公司一直以新“中层阶级”的形象，糅合目前的事件，有效地使用公关广告的手法。Heineken & Carling Black Label 公司也有类似的传统。这是一种在随后的 10 年中会有更多的广告设计人员需要使用的技巧。这种技巧要求广告代理公司和公共关系公司结成更紧密的联盟。

长期广告法

这是 20 世纪 90 年代的准则：广告本身是死的，而广告运动是永存的。广告运动时起时落，使广告创作人员和顾客有机会在品牌商品上留下痕迹，这种做法已经不再实用了，但效果却从来没有令人满意过。

长期做广告并不容易，尤其对传统上时断时续做广告的工厂来说却更难。我们自己的经验表明，广告大运动通常是以“假象”起始的。Carling Black Label 开始两年的经验表明，他们所从事的是潜在的盛大广告运动，但是所制作的广告却不起作用。幸运的是，明智的顾客有勇气不肯放弃这个广告想法，并尽力发展这种想法，创造一种能持续十年的广告品质。

广告代理商需要更加开放的观念、更加谦虚的态度、更加直率的态度，以创立一种成熟的关系来支持一个长期的广告运动，不至于使这个运动中途夭折。

不为广告而广告

广告代理商越来越需要将工作重点放在给顾客增加价值上，而不只是寻找制作广告的额外任务。资助项目或其他传统的非代理机构领域为代理商增加了许多新的机会。

以 Sega 公司资助欧洲足球环比赛为例。在这些比赛中，创造了 70 个效果不一的穿插播送产品广告的机会，有效地将 Sega 与足球世界联系在一起。从常规意义上说，广告代理商不会参与这些活动。但他们如果要较好地满足客户的需要，就必须涉足这些领域。

不喜欢变化的人就不会喜欢 20 世纪 90 年代的广告业。在 60、70、80 年代里证明是有效的广告模式，必须经过完全的改造，使之得到发展，才能在目前这个完全不同而且越来越棘手的世界里具有价值。

在以往的广告模式中，客户—代理商之间的关系已经遭到了严重的侵蚀。要达到改造并使之发展这个目的，可以使以前的广告模式复活。没有上文所描述的那些旧模式的复活，没有某些适应性的改造——本文描述的并不都是新方法，对越来越多的客户来说，广告的重要性就会减弱。

对广告代理商来说，这可是个越来越不好的消息。但是，代理商如果不进行适应性改造的话，就会失去存在的意义。适者生存，不适者淘汰。最明智的顾客会找到适应性最强的代理商。

现代管理基本词汇

(英汉对照)

A

abate a price 还价
ability of thinking 思维能力
ability test 工作能力测验
ability to bargain 交易能力,还价能力
above the line promotion 线上推销(销售管理用词,指用报纸杂志、电视或电台等广告媒介进行推销,付给广告费用和佣金)
abroad market 海外市场,国外市场
absentee 缺勤者,旷工者
absolute monopoly 绝对垄断
abuse of trust 不守信用
academy of management 管理研究会,管理学会
acceptable quality level 合格质量水平
acceptance sampling 验收抽样(统计质量管理用词)
accessory contract 附加合同
accident beyond control 不可抗拒的伤害(事故)
accident prevention 事故预防
accident rate 事故率
accidental sampling 随意抽样法(这是一种公共关系的调查方法)
account of goods sold 销货账
accountable management 负有责任的管理(这种管理方法要求对个人或部门的工作成果进行评估,使之对工作的成果负责)
accounting department 会计部门
accounting firm 会计事务所
accounting reports 财务(会计)报告
achievement motivation 成就激励
action group 行动小组(企业为完成一项特别任务而建立起来的临时攻关小组,任务完成后即行解散)
active demand 畅销,有效需求
active employees 现有职工
active market 活跃市场,自由市场
actual demand 实际需求
actual market volume 实际市场销售量
added value tax 增值税

adequate service and product 合适的服务和产品
adjustment for price fluctuations 价格变动调整
administration committee 管理委员会
administration expenses 管理费用
administrative ability 管理能力，经营能力
administrative code 管理规章
administrative decision making 管理上的决策
administrative levels 管理层次
administrative organ 行政管理机构
administrative organization 管理机构
administrator 管理人（常指行政方面的管理者）
adult education 成人教育
advantage of economic integration 经济一体化的好处（优点，利益）
adverse budget 赤字预算
advertising 广告，广告工作
advertising agencies 广告公司，广告社
advertising campaigns 广告宣传活动
advertising media 广告媒体
advertising result 广告效果
agency of corporation 代理公司，公司代理店
agent and broker trade 代理商与中间商
all night service store 通宵服务商店
allowed time 规定时间
annual conference 年会
appropriate measure 适度
aptitude test 才能测验
art of leadership 领导艺术
ask for leave 请假
assembly line 生产流水线
asset management 资产管理
association of fellow provincials (or townsmen) 同乡会
attendance book 签到本
at the right moment 适时
audience involvement and participation 公众参与
audience response 公众反应，受众反应
audience study 听众研究
audio visual communication media 视听传播媒介
audio visual technique 视听技术
automated office equipment 自动化办公室设备
automatic selling 自动售货
autonomous work groups 自治工作小组（工人参加企业管理的一种形式）

B

background information 背景材料
backward area 落后地区
bad management 经营不善
balance between supply and demand 供需平衡

balanced evaluation 全面评价
bank hours 银行营业时间
banking operation 银行经营活动
bare cost of production 生产成本
bargain 廉价品
bargain agent 谈判代理人
bargain price 特价
bargain sale 大拍卖,廉价出售
bargaining in darkness 黑市买卖
bargaining right 谈判权
basic level leadership 基层领导
basic principles 基本原则
basic product 基本产品
basic wages 基本工资
batch production 批量生产,成批生产
beautify the environment 美化环境
behaviour model 行为模式
behaviour school of management 行为管理学派
behavioural characteristics 行为特征
behavioural science 行为科学
behavioural science school 行为科学学派
below the line promotion 线下推销(采取减价或给奖等方法进行的商品推销活动)
be promoted 晋级
best quality 优质品,特等品
beyond theory Y 超 Y 理论(又称权变理论)
big wig 要人,名人
bill board 广告牌(这是户外作广告的手段)
bimonthly 双月刊
biweekly 双周刊
black market 黑市,黑市交易
black market exchange 黑市汇兑
Blake's managerial grid 布来克管理方格图(指美国学者R. R. Blake 与J. S. Mouton 两人所设计关于领导人对人对事关心程度的一种横轴与纵轴各为9个方格的管理图式)
blue collar (worker) 蓝领工人(西方社会里指从事体力劳动的工人)
blue print 行动计划,蓝图
board meeting 董事会
board of directors 董事会
board of supervisors 监事会
bonus 奖金,红利
booklets 宣传小册子
both the organization's and the public's interest 组织和公众的利益
bottleneck operation 经营管理的薄弱环节
bottom price 最低价格
boundary science 边缘科学
branch 分公司,分店,分行
brand 牌子,商标
brand name 商标名称,牌子名称
breach of discipline 违反纪律
bribe 行贿
brief report 简报
broad general audience 广大普通

公众

broadcast news programs 广播新闻节目

brokerage business 经纪业,委托买卖业务

budgetary control 预算管理

build a positive image of the company 建立公司的良好形象

bulletin 新闻简报,公告

bulletin board 布告栏

bureaucratic style of work 官僚作风

business administration 企业管理,工商管理

business enterprise 工商企业

business game 商业对策(博弈)

business management 企业管理

business planning 企业计划

business society 商业社会

buyer's market 买方市场

buying behaviour 购买行为

buying power 购买力

by passing management 越级管理

C

cable television 有线电视

cable television channel 有线电视频道

caesar management 恺撒式管理,专制管理

calendar year 日历年度

call A Mart 电子超级市场(电话订货)

call sales 上门推销

callback 回访(市场研究用词)

cancellation 取消,废除

capacity for rights 行使职权能力

capital investment 资本投资

capital transactions 资本交易

car card 车上广告牌

career 职业,专业

career employee 终身制职工

career long employment 终身雇佣制(日本)

carry on business (继续)营业

cartel 卡特尔(为了垄断或限制某一特定市场的产销而组成的联盟)

case study 案例研究

cash management 现金管理,流动资金管理

casual labor 临时工

catalogue store 邮购商店

ceiling price 最高限价

celebration 庆典

central business district 中心商业区

centralization 集权制

centralization of business 集中管理

centralized management 集权管理(重大问题、决策均由组织的最高层次来制定的管理方法)

centralized production control 集中生产管理

change attitudes about ... 在……方面改变态度

channels of distribution 分配渠道

characteristic of management 管

理特征
chart of business 企业经营图表
chief clerk 事务长，办公室主任
chief engineer 总工程师
chief executive officer（CEO） 首席行政官员，总裁
circulate a notice of commendation（criticism） 通报表扬（批评）
circulation （信息）传播，（货币）流通
circulation manager 营业主任
classical decision making model 传统决策模式
classical management 经典企业管理（指早期科学管理运动的理论和学说）
classical organization theory 传统管理组织原理（涉及企业组织中协调与管理的基本理论）
classical scientific management 传统科学管理
class market 上层人士购物市场（指出售高档商品的市场）
client relationships 顾客关系
code of conduct 业务守则
codetermination 共同决定
collective agreement 集体谈判协议
collective bargaining 集体谈判，劳资谈判
commerce 商业，商务（也叫 trade）
commercial advertising 商业广告
commercial age 商业时代
commercial morality 商业道德
committee organization 委员会组织形式
commodity exchange 商品交易所
commodity prices 物价
communication activity 信息交流活动
community education 社区教育
community industry 社区工业
community leader 社区领袖
community relations 社区关系
company manual 公司手册
company organization 公司组织机构
company's reputation 公司的信誉
competitive price 竞争价格
computer usage by management 计算机用于管理
conglomerate 联合大企业
consultative management 协调式管理（民主管理的一种形式）
consumer goods 消费品
consumer marketing research 消费品市场研究
continuing education 进修教育，继续教育
cooperation 合作
copyright law 版权法
copyright ownership 版权所有
corporate image 公司形象
corporate responsibility 公司责任
credibility 可信性，信用
credibility of the publication 宣传的可信性
crisis communication 危机中的信

息传播
crisis public relations 危机中的公共关系
cultural life 文化生活，精神生活
customer 顾客

D

daily contracted hours 每日限定工时
daily newspaper 日报
daily pay 日薪，每日工资
data base management system 基本数据管理系统
day to day management 日常经营逐日管理
day wage 日工资
day worker 临时工
deadline 最后期限，截止日期
dealer 商人，经销商
death benefit 死亡抚恤金
decentralization 分权制，权力下放
decentralization of administration 分级管理
decentralization of power 权力下放，分权
decentralized command 分权指挥
decision analysis 决策分析[现代管理中分析企业组织结构的三个方法之一。另外两种方法是活动分析(activities analysis)和关系分析(relations analysis)]
decision making 决策
decision making process 决策程序
decision making theory 决策论
decision orientated study 定向研究
decision science 决策科学
decision theory 决策理论
decision tree 决策树(在复杂情况下作决策时所使用的流程图，表示各种不同的、可以互相代替的方案，或可供选择的途径)
declining market 衰退的市场
define objective 规定目标
define the problem 发现问题
delegate 授权，代表
delegation of responsibility 分层负责
Delphi technique 特尔斐预测方法(现代管理中的一种调查方法)
demand analysis 需求分析
demand for consumption 消费需求
democratic leadership 民主领导方式
democratic management 民主管理
demonstration 示范
demonstration effect 示范作用
department system of management 事业部管理体制(分部门管理)
depth interview 深入采访
design procedure 设计程序
detailed price list 明细价目表
develop calendar 制定实施目标的时间表(公共关系用语)
develop strategy 制定策略
differential price 差别定价
differentiated marketing 差异性营销管理
dip of output 减产

direct mail advertising 直接邮寄广告
direct profit 直接利润
direct selling 直接销售
discipline education 纪律教育
discount sale 减价出售
dismiss from office 解职
distribution network 分配网
distribution planning 商品分配计划
dividend 股利,红利
domestic and foreign markets 国内外市场
door to door selling 挨户推销
door to door service 送货上门服务
down market 低档商品市场
drifting management 放任管理方式
dummy company 挂名公司(有名无实的)
dump good 倾销货物
duty allowance 职务津贴
duty to bargain 谈判义务
dynamic management 动态管理
dynamic organization chart 动态组织图表(实施目标管理时,企业汇总各个时期重点工作的目标体系)

E

economic base 经济基础
economic crisis 经济危机
economic efficiency 经济效率
economic growth 经济增长
economic indicators 经济指标
educated manpower 智力资源
educational administration 教育行政
educational enterprise 教育事业
effective executive 有效高级管理者
efficiency of labor 工人的效率(指工人的生产率,即劳动生产率)
efficient departmentalization 有效分数(按部门的经营责任制)
ego needs 自尊需要
egoistic needs 自我需要(行为科学用语)
Eight Hour Act 八小时工作法
elastic demand 弹性需求
electronic cash register 电子收款机
elementary management 管理学原理
element of management 管理要素
emergency plan 应急计划
emergency work 紧急工作,非常性工作
emolument 报酬
employee association 职工联合会
employee news letters 雇员通讯
employee participation 职工参与管理
employee relations 职工关系
employee service 职工服务
employee's annual report 面向职工的企业年度报告
employee's club 职工俱乐部
employer employee relations 雇

主—雇员关系
employment agency 职工介绍所
employment experience 工作经历
employment interview 招聘面谈
end product quality 成品质量
enterprise authorities 企业当局
enterprise climate 企业风气
enterprise culture 企业文化
enterprise framework 企业体制
enterprise goal 企业目标
enterprise society 企业社会
enterprise spirit 企业精神
enterprise value 企业价值
entertainment program 娱乐节目
entrepreneur 企业家,承包商
environmental control 环境控制
environmental problem 环境问题
environmental protection 环境保护
equal pay for equal work 同工同酬
equivalent exchange 等价交换
establishment charges 开办费,管理费
estate agent 房地产管理人
estimation of error 误差估算
evaluation 评估
evening paper 晚报
events management 新闻活动管理(公共关系用语)
evolutionary process 进化过程
excess employee 冗员,超编人员
exchange correspondents 交流记者
exclusive agency 独家经销
executive development 高级管理人员的培养
executive evaluation 对高级管理人员的评估
executive selection 高级管理人员的挑选
executive speech training 行政管理人员的语言培训
exhibit 陈列
exhibition hall 陈列馆
expansion of business 扩大经营
expansion of market 扩大市场,打开销路
experienced worker standard (EWS) 熟练工人标准
external target audience 外部目标公众

F

facilities management 设备管理
fact finding conference 事实调查会
factor of production and marketing 产销因素
factor return 要素收益
factors of production 生产要素
factory district 厂区
factory inspection 工厂检查
factory management 工厂管理
failure in duty 缺勤
fair dealing 公平交易,互惠贸易
false advertising 虚假的广告
family corporation 家族企业
famous product 名牌产品
fashion cycle 流行周期
fashion industry 时尚行业

feedback 反馈(信息交流用语)
fellow worker 同事
field management 现场管理
field survey 实地调查
field training 实地培训
film exhibition 电影展览
final account 决算
final assembly 总装配
final demand 最终需要
finance section 财务科
financial incentive 金钱刺激
financial management 财务管理
financial market 金融市场
financial relations 金融关系
financial service 金融服务
first line supervisor 第一线管理人员
fixed cost 固定成本,固定费用
fixed number of staff 定员
flat organization 横向组织
flexible working hours 弹性工时
floating purchasing power 不固定的购买力
focus group 公众典型代表小组(公共关系的调查方法之一。操作的方法是从公众中选择若干有代表性的人组成专题讨论组,然后就企业的形象、产品等展开讨论,企业的管理者可以从他们的讨论中得到有益的信息,以改善企业的经营管理)
forecast for market tendency 市场行情趋势预测
forecasting 预测
foreign business information 海外商情
foreign capital firm 外资企业
foreman 领班,工头
formal organization 正式组织
foundation fund 基金会基金
franchise distribution network 特许销售网络
free market 自由市场
free sampling method 随意抽样法(一种调查的方法)
friendship group 友好群体
front management 基层管理
fulfil the terms 履行条款
full report 详尽报道
full satisfaction guarantee 保证满意
functional chart 职能图
functional department 职能部门
function of manager 管理人员职责
future market 期货市场

G

gain of business 经营收入
gain sharing system 成果共享制
game theory 对策论,博弈论(运筹学用语,指为了应付互相冲突、抵触的情况应采取的对策)
Gantt. L. H. (1861—1919) 甘特(美国科学管理先驱者,首创"甘特"图表)
Gantt task and bonus wage plan 甘特作业奖励工资制
general affairs 事务

general management 全面经营管理

general manager 总经理

general wage increase 全面增加工资

generalized inflation 全面通货膨胀

gentlemen's agreement 君子协定（指双方口头上同意不签署合同而达成的协议）

genuine demand 真实需求

geographic fragmentation of market 市场的地区细分

get customers 开始营业、开市

global strategy 全球战略

globewide product 全球性产品

goal directed behaviour 有目的的行为

goal orientation 目标定向

goal setting 目标制定

go for broke （俚）尽力而为，孤注一掷

going prices 时价

go into production 投入生产

golden hour 黄金时间（电视、广播等视听率最高的时间段）

goods on order 订购货物

goods sold over the counter 门市销售商品

governing principles 管理原则，指导原则

government corporation 国有企业

grade estimation 质量等级评定

grapevine 小道消息

green grocery 蔬菜水果店

green revolution 绿色革命，农业革命

grey collar 灰领职工（服务性行业的职工）

grid theory 管理方格图理论

group behavior 集体行为

group consciousness 群体意识

group controlling system 集体管理体制

group incentive 集体奖励

gross income 总收入

guidance center 辅导中心，服务中心

guide book 参考手册、指南

H

habitual movement 习惯动作

hand bill advertising 广告传单

hand labour 手工劳动

hand made product 手工制品

hard core control 核心管理（意指企业的最高管理当局对企业各方面所作的决策和管理）

hard selling 强行推销

harmonization 调和

Hawthorne experiments 霍桑试验

head line 重要标题

headwork 脑力劳动

health food 保健食品

heavy consumption 大量消费

heavy market 交易量最大的市场

hierarchy 等级管理，管理集团

hierarchy of needs 需要层次论

hierarchy of objectives 目标层次

体系
high level manager 高层管理者
high level man power 高级人才
high rise 高层住宅
Hill and Knowlton 美国希尔—诺顿公关公司(世界上最大的公关公司之一,1927 年建立。在世界各地几乎都有它的子公司,20 世纪 80 年代初在北京设子公司)
hiring policies 雇用方针
hold news conference 举行新闻发布会
home consumption 国内消费
home market 国内市场
home registration 本国注册
hot news 最新消息
house agency 专用广告社
house journal 企业刊物
house properties 家庭财产
house style 企业风格(意指企业的缩写,企业徽标,推销口号和符号等)
house to house salesman 挨户推销产品的推销员
housing policy 住宅政策
human environment 人际环境
humanistic education 人本教育
human needs 人的需要
human organization 人群组织
human relations 人群关系
human relations school 人群关系学派(早期的行为科学,着重对企业职工之间存在着的以感情为基础的非正式群体进行研究的学派)
human services 公共事业
hyper market 超大型自选商场,大卖场

I

identification badge 职工在企业活动时佩带的证章
identify audience 确定公众
identify objectives 确定目标
illegal operation 非法操作
illustration 插图
image building 树立形象
image study 形象研究
immediate supervisor 上一级领导,顶头上司
impact testing 效果测验
import and export corporation 进出口公司
improve the quality of communication 提高传播的质量
improve the quality of life 改善生活的质量
impulse purchase 冲动性购货
incentive contracts 奖励合同
incentive wage 奖励工资
in company training 公司内部培训
increase sales of ... 增加某东西的销售
indenture 契约
indirect demand 间接需求
individual training methods 个人

培训法

indulgency pattern　宽容型(管理)

industrial and commercial circles　工商界

industrial journalism　工业报刊(工业企业办的小报和刊物)

industrial management　工业管理

industrial psychology　工业心理学(又称职业心理学,指人的行为及其心理活动的规律在工商企业管理中的运用)

industrial relations　工业关系,劳资关系

inertia selling　惯性销售(指将货物送往可能的买主,如不退货就算成交)

information feedback　信息反馈

information processing　信息处理

information science　信息学(研究如何通过数据、设备来进行信息处理和信息传播的科学)

information service　信息服务

in plant training　厂内培训

in service training　在职培训

institution　事业单位

institutional advertising　树立声誉的广告(一种不涉及任何具体产品的广告,因此,它也是公共关系广告的一种)

integral job evaluation　集体工作评估

intelligence tests　智力测验

internal and external environment　内部和外部的环境

internal audience　内部公众

international public relations　国际公共关系

international specialization　国际专业化

investor relations　与投资者的关系

Ivy Lee　艾维·李(美国人,现代公关的创始人,西方公关界称之为"公关之父")

J

jam up　交通阻塞

janitor service　房屋的服务工作(包括照管、保养、清洁等)

jobber market　经销批发市场

jobbing　批发店(美国)

job enlargement　扩大工作范围

job enrichment　丰富工作内容

job environment　工作环境

job method training　工作方法培训

job requirements　工作需求

job satisfaction　对待工作满意

job specification　工作(职务)规范

joint consultation　共同协商

joint demand　联合需求

joint product offer　联合产品销售

joint production　联合生产

journalists association　记者协会

journey route　航线

junior executive　基层负责人

junior partnership　小股东

junk collector　收旧货者

junk mail　邮寄广告品

just cause　正当理由

just price　公平价格

K

keep house　管理家务
keep original price　维持原价
key audiences　主要公众，主要受众
key emphasis in work　工作重点
key job　关键性职务
key result analysis　主要效果分析
kicked upstairs　名升实降
king size　特大号
knock down price　最低价，成交价（拍卖）
knocker　上门推销员
knowledge explosion　知识爆炸，知识剧增
knowledge industry　知识行业（新闻、广播、电影、出版等以信息为中心的相关行业）
knowledge in production and marketing　产销知识

L

labour capital relation　劳资关系
labour cost　人工成本
labour demand　劳动力需求
labour discipline　劳动纪律
labour emulation　劳动竞赛
labour force　劳动力
labour management　劳工管理
labour protection　劳动保护
lack of interest　缺乏兴趣（指市场买方）
Ladder of Fayol　法约尔管理阶梯（关于解决管理层次中间级层次横向联系而确定的原则）
lander ownership　土地所有权
landing fee　机场使用票
large scale production　大规模生产，大量生产
large scale project　大型项目
lawful business　合法经营，法定企业
lax business management　松弛的企业管理
leadership　领导，领导能力
leaflets　传单
legal monopoly　专卖，法定专营
length of service　工作年限
level of living　生活水平
licensed house　领有执照的商店
license production　领有许可证的生产
life cycle　产品生命周期，耐用年限
life income　终身受益（从保险公司领取的终身年金）
limitation period　时效期限
line and staff organization　直线职能制（企业组织机构的一种类型）
line and staff relationship　直线和职能的关系
line authority　直线领导权力
line management　直线管理
line organization　直线制
listed brand　注册商标，上市商品
living wage　最低生活工资
loan demand　借款需求

lobbying 游说(对议员或政府官员进行的疏通活动)
lobbyist 说客(专门受雇对议员进行疏通的人)
local consumption 本地消费
logistics management 后勤管理(学)
long-range objectives 长期目标
long-range planning 长期计划
long-standing problem 长期存在问题
long-term goal 长期目标
long-term objective 长远目标
long-time cooperation 长期合作
lose money in a business 亏本
lose of information 错过机会
lot production 批量生产
love needs 社交需要(马斯洛的需要层次论中的一个层次)
lower management 基层管理部门
low price policy 低物价政策
lump work 总包工,包工工作
lumpy factor 不可分的生产要素
luncheon allowance 午餐津贴

M

make a speech 发表演说
management board 管理委员会
management by crisis 应急管理
management by objectives 按目标管理
management committee 管理委员会
management control 管理控制
management decision 管理决策
management education 管理教育
management function 管理职能
management game 管理对策
management guide 管理人员工作指南
management level 管理层次
management science 管理科学
manpower management 劳动力管理
manual skills 手工操作的技能
manufacturing management 生产管理
markdown 减价
marketing communication 市场信息交流
marketing expert 市场专家
marketing game 销售对策
marketing management 销售管理
marketing objectives 销售目标
marketing policy 销售政策
marketing survey 市场调查
market supplies 市场供应
Maslow's hierarchy of needs 马斯洛的需要层次论
mass communication media 大众传播媒介
matrix management 矩阵管理
matrix organization 矩阵组织机构
media analysis 广告媒介分析
media channel 媒介渠道
membership groups 成员小组(研究消费者购买动机的小组)
mere formalities 官样文章
merit system 考绩制度
method improvement 工作方法的改进

method of leadership　领导艺术

middle-management executive　中层管理干部

middle management　中层管理人员

mode of thinking　思维方法

modern management　现代管理

motion economy　动作的节省

motion pictures　电影

motivation　工作动力的激发

mutual beneficial relations　互利关系

mutual trust and respect　互相信任和尊重

mutual understanding　相互理解

N

naming ceremony　命名大会

narrow margin　薄利

narrow market　狭窄市场

national brand　全国性牌子，全国范围内销售的产品

national conditions　国情

national debt management　国债管理部门

national heritage　民族遗产

national plan　国家计划

natural capital　固定资本，自然资本（指土地等）

near-term market trend　近期市场趋势

necessary condition　必要条件

need for esteem　自尊需要（马斯洛的需要层次论中的一个层次）

need for safety　安全需要（同上）

need hierarchy theory　需要层次理论（马斯洛所倡导的有关激励人们的五个需要层次，即生理、安全、社会、自尊、自我实现）

need of motivation　激励需要，动机需要

need satisfaction　需要满足

negligence　疏忽，玩忽职守

negotiating ranges　谈判范围

negotiating rights　谈判权

negotiator　谈判人

neither old nor young cheated　老少无欺，童叟无欺

neo-human relations school　新人群关系学派（现代管理中主张工人参加管理的学派）

nepotism　任人唯亲

net-back price　净价，出厂价

net income from operations　经营纯收入

network advertising　网络广告

network of branches　分店网络

neutral market　独立型市场

new product release　新产品的投产

news analyst　新闻评论员

news caster　新闻评论员

news film　新闻短片

news media　新闻媒介

news media representative　新闻媒介的代表

newspaper reporter　报社记者

news releases　新闻发布

news room　新闻编辑室

news value　新闻价值

news window　新闻图片栏

night-shift hours 夜班时间
non-directive method 启发式方法
non-existed problem 不存在的问题
nonfinancial incentive 非金钱刺激
non-rational behaviour 非理性行为
normal competition 正常竞争
normal profit 正常利润
null and void 无效，作废

O

objective law 客观规律
objective test 由是非题、选择题等组成的测验
objectivity 客观性，决策目标
object management 目标管理
object program 目标规划
obtain employment 就业

occasional hand 临时工作人员
occupational information 职业信息
occupational psychology 职业心理，职业心理学
occupational training 职业培训
occupation information and guidance service 职业咨询指导服务
odd-job 零工，临时工作
off-demand season 需求淡季
offer for sale 标价出售，提供销售
office automation 办公室工作自动化
office landscaping 办公室美化
office management 办公室管理
office operations 行政事务工作
office productivity 办公室的工作效率
official duties 公事
off-the-job training 脱产学习
old cost 原始成本，过去成本
oligopolistic competition 寡头垄断竞争
on business trip 因公出差
one's own handwriting 亲笔
one's own signature 亲笔签名
on-going project 实施方案
on-site training 在职训练
open buying and selling 公开买卖，自由买卖
open communication 公开性的信息交流
open competition 公开竞争
open houses 公开接待或开放性的参观活动(公开接待的活动发源于美国。在公开接待活动中，任何来访者都会受到欢迎。公开接待活动中，一般都备有饮料和点心。在美国等西方国家 open house 已成了公共关系活动之一)
opening ceremony performance 开幕式公演
operating activities 业务后勤
operating management 经营管理
operational characteristics 经营特点，经营特色
operational system management 系统管理
operation policy 经营方针
operations research 作业研究运筹学(美)

opinion leader　舆论领袖
opinion polls　民意测试
order form　订单
ordinary income　正常收入，经常收入
organic organization structure　基本组织机构
organizational system of the enterprise　企业建制
organization and method　组织和方法
organization behaviour　组织行为
organization chart　组织机构图
organization development　组织发展
organization manual　组织手册，组织机构图
organization's efforts　组织的努力
organization structure　组织结构
organization theory　组织机构的理论
organ of political power　政权机关
overseas market　国外市场
ownership　所有权
own profit and loss responsibility　自负盈亏

P

package-deal system　一揽子交易方法
panel method　小组法（市场调查用词。在消费公众中选择有代表性的一组人，然后对企业的某一产品进行评估，提出改善和提高的意见）
paper work management　文书工作管理
parent company　母公司
partial and local interest　局部利益
participate in policy decision　参与决策
participative management　工人参与企业管理
paternalism　家长式管理
payment system　工薪制度
per capita income　人均收入
performance appraisal　绩效评估
perform the opening (closing) ceremony　举行开幕(闭幕)式
periodic report　定期报告
periodic surveys　阶段性调查
permanent occupation　固定职业
personal contacts　私人接触
personal friendship　私交
personal interview　私人访问
personnel administrator　人事管理人员
personnel department　人事部，人事处
personnel specification　人事规范
personnel supervision　人事管理
personnel system　人事制度
persuasive communication　劝说性的信息交流
photo exhibition　图片展览
physical working condition　实地工作条件
plan public relations programs　制

定公关程序
plant rules 工厂规章制度
potential demand 潜在需要
potential publics 潜在公众
power test 能力测验
practical results 实效
pre-employment training 就职前培训
premium wage system 奖励工资制
pre-negotiation 预先谈判(指在正式谈判之前双方预先交换意见)
press agent (由公司、剧场或个人雇用的)新闻广告员
press conference 记者招待会
press cutting 剪报
prestige 声誉
primary organization 基层组织
principal spokesman 主要发言人
principles of management (企业)管理的原理
principles of motion economy 节约动作原理
principles of public relations 公共关系原理
private enterprise 私营企业
private interest 私利
prize day 授奖典礼日
probability sample 随机抽样(一种公共关系调查法)
problem-solving ability 解决问题能力
product features 产品特色
production line 生产线
product life cycle 产品生命周期
product policies 产品政策
product promotion 产品推销
product publicity 产品宣传
product strategy 产品战略
professional association 专业协会
professional communication skill 专业化的信息交流技能
professional training 专业训练
profit-earning organization 赢利性组织
project management 项目管理
promotional mix 推销组合
psychological price 心理价格(货物的价格定为3.99元、5.99元等,使消费者认为还不到4元、6元。这是现代管理者常用的标价法)
public affairs 公共事务
public affairs specialist 公共事务专家
publication 公布,发布
public circles 公众集团
public confidence 公众信心
public interest 公众利益
publicist 广告员,宣传员
publicity 宣传,宣传材料
public life 公共生活,社会生活
public opinion survey 公众舆论调查
public opinion 公众舆论
public ownership 公有制
public relation definition 公共关系定义
public relations 公众关系

public relations campaign 公共关系运动（指规模较大、影响较广、有多层次组成的公关活动）
public relations counsel 公共关系顾问
public relations department 公共关系部
public relations firms 公共关系公司
public relations personnel 公共关系工作人员
public relations practice 公共关系实践
public relations practician 公共关系从业人员
public relations specialist 公共关系专家
public relations staff 公共关系工作人员
public release of information 公开发布信息
public safety 公共安全
public speaking 演说
public utilities 公用事业
publics 各类公众
publishing house 出版社
purchase and sale 购销

Q

qualification certificate 合格证书
qualified institution 主管机构
qualified partnership 合格商行
qualitative criteria 质量标准
qualitative interview 定性访问，定性调查（指深度面谈、深度访问，目的是摸清消费者的消费行为）
quality assurance 质量保证
quality bonus 质量奖
quality control（QC） 质量管理
quality control charts 质量管理图
quality control group 质量管理小组
quality objectives 质量目标
quality of oral speech 谈话能力
quality production 优质生产
quality reputation 质量声誉
quantitative decision making 定量决策
quantity buying 大量购买
quantity of employment 就业数量
quantity of work 作业量，工作量
quantity variance 数量差异
quasi-full employment 接近充分就业
quasi-government 半政府机构
question answer method 问答法
questioning techniques 发问技巧
questionnaire 调查表，征求意见表
questionnaire mail 通讯调查
quick capital 流离资金，流动资本
quick sales at small profits 薄利多销
quick service 快速服务，送货迅速
quota restriction 定额限制
quota sample 同比抽样（现代调查的一种方法）
quota sampling 定额抽样法
quotation table 价目表
quoted company 上市公司
quoted securities 上市证券

R

rack jobber　送货批发商(为超市服务的批发商)
radical measure　激进措施
radical principle　基本原则
radical reform　彻底改革(经济体制等)
radiogramophone　收音电唱两用机
radio newscasts　电台新闻广播
raging inflation　物价疯狂上涨
raise vocational proficiency　提高业务能力
random sampling　随机抽样调查
range of duties　职务范围
ranking method　排列法,顺序法(指市场调查等)
rap group　研讨小组
rate of absence　缺勤率
rating of credit standing　信用地位等级评定(指个人和企业财务状况)
rational act　合理行为
rational person　理性人
rational working hours　合理工作时间
rationalization　合理化
rationalization of industry　产业合理化
rationalization of production　生产合理化
ratio of new workers　新进职工比率
ratio of separated workers　离职率
reactive system　反应系统
ready market　畅销市场
ready purchasing power　现有购买力
real economic activity　现实经济活动
reasonable production dispatching work　合理的生产调度工作
reciprocal holdings　互持股权,相互控股
record management　案卷管理
recruitment advertising　招聘广告,征募广告
rectangular management　矩形管理
red tape　官僚作风
refresher training　进修培训
registered trademark　注册商标
regular employee　正式职工
release news　发布新闻
research ability　研究能力
research and development　研究和发展
retailing management　零售管理
reward system　奖励制
risk management　风险管理(企业对所冒各种风险进行的管理)
rival demand　竞争需求
road sign　路标
role playing　角色扮演
rule of action　行为准则
rules and regulations　规章制度
rules of operation　操作规程

S

safe production　安全生产
safety campaigns　安全运动
safety education　安全教育

sales department 销售部
salesclerk 销售管理员
salesman 售货员,推销员
sample selection rule 样本选择规则
sample survey 样本调查(在市场调查、公关调查方面进行的一种调查方法,用抽样来代表总体)
satellite business 卫星业务
satellite communication 卫星通讯
saturation 市场饱和
scale expansion investment 扩大规模投资
scheme for making money 赚钱计划
school of thought 学术流派
scientific management 科学管理
scientific management method 科学管理方法
scientific method 科学方法
seal of corporation 公司印章
second customers 间接顾客,次要顾客
second-information 转手的信息
second occupations 兼职,第二职业
sector programming 部门规划
security market 证券市场
self-fulfillment needs 自我实现需要
self-service store 自助商店
seller's market 卖方市场
seminar 讨论会
set objective 制定目标
settled principle 既定原则
several diversified products 多样化产品
shadow cost 无形成本
share index 股票指数
shared decision-making 共同决策
shopping rush 抢购
short and long term benefits 短期和长期的利益
short-term action 短期行为
short-term objective 短期利益
sign-in desk 签到处
signing ceremony 签字仪式
sign treaty 条约签字
silent publicity 无声宣传
simple-to understand sentence 简单易懂的句子
simplification 简化
sister company 姐妹公司
slide presentation 幻灯介绍
slot machine 自动售货机
smokestack industries 大烟囱工业(指资本密集型、有大烟囱的重工业)
social consequences 社会效果
social responsibility 社会责任
social survey 社会调查
socially desirable goal 符合社会需求的目标
society's problem 社会问题
soft goals 软目标
sole agent 独家代理商
span of control 管理跨度
special client 特殊顾客
special delivery 快件

special economic zone 经济特区
special issue 特刊
special problem solving 处理特殊问题
special project 特殊项目
special publics 特殊公众
special target audience 特殊目标公众
specific publics 特殊公众
stamped, self addressed return envelope 印有邮票和回信地址的信封(公共关系调查方法之一,即信件调查)
standardization 规范化
standard of living 生活水平
state enterprise 国有企业
state owned economy 国有经济
statistical quality control 统计质量管理
statutory instruments 法定文件
strategic planning 战略计划(指公司或企业的宏观计划)
strengthen discipline 加强纪律性
suboptimization 次优化(即未能达到最优化。这是现代管理者决策的方向——满意决策)
sudden crisis 突发性事件
suggestion box 建议箱
summary of talks 会谈纪要
supermarket 超级市场
supervisory capability 监督管理能力
supervisory program 管理程序
syndicate 辛迪加(几家企业或公司联合从事某种业务活动)
systematic evaluation 系统性评估
system management 制度管理
system of rewards and penalties 奖惩制度

T

take off stage 起飞期
target audience 目标公众
target management 目标管理
tariff negotiation 关税谈判
tariff war 关税战
task-based participation 在任务的基础上参加管理
task group 任务小组(以完成特定任务为目标而结合起来的团体)
task management 任务管理
task-oriented leadership 着重完成任务的领导方法
Taylorism 泰罗主义(被西方管理界称为科学管理之父的泰罗及其后继人所倡导的一系列关于科学管理的理论与实践)
technical control 技术管理,技术控制
technical innovation 技术革新
technical terms 专门术语
telecon 电话会议
teleconference 电话会议
telephone conference 电话会议
telephone surveys 电话调查
television newscasts 电视新闻广播
television station 电视台
temporary association 临时组织

temporary business 临时经营
tenure agreement 任职协议
terminal decision 最终决策
terms of sales 销售条件
territorial combine 地方集团
tertiary industry 第三产业
test marketing 试销,营销测试
theory X and theory Y X理论和Y理论
tie-in sale 搭配销售
time standard 工时标准
toll-call 收费长途电话
toll-free telephone number 免费电话的电话号码
top level conference 最高层次会议
top management 高层管理
top management level 最高管理层
total management system 全面管理系统
total quality control (TQC) 全面质量管理
trade associations 业务联系,业务往来
trade fair 交易会
trade mark 商标
trade negotiations 贸易谈判
trade union 工会
trading down 从事低档商品经营
trading up 从事高档商品经营
training company 信托公司,投资信托公司
training function 培训职能
training manual 培训手册
transactional analysis 人与人交往的心理分析
transmit a television programme 播送电视节目
transnational enterprises 跨国企业
transparencies 幻灯片
true judgement 正确判断
two-way audio facilities 双通道的听音设备
two-way communication 双向信息交流
type Z organization Z型组织方式
typical investigation 典型调查

U

ultimate consumer 最终消费者
ultimate consumer market 用户市场,最终消费市场
ultimate object 最终目标
unbalanced supply demand relations 不均衡的供需关系
uncertain factor 不确定因素
unconditional obligations 无条件的义务
uncorrelated investment projects 互不相关的投资项目
underdeveloped country 不发达国家
underemployment 就业不足
underground dealing 地下交易,黑市买卖
underground resources 地下资源
unemployed person 失业者
unemployment problem 失业问题
uneven economy 不稳定经济

unfair competition 不公平竞争
unfavourable factor 不利因素
uniform criteria 统一标准
uniform function 统一职能
union participation in management 工会参加企业管理
unit manager 基层单位经理
universal agent 总代理人
universal education 普通教育
unload goods 抛售货物
unmanned factory 无人管理工厂
unpaid service 无偿服务(劳务)
unskilled worker 非熟练工人
upgrading 升级
urban planning 城市规划
use of funds 资金运用,基金用途
useful life 有效寿命,使用期限
utility theory 效用理论(决策论的方法之一,用以计算业务和项目计划可能承担的风险)
utilization of capacity 生产能力
utilizing human resources 利用人力资源

V

vacant hours 空闲时间
vacation with pay 带薪休假
valid argument 正确观点
valid period 有效期限
valuable service 有价值的服务
valuation of enterprise 企业评价
value in use 使用价值
value of information 信息价值
varied economy 多种经营,多种成分的经济
vending machine 售货机
venture management 风险管理
verbal agreement 口头协定
verbal communication 语言沟通
vertical organization structure 纵向的企业组织结构
vested interests 既得权益
vestibule training 新工人培训
visiting book 来宾题名录,会客簿
visual control board 直观控制板
vital interests 切身利益,重大利益
vocational choice 职业选择
vocational education 职业教育
vocational guidance 职业指导
vocational training 职业培训
vocational training course 职业培训班
vocational training program 职业培训计划
volume production 成批生产

W

wage and salary administration 工薪管理
wage control 工资管理
wage incentive plan 工资鼓励计划
wage regulation forms 工资管理形式
wage structure 工资结构
wants 需求欲望
warning limits 警戒线
water control 治水
ways and means 方法与手段

weak market　市场疲软
weakening in demand　需求疲软
welfare facilities　福利设施
welfare function　福利功能
well-defined goals　明确的目标
well-handled business　管理良好的企业
well-paid job　薪金优厚的工作
western-style public relation　西方社会型的公共关系
white-collar　白领职员（在办公室从事脑力劳动的工作人员）
wild cat enterprise　靠不住的企业
withholding factor　抑制因素
work allocation　工作分配
work ethics　职业道德
worker participation　职工参与管理
workers information system　工人信息系统
workers participation　工人参加管理
working conditions　工作条件
working efficiency　工作效率
working environment　工作环境
work sampling　工作抽样
workshop group　专题讨论组
works manager　厂长
work status　就业状况
world famous products　举世闻名的产品
world power　世界强国
writing skill　写作技能
written estimate　书面评价
wrongful dealings　不公平的交易
wrongful dismissal　不正当开除

X

x factor　未知因素
X theory　X 理论
X mas sale　圣诞节大拍卖

Y

yearly salary　年薪
yes man　唯唯诺诺者
yield difference　收益差异，产量差异
yield possession　转让所有权
yield rate　年收入率
yield return　产生收益
you attitude　客观态度
young economy　旺盛的经济
young industry　新兴的产业
youth market　青年人市场
Y theory　Y 理论

Z

Z day　会议闭幕日
zeal for work　工作热情
zero defect program　无缺点方案
zero defects management　无缺点管理
zero defects program　无不合格产品计划
zero hour　决定性时刻
zero rate of interest　无利可图
zip code marketing　依邮递区域研究市场营销的方法
zone of management　管理区域
Z theory　Z 理论

参考书目

1. Doug Newsom, Allen Scott. 1985. This is PR: The Realities of Public Relations. Wadsworth Publishing Company. Belmont, California.
2. Dennis L. Wilcox, Phillip H. Ault, Warren K. Agee. 1989. Public Relations: Strategies and Tactics (Second Edition). Harper and Row Publishers Inc. New York.
3. 1987. Fundamentals of Management (Sixth Edition). Homewood, Illinois.
4. Jerry A. Hendrix. 1988. Public Relations Cases (Fourth Edition). Wadsworth Publishing Company. Belmont, California.
5. 邹再华著,《社会主义行为管理纲要》,湖南人民出版社,1987 年 4 月。
6. 孙宗仰编,《现代管理学概要》,上海外语教育出版社,1987 年 8 月。
7. 冯之凌、赵红洲著,《现代化与科学学》,知识出版社,1985 年 8 月。
8. 孙令济、徐吉贵译,《新管理方格》,中国社会科学出版社,1987 年 2 月。
9. 潘肖珏著,《公关语言艺术》,同济大学出版社,1989 年 7 月。
10. 中国社会科学院新闻研究所公共关系课题组编著,《塑造形象的艺术:公关关系学概论》,科学普及出版社,1986 年 11 月。
11. 倪海曙主编,《软科学》,知识出版社,1982 年 6 月。
12. 熊源伟、相丽萍编译,《公共关系案例》,湖南文艺出版社,1989 年 2 月。
13. 吴源鸿主编,《营销案例基础教程》,中山大学出版社,1999 年 3 月。
14. 林汉川、李觅芳主编,《公共关系案例教程》,复旦大学出版社,1997 年 12 月。
15. 王元瑞著,《实用人才管理秘诀》,中国社会出版社,1998 年 8 月。

16. 熊礼汇、杜福禄编著,《孔子与现代管理》,学林出版社,1999 年 1 月。
17. 熊礼汇、袁振明编著,《老子与现代管理》,学林出版社,1999 年 1 月。
18. 彼得·杜拉克著,周文祥译,《巨变时代的管理》,山西经济出版社,1998 年 5 月。
19. 吴友富、张梅芳著,《现代市场营销策略与技巧》,上海外语教育出版社,1998 年 8 月。
20. 丁德章主编,《中小企业经营管理》,经济管理出版社,1998 年 3 月。
21. 张忆译注,《〈老子〉白话今译》,中国书店,1992 年 9 月。
22. 毛泽东,《毛泽东选集》(第三卷),辽宁人民出版社,1991 年 7 月。
23. 吴友富著,《新编现代管理与公共关系》,上海外语教育出版社,2001 年 9 月。
24. 吴友富等译,《媒体公关 12 法则》,广东经济出版社,2004 年 2 月。
25. 刘　刚著,《危机管理》,中国经济出版社,2004 年 1 月。
26. 吴友富、张梅芳著,《现代市场营销策略与技巧》,上海外语教育出版社,1998 年 8 月。
27. 黄速建主编,《现代企业管理变革的观点》,经济管理出版社,2005 年 2 月。
28. 晓　光、宁　川主编,《新营销》,中国纺织出版社,2004 年 2 月。
29. 吕国荣、高志坚编著,《影响世界的 100 条管理定律》,人民邮电出版社,2005 年 9 月。
30. 吴友富等编著,《管理学理论与实践》,复旦大学出版社,2002 年 9 月。
31. 赵文明等编著,《百年管理箴言》,中华工商联合出版社,2003 年 2 月。
32. 杜晓伟译,《管理就是沟通》,中信出版社,2005 年 2 月。